今注本二十四史

漢書

漢 班固 撰 唐 顏師古 注

孫曉 主持校注

中國社會科學出版社

二二 傳〔一〇〕

漢書　卷七九

馮奉世傳第四十九

　　馮奉世字子明，上黨潞人也，[1]徙杜陵。[2]其先馮亭，爲韓上黨守。[3]秦攻上黨，[4]絶太行道，[5]韓不能守，馮亭乃入上黨城守於趙。[6]趙封馮亭爲華陽君，與趙將括距秦，[7]戰死於長平。[8]宗族繇是分散，[9]或留潞，或在趙。在趙者爲官帥將，[10]官帥將子爲代相。[11]及秦滅六國，而馮亭之後馮毋擇、馮去疾、馮劫皆爲秦將相焉。[12]

　　[1]【顏注】師古曰：潞，音“路”。【今注】上黨：郡名。治長子（今山西長子縣西南）。　潞：縣名。治所在今山西潞城市東北。

　　[2]【今注】杜陵：縣名。治所在今陝西西安市雁塔區曲江街道辦事處三兆村西北。原爲秦杜縣，漢宣帝元康元年（前65）置陵於此，改杜陵。

　　[3]【今注】韓：戰國七雄之一。初都平陽（今山西臨汾市）。韓哀侯二年（前375）滅鄭，徙都新鄭（今河南新鄭市）。公元前230年，爲秦所滅。

　　[4]【今注】秦：戰國七雄之一。孝公十二年（前350）遷都咸陽（今陝西咸陽市東北）。公元前221年秦王嬴政滅六國，統一

全國。

[5]【顏注】師古曰：太行，山名，險道所經行也。行，胡郎反（蔡琪本、大德本、殿本“胡”前有“音”字）。【今注】太行道：王應麟《通鑑地理通釋》卷七引張守節《正義》云，在懷州河內縣（今河南沁陽市）北二十五里澤州（今山西晉城市東北）以南的羊腸道。

[6]【顏注】師古曰：據守上黨城而以降趙。【今注】趙：戰國七雄之一。都晉陽（今山西太原市西南），後遷邯鄲（今河北邯鄲市）。公元前 222 年爲秦所滅。

[7]【顏注】師古曰：括，趙奢之子也（蔡琪本、大德本、殿本“趙奢”前有“趙括”二字）。【今注】案，馮亭爲戰國時韓國人，任上黨守。公元前 263 年，秦攻上黨，馮亭奔趙國，趙國封其爲華陽君。次年，馮亭與趙括抵禦秦軍於長平，戰死。

[8]【今注】長平：戰國魏邑。在今河南西華縣東北。公元前 262 年至前 260 年，秦趙長平之戰，趙先以廉頗爲將，後中秦反間計，以馬服君趙奢之子趙括爲將。趙軍敗，被圍，趙括被殺。秦將白起坑殺趙降卒四十萬人。

[9]【顏注】師古曰：“繇”讀與“由”同。

[10]【顏注】師古曰：帥，所類反（蔡琪本、大德本、殿本“所”前有“音”字），字或作“師”，其義兩通。【今注】官帥將：當指馮唐的祖父。本書卷五〇《馮唐傳》載“臣大父在趙時，爲官帥將，善李牧”。

[11]【今注】代：戰國末期古國名，在今河北蔚縣東北。戰國初爲趙襄子所滅，後襄子封其侄趙周爲代成君。公元前 228 年，秦滅趙，趙公子嘉率其宗族數百人奔代，自立爲代王。公元前 222 年爲秦所滅。

[12]【今注】馮毋擇：秦將。封武信侯。秦始皇二十八年（前 219），隨從東游。　馮去疾：戰國時趙國華陽君。秦朝時爲右

丞相。　馮劫：秦御史大夫。始皇二十六年參與議帝號、定制度。

漢興，文帝時馮唐顯名，[1]即代相子也。至武帝末，[2]奉世以良家子選爲郎。[3]昭帝時，[4]以功次補武安長。[5]失官，年三十餘矣，乃學《春秋》涉大義，[6]讀兵法，前將軍韓增奏以爲軍司空令。[7]本始中，[8]從軍擊匈奴。[9]軍罷，復爲郎。

[1]【今注】文帝：劉恒。公元前 180 年至前 157 年在位。紀見本書卷四。　馮唐：傳見本書卷五〇。

[2]【今注】武帝：劉徹。公元前 141 年至前 87 年在位。紀見本書卷六。

[3]【今注】良家子：良家的子女。漢時從軍不在七科謫内者或非醫、巫、商賈、百工之子女，爲良家子。良家一般擁有一定貲財，遵循倫理綱常，從事正當職業。其男子可被減免賦稅，但須承擔徭役，被選爲郎，入選羽林。女子有被選入宮的機會。武帝以後有六郡良家子（天水、隴西、安定、北地、上郡、西河），善於騎射，在漢代兵制史上占有重要地位。李廣即屬於六郡良家子（參見宋艷萍《漢代"良家子"考》，《南都學壇》2012 年第 1 期；杜志强《"六郡良家子"考論》，載《歷史文獻研究》第 34 輯，華東師範大學出版社 2014 年版）。　郎：官名。郎中令屬官。掌侍從，備顧問。有議郎、中郎、侍郎、郎中等。

[4]【今注】昭帝：劉弗陵。公元前 87 年至前 74 年在位。紀見本書卷七。

[5]【今注】功次：根據官吏功之多寡、考課之殿最、勞之長短升遷的方式（參見蔣非非《漢代功次制度初探》，《中國史研究》1997 年第 1 期；陳偉、熊北生《睡虎地漢簡中的功次文書》，《文物》2018 年第 3 期）。　武安：縣名。治所在今河北武安市西南。

長：漢代户口一萬户以上的縣長官稱“令”，不足一萬户的稱“長”。

[6]【今注】春秋：書名。編年體史書。以魯國歷史爲主，按魯十二國君爲序。記事起魯隱公元年（前722），至魯哀公十四年（前481），載凡朝聘、會盟、戰争等事。漢代列爲儒家經典之一。

[7]【今注】前將軍：武官名。與後、左、右將軍一同位次上卿。掌戍衛京師，或赴邊疆征伐。漢代多爲征伐時臨時加的武職名，事畢即罷。　韓增：少爲郎。漢武帝後元元年（前88）襲封龍頟侯。昭帝時爲前將軍。參與迎立宣帝。宣帝本始元年（前73），以前將軍擊匈奴。宣帝神爵元年（前61）後爲大司馬車騎將軍。　軍司空令：官名。漢代將軍的屬官，掌軍中獄事（參見周情情《兩漢大將軍幕府部分武職類屬官考察》，《南都學壇》2017年第6期）。

[8]【今注】本始：漢宣帝年號（前73—前70）。

[9]【今注】匈奴：古代北方部族，又稱“胡”。詳見本書卷九四。漢宣帝本始二年（前72），漢朝遣五將軍伐匈奴，合烏孫等兵共二十餘萬。其中前將軍韓增三萬餘騎，出雲中（今内蒙古托克托縣古城村）。

先是時，漢數出使西域，[1]多辱命不稱，或貪汙，爲外國所苦。[2]是時烏孫大有擊匈奴之功，[3]而西域諸國新輯，[4]漢方善遇，欲以安之，選可使外國者。前將軍增舉奉世以衛候使持節送大宛諸國客。[5]至伊修城，[6]都尉宋將言莎車與旁國共攻殺漢所置莎車王萬年，[7]并殺漢使者奚充國。時匈奴又發兵攻車師城，[8]不能下而去。莎車遣使揚言北道諸國已屬匈奴矣，於是攻劫南道，與歃盟畔漢，從鄯善以西皆絶不通。[9]都

護鄭吉、校尉司馬意皆在北道諸國閒。[10]奉世與其副
嚴昌計，以爲不亟擊之則莎車日彊，[11]其埶難制，必
危西域。遂以節諭告諸國王，因發其兵，南北道合萬
五千人進擊莎車，攻拔其城。莎車王自殺，傳其首詣
長安。[12]諸國悉平，威振西域。奉世乃罷兵以聞。宣
帝召見韓增，曰：“賀將軍所舉得其人。”奉世遂西至
大宛。大宛聞其斬莎車王，敬之異於它使。得其名馬
象龍而還。[13]上甚説，[14]下議封奉世。[15]丞相、將軍皆
曰：“《春秋》之義，大夫出彊，[16]有可以安國家，則
顓之可也。[17]奉世功效尤著，宜加爵土之賞。”少府蕭
望之獨以奉世奉使有指，[18]而擅矯制違命，發諸國兵，
雖有功效，不可以爲後法。即封奉世，開後奉使者利，
以奉世爲比，[19]爭遂發兵，[20]要功萬里之外，[21]爲國家
生事於夷狄。漸不可長，奉世不宜受封。上善望之議，
以奉世爲光禄大夫、水衡都尉。[22]

[1]【今注】西域：秦漢時期玉門關、陽關以西，天山南麓的
廣大地區。

[2]【顏注】師古曰：苦謂困辱之。【今注】案，王先謙《漢
書補注》曰，以貪污爲外國所患苦。

[3]【今注】烏孫：西域古國名。分布在今新疆伊犁河到天山
一帶。都赤谷城（今新疆阿克蘇河上游、中亞伊什提克一帶）。

[4]【顏注】師古曰：“輯”與“集”同。集，和也。

[5]【今注】衛候：官名。漢九卿之一衛尉屬官。掌宮門衛屯
兵。　使持節：使使者持節代表皇帝出使、指揮軍隊或處理政務。
節，漢代使者所持的信物，以竹爲杆，柄長八尺，上綴飾牦牛尾。

大宛：西域古國名。在今烏兹別克斯坦費爾干納盆地。都城在貴山城（今烏兹別克斯坦塔什干市東南卡散賽）。

[6]【顏注】師古曰：伊修城在鄯善國，漢於其中置屯田吏士也。【今注】伊修城：西域古城名。遺址在今新疆若羌縣東北米蘭東。元鳳四年（前77），昭帝設官屯田，後改置都尉。《漢書考證》齊召南謂，"伊修城"當作"伊循城"。

[7]【顏注】師古曰：莎車，國名；萬年，其王名也。莎，素和反（大德本、殿本"素"前有"音"字）。【今注】都尉：武官名。漢代一郡内最高武官。秩比二千石。　莎車：西域古國名。都莎車城（今新疆莎車縣）。　萬年：莎車國王。本爲烏孫公主之子。莎車王死，無子。萬年在漢朝，莎車國人向漢朝請立萬年爲國王。

[8]【今注】車師城：西域古國名。原名"姑師"。漢宣帝地節年間，分爲前後車師及北山六國。前車師都交河城（今新疆吐魯番市西北），後車師都務涂谷（今新疆吉木薩爾縣南）。

[9]【顏注】師古曰：鄯，音"善"。【今注】鄯善：西域古國名。都扞泥城（今新疆若羌縣附近）。

[10]【今注】都護：官名。西域都護。漢宣帝神爵二年（前60）置，掌駐守控制西域各國。　鄭吉：傳見本書卷七〇。　校尉：武官名。漢代中上級軍官，原秦朝統領一校的中級軍官。　司馬意：當作"司馬憙"（參見冷鵬飛《〈漢書〉中"司馬意"應爲"司馬憙"》，《中國史研究》1984年第3期）。案，宣帝地節二年（前68），漢遣侍郎鄭吉、校尉司馬憙攻車師。

[11]【顏注】師古曰：亟，急也，音居力反。

[12]【今注】長安：漢都城。在今陝西西安市西北。

[13]【顏注】師古曰：言馬形似龍者。【今注】象龍：《漢書考正》劉攽曰，此馬名曰"象龍"。

[14]【顏注】師古曰："説"讀曰"悦"。

［15］【顏注】師古曰：下其事令議之。

［16］【今注】大夫：官名。漢九卿之一郎中令（光禄勳）屬官，掌議論。

［17］【顏注】師古曰："顓"與"專"同。

［18］【顏注】師古曰：本爲送諸國客。【今注】少府：官名。漢九卿之一。掌山海池澤稅收和皇室衣食起居等。秩中二千石。蕭望之：傳見本書卷七八。蕭望之爲少府在漢宣帝元康元年（前65）。

［19］【顏注】師古曰：比，音必寐反。

［20］【今注】案，遂，蔡琪本、大德本、殿本作"逐"。

［21］【顏注】師古曰：逐，競也（競，大德本、殿本同，蔡琪本作"竟"）。

［22］【今注】光禄大夫：官名。漢九卿之一光禄勳屬官。掌顧問應對。秩比二千石。　水衡都尉：官名。主管上林苑，後掌皇室財物並鑄錢。秩二千石。

　　元帝即位，爲執金吾。[1]上郡屬國歸義降胡萬餘人反去。[2]初，昭帝末，[3]西河屬國胡伊酋若王亦將衆數千人畔，[4]奉世輒持節將兵追擊。[5]右將軍典屬國常惠薨，[6]奉世代爲右將軍典屬國，加諸吏之號。[7]數歲，爲光禄勳。[8]

　　［1］【今注】執金吾：官名。掌京城巡察、治安，兼領北軍。秩中二千石。原爲秦中尉，漢武帝太初元年（前104）改稱"執金吾"。

　　［2］【今注】上郡：治膚施（今陝西榆林市東南）。　屬國：歸附漢朝的周邊少數民族。因存其國號而屬漢朝，故稱屬國。

　　［3］【今注】昭帝：《漢書考證》齊召南曰："昭帝"應是"宣

帝”之訛。昭帝時，奉世名聲尚未顯著，不應當持節將兵。西河屬國始置於宣帝五鳳四年（前54），昭帝時尚無西河屬國，不可能有叛人。周壽昌《漢書注校補》亦認爲，下文云“右將軍典屬國常惠薨”，常惠封長羅侯爲宣帝本始四年（前70），薨在元帝初元二年（前47），皆不在昭帝時。

　　[4]【顏注】師古曰：酋，才由反（蔡琪本、大德本、殿本“才”前有“音”字）。【今注】西河：郡名。治平定（今內蒙古准格爾旗西南）。

　　[5]【顏注】師古曰：言西河、上郡羌胡反畔，子明再追擊之。

　　[6]【今注】右將軍：武官名。原爲大將軍所屬將軍之一。漢武帝以後作爲加官名，地位低於左將軍。　典屬國：官名。掌少數民族事務。秩二千石。　常惠：傳見本書卷七〇。

　　[7]【今注】諸吏：加官名。武帝時置，得舉法按劾。

　　[8]【今注】光祿勳：官名。秦郎中令。掌宮殿門戶宿衛。漢武帝太初元年改爲光祿勳。秩中二千石。

　　永光二年秋，[1]隴西羌彡姐旁種反，[2]詔召丞相韋玄成、御史大夫鄭弘、大司馬車騎將軍王接、左將軍許嘉、右將軍奉世入議。[3]是時，歲比不登，[4]京師穀石二百餘，[5]邊郡四百，關東五百。[6]四方飢饉，朝庭方以爲憂，而遭羌變。[7]玄成等漠然莫有對者。[8]奉世曰：“羌虜近在竟内背畔，[9]不以時誅，亡以威制遠蠻。臣願帥師討之。”上問用兵之數，對曰：“臣聞善用兵者，役不再興，糧不三載，[10]故師不久暴而天誅亟決。[11]往者數不料敵，[12]而師至於折傷；再三發軔，[13]則曠日煩費，威武虧矣。今反虜無慮三萬人，[14]法當倍用六萬人。[15]然羌戎弓矛之兵耳，器不犀利，[16]可用四萬人，一月足以決。"丞相、御史、兩將軍皆以爲民方收斂時，[17]未可多發；[18]萬人屯守之，且足。奉世曰："不可。天下被飢饉，士馬羸耗，[19]守戰之備久廢不簡，[20]夷狄皆有輕邊吏之心，而羌首難。[21]今以萬人分屯數處，虜見兵少，必不畏懼，戰則挫兵病師，守則百姓不救。如此，怯弱之形見，羌人乘利，諸種並和，[22]相扇而起，臣恐中國之役不得止於四萬，非財幣所能解也。故少發師而曠日，[23]與一舉而疾決，利害相萬也。"[24]固爭之，不能得。有詔益二千人。

[1]【今注】永光二年：公元前 42 年。永光，漢元帝年號（前 43—前 39）。

[2]【顏注】師古曰：爻，所廉反（蔡琪本、大德本、殿本"所"前有"音"字），又音先廉反。姐，音"紫"。今西羌尚有此姓，而爻音先冉反。【今注】隴西：郡名。治狄道（今甘肅臨洮市南）。 羌：古部族名。散居在今甘肅、新疆南部，青海、西藏東北部和四川西部一帶。西漢時臣服於匈奴，

[3]【今注】丞相：官名。漢三公之一。初名相國，輔佐皇帝，掌國家政事。 韋玄成：傳見本書卷七三。爲丞相在元帝永光二年（前 42）。 御史大夫：官名。漢三公之一。佐丞相統理天下，掌監察執法，糾劾百官，主管重要文書圖籍。秩中二千石。鄭弘：傳見本書卷六六。爲御史大夫在元帝永光二年。 大司馬：武官名。漢武帝元狩四年（前 119）罷太尉而置，以冠將軍之號。漢代常授予掌權的外戚，與大將軍、驃騎將軍、車騎將軍等合稱，也有不兼將軍號的。 車騎將軍：武官名。漢代將軍名號。爲掌管車騎的高級武官。王接爲大司馬車騎將軍在元帝永光元年。案，漢

代以丞相、御史大夫、車騎將軍、左將軍、右將軍爲五府。

［4］【顏注】師古曰：比，頻也。登，成也。

［5］【顏注】師古曰：一石直二百餘錢也。下皆類此。

［6］【今注】關東：地區名。指函谷關或潼關以東的地區。案，周壽昌《漢書注校補》曰，此爲元帝初元二年（前47）事。本書《食貨志》云，元帝初元二年，齊地飢，穀一石值三百餘錢。

［8］【顏注】師古曰：漠，無聲也，音"莫"。

［9］【顏注】師古曰："竟"讀曰"境"。

［10］【今注】案，"臣聞善用兵者"三句，見《孫子·作戰篇》。

［11］【顏注】師古曰：暴，露也。亟，急也，音居力反。

［12］【顏注】師古曰：料，量也，音"聊"。

［13］【顏注】如淳曰：軵，推也。《淮南子》曰"内郡軵車而餉"。音而隴反。【今注】發軵（rǒng）：推車送糧餉。軵，推車。

［14］【顏注】師古曰：無慮，舉凡之言也，無小思慮而大計也。

［15］【今注】法當倍用六萬人：王先謙《漢書補注》據王文彬："《陳湯傳》引兵法曰：'客倍而主人半，然後敵。'"

［16］【顏注】如淳曰：今俗刀兵利爲犀。晉灼曰：犀，堅也。師古曰：晉説是。

［17］【今注】收斂：收獲農作物。

［18］【今注】案，王先謙《漢書補注》曰，《通鑑》"發"下更有"發"字，可從。

［19］【顏注】師古曰：秏，減也，音呼到反。

［20］【顏注】師古曰：簡謂選練。

［21］【顏注】師古曰：言創首爲寇難也。

［22］【顏注】師古曰：和，應也，音胡卧反。

[23]【顏注】師古曰：曠，空也，空費其日而無功也。

[24]【顏注】師古曰：相比爲萬倍也（蔡琪本、大德本、殿本“比”後有“則”字）。

於是遣奉世將萬二千人騎，以將屯爲名。[1]典屬國任立、護軍都尉韓昌爲偏裨，[2]到隴西，分屯三處。典屬爲右軍，[3]屯白石；[4]護軍都尉爲前軍，屯臨洮；[5]奉世爲中軍，屯首陽西極上。[6]前軍到降同阪，[7]先遣校尉在前與羌爭地利，又別遣校尉救民於廣陽谷。[8]羌虜盛多，皆爲所破，殺兩校尉。奉世具上地形部衆多少之計，願益三萬六千人乃足以決事。書奏，天子大爲發兵六萬餘人，拜太常弋陽侯任千秋爲奮武將軍以助焉。[9]奉世上言：“願得其衆，不須煩大將。”[10]因陳轉輸之費。

[1]【顏注】師古曰：且云領兵屯田，不言討賊。【今注】案，王念孫《讀書雜志·漢書第十三》認爲，“二千人騎”，“人”字當衍。沈欽韓《漢書疏證》曰：將屯是屯營，並非屯田。

[2]【今注】護軍都尉：武官名。臨時設置的監領軍隊、協調各將領之間關係的官職。　偏裨：副將。

[3]【今注】案，蔡琪本、大德本、殿本作“典屬”後有“國”字。

[4]【今注】白石：山名。在今甘肅臨夏縣西南。

[5]【今注】臨洮：縣名。治所在今甘肅岷縣。

[6]【顏注】如淳曰：西極，山名也。【今注】首陽：縣名。治所在今甘肅渭源縣東北。　西極：山名。在今甘肅渭源縣東北。

[7]【顏注】師古曰：阪，平陂也。降同者，阪名也。阪府

板反。降，下江反（蔡琪本、大德本、殿本“下”前有“音”字）。陂，普何反（蔡琪本同，大德本、殿本“普”前有“音”字）。【今注】降同阪：古阪名。具體位置不詳。《漢書辭典》認爲，約在今甘肅甘南藏族自治州一帶。

［8］【今注】廣陽谷：谷名。顧祖禹《讀史方輿紀要》載，鞏昌府“西四十里有首陽山”，鞏昌府有廣陽水，廣陽谷當在其附近。在今甘肅隴西縣西。

［9］【今注】太常：官名。漢九卿之一。秦時稱“奉常”，景帝中元六年（前144）改“太常”。掌宗廟禮儀及選博士弟子等。秩中二千石。　弋陽：縣名。治所在今河南潢川縣西北。　任千秋：字長伯。弋陽侯任宮之子。漢元帝初元二年（前47）嗣爵，四年任太常。　奮武將軍：漢代雜號將軍之一。本書卷九《元紀》作“奮威將軍”。

［10］【今注】案，大德本“煩”前有“復”字。

　　上於是以璽書勞奉世，[1]且讓之，[2]曰：“皇帝問將兵右將軍，[3]甚苦暴露。羌虜侵邊境，殺吏民，甚逆天道，故遣將軍帥士大夫行天誅。以將軍材質之美，奮精兵，誅不軌，百下百全之道也。[4]今乃有衅敵之名，[5]大爲中國羞。以昔不閑習之故邪？[6]以恩厚未洽，信約不明也？[7]朕甚怪之。上書言羌虜依深山，多徑道，[8]不得不多分部遮要害，須得後發營士，足以決事，部署已定，執不可復置大將，聞之。前爲將軍兵少，不足自守，故發近所騎，日夜詣，[9]非爲擊也。[10]今發三輔、河東、弘農越騎、迹射、佽飛、彀者、羽林孤兒及呼速絫、嗕種，[11]方急遣。[12]且兵，凶器也，必有成敗者，患策不豫定，料敵不審也，故復遣奮武將軍。兵法曰大將軍出必有偏裨，所以揚威武，參計策，將軍又何疑焉？夫愛吏士，得眾心，舉而無悔，禽敵必全，將軍之職也。若乃轉輸之費，則有司存，將軍勿憂。須奮武將軍兵到，合擊羌虜。"[13]

[1]【今注】璽書：皇帝的詔敕。古代將文書書寫於簡牘上，兩片合一，以繩縛之。在繩結上用泥密封，鈐以印璽，稱爲璽書。春秋戰國時，國君大夫之印稱璽，秦以後作爲皇帝專用。

[2]【顏注】師古曰：讓，責也，責其不須大將。

[3]【顏注】師古曰：官爲右將軍而將兵在外，故謂之將兵右將軍也。

[4]【今注】百下百全：形容萬無一失。王先謙《漢書補注》引王文彬曰："'百下百全'與《趙充國傳》'萬下必全'同意，蓋當時有此語例。"

[5]【顏注】如淳曰：不敢當敵攻戰，爲畔敵也。

[6]【顏注】師古曰：言未嘗當羌虜，不測其形便。

[7]【顏注】師古曰：言將軍恩惠未合於士卒（合，蔡琪本、大德本、殿本作"洽"），又不能明其約誓，使在下信也（也，蔡琪本、殿本作"之"）。

[8]【今注】徑道：小路。

[9]【顏注】師古曰：近所，隨近之處也。日夜，言兼行不休息也。詣，詣軍所（大德本同，蔡琪本、殿本句末有"也"字）。

[10]【顏注】師古曰：助其守也。

[11]【顏注】劉德曰：嫶，音辱，羌別種也。彀者，謂能張弩者也。彀，工豆反（蔡琪本、大德本、殿本"工"前有"音"字）。絫，力追反（蔡琪本、大德本、殿本"力"前有"音"字）。嫶，乃彀反（蔡琪本、大德本、殿本"乃"前有"音"

字）。【今注】三輔：景帝二年（前155）置左右内史、主爵中尉治長安城中，管轄京畿地方。武帝太初元年（前104）改左右内史、主爵都尉爲京兆尹、左馮翊、右扶風，合稱"三輔"。 河東：郡名。治安邑（今山西夏縣西北）。 弘農越騎：弘農郡由百越人組成的騎兵部隊。弘農，郡名。治弘農（今河南靈寶市北）。 迹射：武官名。又作"積射"。可以追尋踪迹而射箭的士卒。 佽飛：官名。漢九卿之一少府屬官。原作"左弋"，掌弋射。漢武帝太初元年改爲"佽飛"。 彀者：善於射箭的人。彀，張弓射箭。 羽林孤兒：漢武帝太初元年，初置建章營騎，後更名"羽林騎"，屬光禄勳。又挑選戰死將士的子孫養於羽林軍中，教以弓矢、殳、矛、戈、戟等五兵，稱爲"羽林孤兒"。 呼速絫：匈奴官名。本書卷九四《匈奴傳》載，宣帝五鳳二年（前56），呼韓邪單于左大將烏厲屈與父呼遬絫烏厲温敦率其衆數萬人南降漢。漢朝封烏厲屈爲新城侯，烏厲温敦爲義陽侯。 嗕種：羌人的一支，後歸附於匈奴。即本書《匈奴傳》所謂宣帝地節年間匈奴前所得西嗕居左地者，其君長以下數千人驅牲畜等降漢。案，此處呼速絫、嗕種當指這兩部分軍隊。

［12］【顏注】師古曰：言今速至軍所也（速，大德本、殿本同，蔡琪本作"束"）。

［13］【顏注】師古曰：須，待也。

十月，兵畢至隴西。十一月，並進。羌虜大破，斬首數千級，餘皆走出塞。兵未決間，漢復發募士萬人，拜定襄太守韓安國爲建威將軍。[1]未進，聞羌破，還。上曰："羌虜破散創艾，亡逃出塞，[2]其罷吏士，頗留屯田，備要害處。"

［1］【顏注】師古曰：自别有此安國，非武帝時人也。【今

注】定襄：郡名。治成樂（今内蒙古和林格爾縣盛樂鎮土城子村古城）。　太守：官名。一郡最高行政長官。戰國時爲郡守，漢景帝時改爲太守。　建威將軍：漢代將軍名號之一。

［2］【顏注】師古曰：創艾謂懲懼也。創，初向反（蔡琪本、大德本、殿本"初"前有"音"字）。"艾"讀曰"乂"（乂，蔡琪本、大德本同，殿本作"又"）。

明年二月，[1]奉世還京師，更爲左將軍，光禄勳如故。其後録功拜爵，下詔曰："羌虜桀黠，賊害吏民，攻隴西府寺，[2]燔燒置亭，[3]絶道橋，甚逆天道。左將軍光禄勳奉世前將兵征討，斬捕首虜八千餘級，鹵馬牛羊以萬數。賜奉世爵關内侯，[4]食邑五百户，黄金六十斤。"裨將、校尉三十餘人，[5]皆拜。

［1］【今注】明年：指元帝永光三年（前41）。
［2］【今注】府寺：漢代郡國的官署。
［3］【顏注】師古曰：置謂置驛之所也。
［4］【今注】關内侯：秦漢二十等爵的第十九級。有封號而居畿内，無封土。
［5］【今注】裨將：副將、偏將。

後歲餘，奉世病卒。居爪牙官前後十年，[1]爲折衝宿將，[2]功名次趙充國。[3]

［1］【今注】爪牙官：漢代對將軍的別稱。
［2］【今注】折衝宿將：抵禦敵人的老將。折衝，使敵人的戰車折還。意謂擊退敵人攻城的戰車。

[3]【今注】趙充國：漢宣帝神爵元年（前61），平定羌人叛亂，並開展屯田。傳見本書卷六九。

　　奮武將軍任千秋者，其父宮，[1]昭帝時以丞相徵事捕斬反者左將軍上官桀，[2]封侯，宣帝時爲太常，[3]薨。千秋嗣後，[4]復爲太常。成帝時，[5]樂昌侯王商代奉世爲左將軍，[6]而千秋爲右將軍，後亦爲左將軍。子孫傳國，至王莽乃絶云。[7]

　　[1]【今注】宮：任宮。漢昭帝元鳳元年（前80）封弋陽侯。宣帝地節四年（前60）任太常。
　　[2]【今注】徵事：官名。丞相屬官。以故吏二千石不以臧罪免者爲之。秩六百石。　　上官桀：上邽（今甘肅天水市麥積區）人。漢武帝時爲太僕，後又升遷至左將軍。武帝死後，封爲安陽侯。與霍光、金日磾等人輔佐昭帝。後被誣謀反而遭滅誅。
　　[3]【今注】宣帝：劉詢。公元前73年至前48年在位。紀見本書卷八。
　　[4]【今注】千秋嗣後：任千秋嗣侯在漢元帝初元二年（前47）。《漢書考正》宋祁謂，“後”當作“侯”。
　　[5]【今注】成帝：劉驁。公元前32年至前7年在位。紀見本書卷一〇。
　　[6]【今注】樂昌侯王商：漢宣帝甘露二年（前52）襲封樂昌侯。傳見本書卷八二。
　　[7]【今注】王莽：傳見本書卷九九，事亦見本書卷九八《元后傳》。

　　奉世死後二年，西域都護甘延壽以誅郅支單于封爲列侯。[1]時丞相匡衡亦用延壽矯制生事,[2]據蕭望之前議,以爲不當封,而議者咸美其功,上從衆而侯之。於是杜欽上疏,[3]追訟奉世前功曰:"前莎車王殺漢使者,約諸國背畔。[4]左將軍奉世以衞候便宜發兵誅莎車王,[5]策定城郭,功施邊境。[6]議者以奉世奉使有指,春秋之義亡遂事,漢家之法有矯制,[7]故不得侯。今匈奴郅支單于殺漢使者,亡保康居,[8]都護延壽發城郭兵屯田吏士四萬餘人以誅斬之,封爲列侯。臣愚以爲比罪則郅支薄,量敵則莎車衆,用師則奉世寡,計勝則奉世爲功於邊境安,慮敗則延壽爲禍於國家深。其違命而擅生事同,延壽割地封,而奉世獨不録。臣聞功同賞異則勞臣疑,罪鈞刑殊則百姓惑;疑生無常,惑生不知所從;亡常則節趨不立,[9]不知所從則百姓無所措手足。[10]奉世圖難忘死,信命殊俗,[11]威功白著,爲世使表,[12]獨抑厭而不揚,[13]非聖主所以塞疑屬節之意也。願下有司議。"上以先帝時事,不復録。

[1]【今注】甘延壽:封義成侯。傳見本書卷七〇。　郅支:匈奴單于。漢宣帝五鳳二年(前56)自立爲單于。事迹見本書卷七〇《甘延壽傳》、卷九四《匈奴傳下》。　單于:匈奴君主的稱號。全稱作"撐犁孤塗單于"。撐犁孤塗,即天之子。單于,廣大之貌。　列侯:秦漢二十等爵的最高一級(第二十級)。即徹侯,因避武帝劉徹諱,稱通侯或列侯。漢初以軍功封授,武帝時公孫弘以丞相得封。也有以外戚、恩澤而受封的。劉姓子孫封王者稱爲諸侯,其子弟分封後稱列侯。

[2]【今注】匡衡:傳見本書卷八一。

[3]【今注】杜欽：傳見本書卷六〇。

[4]【顏注】師古曰：約謂共爲契約。

[5]【今注】衞候：武官名。衞尉屬官（參見萬曉緒《漢初衞尉屬官考》，《簡帛研究》2015 年春夏卷）。

[6]【顏注】師古曰：城郭者，謂西域諸國爲城郭而居者。

[7]【顏注】師古曰：無遂事者，謂臨時制宜，前事不可必遂也。漢家之法，擅矯詔命，雖有功勞不加賞也。【今注】亡遂事：不生事端。遂，生事。

[8]【今注】康居：西域古國名。在今哈薩克斯坦巴爾喀什湖和鹹海之間。都城在卑闐城（今烏兹別克塔什干或哈薩克奇姆肯特地）。

[9]【顏注】師古曰："趨"讀曰"趣"。趣謂意所嚮。

[10]【顏注】師古曰：錯，置也，音千故反。【今注】案，措，大德本同，蔡琪本、殿本作"錯"。

[11]【顏注】師古曰：圖難，謀除國難也。"信"讀曰"伸"。

[12]【顏注】師古曰：白著謂顯明也。表猶首（蔡琪本、殿本句末有"也"字）。

[13]【顏注】師古曰：厭，一涉反（蔡琪本、大德本、殿本"一"前有"音"字）。

奉世有子男九人，女四人。長女媛以選充後宮，爲元帝昭儀，[1]産中山孝王。[2]元帝崩，媛爲中山太后，[3]隨王就國。奉世長子譚，太常舉孝廉爲郎，[4]功次補天水司馬。[5]奉世擊西羌，譚爲校尉，隨父從軍有功，未拜病死。譚弟野王、逡、立、參至大官。[6]

[1]【今注】元帝：劉奭。公元前 49 年至前 33 年在位。紀見

本書卷九。　昭儀：漢代後宮嬪御名。始置於元帝時期。其位同丞相，爵比諸侯。

　　[2]【今注】中山：王國名。漢初爲中山郡。景帝置中山國，封劉勝。都盧奴（今河北定州市）。宣帝、元帝、成帝時爲郡、國不定。成帝陽朔二年（前 23）封劉興。　孝王：元帝子劉興。傳見本書卷八〇。

　　[3]【今注】太后：漢代諸侯王之母亦稱太后。

　　[4]【今注】孝廉：漢代察舉科目名。始於武帝元光元年（前 134）。從孝子、廉吏選拔官吏。

　　[5]【顔注】如淳曰：《漢注》邊郡置都尉及千人、司馬，皆不治民也。【今注】天水：郡名。治平襄（今甘肅通渭縣西北）。

　　司馬：武官名。漢代邊郡部都尉屬官（參見張俊民《簡牘文書所見漢代邊塞防禦系統》，《簡牘學論稿：聚沙篇》，甘肅教育出版社 2014 年版；郭俊然《出土資料所見的漢代軍官考論》，《蘭州文理學院學報》2014 年第 1 期）。

　　[6]【顔注】師古曰：逡，千旬反（蔡琪本、大德本、殿本"千"前有"音"字）。

　　野王字君卿，受業博士，[1]通詩。少以父任爲太子中庶子。[2]年十八，上書願試守長安令。[3]宣帝奇其志，問丞相魏相，[4]相以爲不可許。後以功次補當陽長，[5]遷爲櫟陽令，[6]徙夏陽令。[7]元帝時，遷隴西太守，以治行高，入爲左馮翊。[8]歲餘，而池陽令並素行貪汙，[9]輕野王外戚年少，治行不改。野王部督郵掾役詡趙都[10]案驗，得其主守盜十金罪，收捕。並不首吏，[11]都格殺。並家上書陳冤，事下廷尉。[12]都詣吏自殺以明野王，京師稱其威信，遷爲大鴻臚。[13]

　　[1]【今注】博士：官名。秦置，漢因之，隸屬九卿之一奉常（太常）。掌通古今、備顧問及書籍。秩比六百石。設僕射一人領之。

　　[2]【今注】太子中庶子：官名。掌侍從太子。王先謙《漢書補注》曰，《百官公卿表》無中庶子，蓋有脱漏。據《續漢書·百官志》，後漢有太子庶子、太子中庶子二官。衛宏《漢舊儀》載，"中庶子秩六百石。庶子比四百石"。錢大昭《漢書辨疑》卷九認爲，中庶子與庶子有區別，《百官公卿表》於"庶子"上脱"中庶子"三字。

　　[3]【今注】試守：漢代官員任職需試守一年，稱職者方可爲真。　長安：縣名。在今陝西西安市西北。　令：縣令。漢代萬户以上縣的長官稱"令"，不足萬户的稱"長"。

　　[4]【今注】魏相：傳見本書卷七四。魏相爲丞相在漢宣帝地節三年（前67）。

　　[5]【今注】當陽：縣名。治所在今湖北荆門市西南。

　　[6]【今注】櫟陽：縣名。治所在今陝西西安市閻良區武屯鄉。

　　[7]【今注】夏陽：縣名。治所在今陝西韓城市南。

　　[8]【今注】左馮翊：漢三輔之一。武帝太初元年（前104）改左内史置。治長安城（今陝西西安市西北）。相當於郡太守。因地屬畿輔，故不稱郡。據本書《百官公卿表》，野王爲左馮翊在元帝永光二年（前42）。

　　[9]【今注】池陽：縣名。治所在今陝西涇陽縣西北。

　　[10]【顏注】師古曰：都，役褊人而爲掾也。役，丁活反（蔡琪本、大德本、殿本"丁"前有"音"字），又丁外反（蔡琪本、大德本、殿本"丁"前有"音"字）。褊，音許羽反。【今注】督郵掾：督郵屬吏。督郵，官名。郡太守屬官。掌監察縣吏、捕盜等。　役褊：縣名。治所在今陝西銅川市耀州區東。

　[11]【顏注】師古曰：不首吏，謂不伏從收捕也。

　[12]【今注】廷尉：官名。漢九卿之一。掌司法刑獄。秩中二千石。

　[13]【今注】大鴻臚：官名。漢九卿之一。掌少數民族事務。秩中二千石。景帝中元六年（前144）更名"大行令"，武帝太初元年始名"大鴻臚"。

　　數年，御史大夫李延壽病卒，[1]在位多舉野王。上使尚書選弟中二千石，[2]而野王行能第一。上曰："吾用野王爲三公，[3]後世必謂我私後宮親屬，以野王爲比。"[4]乃下詔曰："剛彊堅固，確然亡欲，大鴻臚野王是也。心辨善辭，可使四方，少府五鹿充宗是也。[5]廉絜節儉，太子少傅張譚是也。[6]其以少傅爲御史大夫。"上繇下第而用譚，[7]越次避嫌不用野王，以昭儀兄故也。[8]野王乃歎曰："人皆以女寵貴，我兄弟獨以賤！"野王雖不爲三公，甚見器重，有名當世。

　[1]【今注】御史大夫：官名。漢三公之一。掌執法彈劾、糾察百官以及圖籍秘書。秩中二千石。　李延壽：王先謙《漢書補注》曰："官本《考證》云：'即《公卿表》所云繁延壽也。此文作"李"，此人有二姓。'"

　[2]【顏注】師古曰：定其高下之差也。【今注】尚書：官名。掌文書章奏。漢武帝時爲削弱相權，更多地利用尚書，由宦者擔任，稱中書。其參與議政，地位逐漸重要。　案，弟，蔡琪本、大德本、殿本作"第"。　中二千石：漢代官秩等級。二千石官又分中二千石、真二千石、二千石、比二千石。其中二千石一年祇得俸祿一千四百四十石，不滿二千石。中二千石一年得二千一百六十

石。中，即滿。漢代九卿皆爲中二千石。

[3]【今注】三公：漢初以丞相、太尉、御史大夫爲三公。成帝綏和元年（前8），改御史大夫爲大司空，增加大司馬、大司徒，設立三公官。

[4]【顔注】師古曰：比，例也，音必寐反。

[5]【今注】少府：官名。漢九卿之一。掌山海池澤税收和皇室衣食起居等。秩中二千石。　五鹿充宗：字君孟。漢元帝時爲尚書令，建昭元年（前38）爲少府。治梁丘《易》，著《略説》三篇。

[6]【今注】太子少傅：官名。掌輔導太子。秩二千石。

[7]【顔注】師古曰："繇"讀與"由"同。

[8]【今注】案，何焯《義門讀書記》卷一九曰："野王爲石顯所間，故不得爲三公，當以《佞幸傳》參觀之。帝之引嫌，顯所教也。"

　　成帝立，有司奏野王王舅，不宜備九卿。[1]以秩出爲上郡太守，[2]加賜黄金百斤。朔方刺史蕭育奏封事，[3]薦言："野王行能高妙，内足與圖身，外足以慮化。[4]竊惜野王懷國之寶，而不得陪朝庭與朝者並。[5]野王前以王舅出，以賢復入，明國家樂進賢也。"上自爲太子時聞知野王。會其病免，復以故二千石使行河隄，因拜爲琅邪太守。[6]是時，成帝長舅陽平侯王鳳爲大司馬大將軍，[7]輔政八九年矣，時數有灾異，京兆尹王章譏鳳顓權不可任用，[8]薦野王代鳳。上初納其言，而後誅章，語在《元后傳》。[9]於是野王懼不自安，遂病，滿三月賜告，[10]與妻子歸杜陵就醫藥。大將軍鳳風御史中丞劾奏野王[11]賜告養病而私自便，[12]持虎符出界歸家，[13]奉詔不敬。杜欽時在大將軍莫府，[14]欽素高野王父子行能，奏記於鳳，爲野王言曰：“竊見令曰，吏二千石告，過長安謁，[15]不分別予賜。[16]今有司以爲予告得歸，賜告不得，是一律兩科，[17]失省刑之意。[18]夫三最予告，令也；[19]病滿三月賜告，詔恩也。令告則得，詔恩不得，[20]失輕重之差。又二千石病賜告得歸有故事，不得去郡亡著令。[21]傳曰：‘賞疑從予，所以廣恩勸功也；[22]罰疑從去，所以慎刑，闕難知也。’[23]今釋令與故事而假不敬之法，[24]甚違闕疑從去之意。即以二千石守千里之地，任兵馬之重，不宜去郡，將以制刑爲後法者，則野王之罪，在未制令前也。刑賞大信，不可不慎。”鳳不聽，竟免野王。郡國二千石病賜告不得歸家，自此始。

[1]【今注】九卿：泛指古代中央政府居卿位的高級官吏。

[2]【顏注】如淳曰：以鴻臚秩爲太守。【今注】案，周壽昌《漢書注校補》曰：“野王本官大鴻臚，秩中二千石。太守則二千石也。漢制，郡大增秩者，爲中二千石。元帝建昭二年，益三河大郡太守秩。上郡係邊郡，未增秩。”

[3]【今注】朔方刺史：漢代十三部刺史之一。武帝元封五年（前106）置。轄區包括朔方、五原、西河、上郡、北地等郡。平帝時省朔方刺史。朔方，郡名。治朔方（今内蒙古杭錦旗東北）。

蕭育：蕭望之之子。事見本書卷七八《蕭望之傳》。　封事：爲防止奏章泄密，用皂囊密封。始於宣帝時。

[4]【顏注】師古曰：圖，謀；慮，思也。

[5]【今注】案，庭，蔡琪本、大德本、殿本作“廷”，當據改。

[6]【今注】琅邪：郡名。治東武（今山東諸城市）。

[7]【今注】陽平：侯國名。治所在今山東莘縣。 王鳳：事
迹見本書卷九八《元后傳》。 大司馬大將軍：官名。漢武帝元狩
四年（前119），因大將軍衛青伐匈奴有功，始授大司馬大將軍。
武帝臨終前，以霍光爲大司馬大將軍，囑其輔佐昭帝。此後，多以
大司馬衛將軍、大司馬車騎將軍等授予貴戚大臣，而授大司馬大將
軍的僅有王鳳、王商二人。成帝綏和元年（前8），大司馬與丞相
（大司徒）、御史大夫（大司空）並稱三公，不再冠於大將軍稱號
之前。

[8]【今注】京兆尹：官名。政區名。漢三輔之一。治長安以
東十二縣。職掌相當於郡太守。 王章：傳見本書卷七六。

[9]【今注】元后傳：本書卷九八。元后，即王政君，元帝皇
后，王鳳之妹。

[10]【今注】賜告：古代稱官吏休假爲“告”。官吏因病休假
滿三月，本應當免職，但天子優賜其告，使其繼續休假，帶印綬、
携家屬，歸家治病，稱爲“賜告”。

[11]【顔注】師古曰：“風”讀曰“諷”。

[12]【顔注】師古曰：便，安也，音頻面反。

[13]【今注】虎符：兵符。古代朝廷授予武將兵權及調發軍
隊的信物。呈虎形，分爲兩半，右半留朝廷，左半給統兵將帥。一
般爲銅製，上有銘文。也有銀質、金質甚至玉質的虎符。

[14]【今注】杜欽：傳見本書卷六〇。 莫府：軍隊出征時
將帥的官署。古代將軍出征時，軍隊駐扎的地點不固定，以幕帳爲
官署。莫，通“幕”。

[15]【顔注】如淳曰：謁者，自白得告也。律，吏二千石以
上告歸歸寧，道不過行在所者，便道之官無辭。

[16]【顔注】如淳曰：予，予告也。賜，賜告也。

[17]【今注】一律兩科：律法之外有兩種及以上處罰方式。
科，即課，本意是考覈，指依據法律進行判罪。也指律以外規定犯

罪與刑罰的單行條文。

[18]【顏注】師古曰：省，減也，音所領反。

[19]【顏注】師古曰：在官連有三最，則得予告也。【今注】三最：古代考核官吏分三等，高者叫“最”，下者爲“殿”。連續三次考核爲最，即三最。

[20]【今注】案，“令告則得”二句，《漢書考正》宋祁曰，景德本云“令告詔則得，恩不得”，浙本、南本云“令告則得，詔恩不得”。王念孫《讀書雜志·漢書第十三》曰，“令”當爲“今”，此涉上下諸“令”字而誤。沈家本《歷代刑法考》（下冊）認爲，當以作“令”者爲是。令告，即例告，屬於慣例，而賜告屬於特恩。馮野王休假，按慣例能行，因生病被賜告則不行，故稱一律兩科。令告與詔恩相對。又案，蔡琪本、大德本、殿本“恩”後有“則”字。

[21]【顏注】如淳曰：律施行無不得去郡之文也。

[22]【顏注】師古曰：疑當賞不當賞則與之，疑厚薄則從厚。

[23]【顏注】師古曰：疑當罰不當罰則赦之，疑輕重則從輕。

[24]【顏注】師古曰：釋，廢棄也。假謂假託法律而致其罪。

初，野王嗣父爵爲關內侯，免歸。數年，年老，終于家。子座嗣爵，[1]至孫坐中山太后事絕。[2]

[1]【顏注】師古曰：座，音才戈反。【今注】案，吳恂《漢書注商》認爲，“座”當作“痤”。

[2]【今注】案，中山孝王太后即馮奉世之女元帝昭儀馮媛。其子劉興於成帝陽朔二年（前23）徙封中山王。哀帝建平元年（前6），遣中郎謁者張由醫治中山小王。張由有狂易病，發病後回長安。尚書責問，張由誣告馮太后詛咒哀帝和傅太后。傅太后遣御史丁玄案驗，牽連而死者數十人。馮太后飲毒藥自殺。事詳本書卷

九七下《外戚傳下》。

　　逡字子産，通《易》。太常察孝廉爲郎，補謁者。[1] 建昭中，[2] 選爲復土校尉。[3] 光禄勳于永舉茂材，[4] 爲美陽令。[5] 功次遷長樂屯衛司馬，[6] 清河都尉，[7] 隴西太守。治行廉平，[8] 年四十餘卒。爲都尉時，言河隄方略，在《溝洫志》。[9]

　　[1]【今注】謁者：官名。漢九卿之一光禄勳屬官。掌贊引賓客。秩比六百石。
　　[2]【今注】建昭：漢元帝年號（前38—前34）。
　　[3]【今注】復土校尉：官名。掌陵墓工程建設。因工程組織具有軍事性質，故以武官主持。復土，指掘土爲陵。完成後，下棺時又將土回填，即復其土。
　　[4]【今注】于永：于定國之子。事迹見本書卷七一《于定國傳》。
　　[5]【今注】美陽：縣名。治所在今陝西武功縣西北。
　　[6]【今注】長樂：西漢宮名。即長樂宮。故址在今陝西西安市西北郊漢長安故城東南。　屯衛司馬：官名。衛尉屬官。掌宮門戍衛。本書《百官公卿表》載衛尉屬官有公車司馬、衛士、旅賁。衛士有三丞。又有諸屯衛候、司馬二十二官。
　　[7]【今注】清河：郡名。治清陽縣（今河北清河縣東南）。
　　[8]【今注】治行廉平：廉潔公平。
　　[9]【今注】案，此事詳見本書《溝洫志》。

　　立字聖卿，通《春秋》。以父任爲郎，稍遷諸曹。[1] 竟寧中，[2] 以王舅出爲五原屬國都尉。[3] 數年，遷五原太守，徙西河、上郡。[4]立居職公廉，治行略與野王相似，而多知有恩貸，[5]好爲條教。吏民嘉美野王、立相代爲太守，歌之曰："大馮君，小馮君，兄弟繼踵相因循，聰明賢知惠吏民，政如魯、衞德化鈞，周公、康叔猶二君。"[6]後遷爲東海太守，[7]下溼病痺。[8]天子聞之，徙立爲太原太守。[9]更歷五郡，[10]所居有迹。年老卒官。

[1]【今注】諸曹：加官名。分左右曹，受理尚書事務。

[2]【今注】竟寧：漢元帝年號（前 33）。

[3]【今注】五原：郡名。治九原縣（今内蒙古包頭市西）。屬國都尉：官名。掌管理屬國事務。秩比二千石。漢武帝元狩二年（前 121）置五屬國（張守節云，即隴西、北地、上郡、朔方、雲中，《地理志》又有安定、天水、西河、五原），安置内附匈奴，保留其舊俗及官名，以都尉主之（參見賈敬顔《漢屬國與屬國都尉考》，《史學集刊》1982 年第 4 期）。

[4]【今注】西河：郡名。治平定縣（今内蒙古准格爾旗西南）。 上郡：治膚施縣（今陝西榆林市東南）。

[5]【顔注】師古曰：貸，吐戴反（蔡琪本、大德本、殿本"吐"前有"音"字）。

[6]【顔注】師古曰：《論語》稱孔子曰："魯衞之政，兄弟也。"言周公、康叔親則兄弟，治國之政又相似。

[7]【今注】東海：郡名。治郯（今山東郯城縣北）。

[8]【顔注】師古曰：東海土地下溼，故立病痺也。痺，必寐反（蔡琪本同，大德本、殿本"必"前有"音"字）。

[9]【今注】太原：郡名。治晉陽（今山西太原市西南）。

[10]【顔注】師古曰：更，工衡反（蔡琪本、大德本、殿本

作“更音工行反”）。

　　參字叔平，學通《尚書》。[1]少爲黃門郎給事中，[2]宿衞十餘年。參爲人矜嚴，好修容儀，進退恂恂，甚可觀也。[3]參，昭儀少弟，行又敕備，以嚴見憚，終不得親近侍帷幄。竟寧中，以王舅出補渭陵食官令。[4]以數病徙爲寢中郎，[5]有詔勿事。[6]陽朔中，[7]中山王來朝，參擢爲上河農都尉。[8]病免官，復爲渭陵寢中郎。永始中，[9]超遷代郡太守。[10]以邊郡道遠，徙爲安定太守。[11]數歲，病免，復爲諫大夫，[12]使領護左馮翊都水。[13]綏和中，[14]立定陶王爲皇太子，[15]以中山王見廢，[16]故封王舅參爲宜鄉侯以慰王意。[17]參之國，上書願至中山見王、太后。行未到而王薨。王病時，上奏願貶參爵以關內侯食邑留長安。[18]上憐之，下詔曰：“中山孝王短命早薨，願以舅宜鄉侯參爲關內侯，歸家，朕甚愍之。其還參京師，以列侯奉朝請。”[19]五侯皆敬憚之。[20]丞相翟方進亦甚重焉，[21]數謂參：“物禁太甚。[22]君侯以王舅見廢，[23]不得在公卿位，今五侯至尊貴也，與之並列，宜少詘節卑體，視有所宗。[24]而君侯盛修容貌以威嚴加之，此非所以下五侯而自益者也。”[25]

　　[1]【今注】尚書：書名。先秦時稱《書》。漢初始稱《尚書》，指上古之書。尚，同“上”。記載夏、商事迹，體裁有典、謨、訓、誥、誓、命六種。武帝立五經博士，該書成爲儒家經典之一。

[2]【今注】黄門郎：加官名。秦漢郎官供事於黄闥（宫門）之内，爲“給事黄門郎”或“給事黄門侍郎”的省稱。 給事中：加官名。供事禁中，侍從皇帝，備顧問應對。

[3]【顏注】師古曰：恂恂，謹信之皃，音“荀”。【今注】案，王念孫《讀書雜志·漢書第十三》云，“進退”當作“進止”。

[4]【顏注】如淳曰：給陵上祭祀之事。【今注】渭陵：漢元帝劉奭陵，在今陕西咸陽市東北。 食官令：官名。奉常屬官。掌帝王陵廟望晦時節祭祀。秩六百石。

[5]【顏注】師古曰：亦渭陵之寢郎也。

[6]【顏注】張晏曰：不與勞役，職事擾之（擾，殿本作“優”）。師古曰：雖居其官，不親職也。

[7]【今注】陽朔：漢成帝年號（前24—前21）。

[8]【顏注】師古曰：上河在西河富平，於此爲農都尉。【今注】上河：地名。指今寧夏吴忠市西南的黄河流域。楊守敬《水經注疏》卷三認爲，據《通典》載，黄河經靈武郡西南，向北流千餘里，漢代人謂之西河。臣瓚因上河是河名，故認爲其在西河、富平，並非謂西河郡。據《後漢書》卷五載，任尚及騎都尉馬賢與先零羌戰於富平上河，卷八七載，至北地，戰於富平上河。富平，縣名。屬北地郡。治所在今寧夏吴忠市西南。 農都尉：官名。漢武帝始置，置於邊郡。掌屯田積穀。陳直《漢書新證》認爲，凡邊郡都尉兼屯墾的，皆可稱爲農都尉。故此處或指北地邊都尉。

[9]【今注】永始：漢成帝年號（前16—前13）。

[10]【今注】代郡：治代縣（今河北蔚縣東北）。

[11]【今注】安定：郡名。治高平（今寧夏固原市原州區）。

[12]【今注】諫大夫：官名。漢武帝元狩五年（前118）置。漢九卿之一光禄勳屬官。掌顧問應對、參預謀議。秩比八百石。

[13]【今注】都水：官名。漢代太常、少府、大司農、水衡都尉、三輔均置，掌河渠陂池修建、灌溉等事。錢大昭《漢書辨

疑》據本書《百官公卿表》，左馮翊有左都水長丞。此時左馮翊當有河渠之事，故令馮參領護之。

［14］【今注】綏和：漢成帝年號（前 8—前 7）。

［15］【今注】定陶王：劉欣。後爲哀帝。紀見本書卷一一。

［16］【顏注】師古曰：見廢，謂不得爲漢嗣也。【今注】案，本書卷八〇《宣元六王傳》載，成帝以中山王（劉興）不材，又是兄弟關係，不得相入廟。外戚王氏與趙昭儀皆欲用哀帝爲太子，故中山王不得立。並非被廢。

［17］【今注】宜鄉：侯國名。其地不詳。

［18］【今注】關內侯：秦漢沿置。二十等爵的第十九級。但有侯號，居京師。無封土而依封户多少享受徵收租税之權。

［19］【今注】奉朝請：古稱春季朝見爲“朝”，秋季朝見爲“請”。奉朝請者，即有參加朝會的資格。漢代諸侯王、列侯常以十月朝獻，並交貢納。武帝以後定爲三年一朝（參見李俊方《漢代諸侯朝請考述》，《社會科學》2008 年第 2 期）。

［20］【顏注】師古曰：王氏五侯也。【今注】五侯：漢成帝河平二年（前 27）封王譚爲平阿侯、王商爲成都侯、王立爲紅陽侯、王根爲曲陽侯、王逢時爲高平侯。

［21］【今注】翟方進：傳見本書卷八四。爲丞相在漢成帝永始二年（前 15）。

［22］【顏注】師古曰：言萬物之禁，在於太甚，人道亦當隨時，不宜獨異。【今注】案，周壽昌《漢書注校補》曰，此李斯引荀卿語，見《史記》卷八七《李斯列傳》。

［23］【今注】案，沈欽韓《漢書疏證》卷三二下引衞宏《漢舊儀》：“列侯爲丞相、相國號君侯。”但周壽昌《漢書注校補》認爲，漢代也存在對有侯爵而不爲相，或無侯爵不爲相也可稱君侯的情況。

［24］【顏注】師古曰：“視”讀曰“示”。宗，尊也。

[25]【顏注】師古曰：下，胡亞反（蔡琪本、大德本、殿本"胡"前有"音"字）。

參性好禮儀，終不改其恒操。頃之，哀帝即位，[1]帝祖母傅太后用事，追怨參姉中山太后，陷以祝詛大逆之罪，[2]語在《外戚傳》。參以同產當相坐，[3]謁者承制召參詣廷尉，參自殺。且死，仰天嘆曰："參父子兄弟皆備大位，身至封侯，今被惡名而死，姉弟不敢自惜，傷無以見先人於地下！"死者十七人，眾莫不憐之。宗族徙歸故郡。

[1]【今注】哀帝：劉欣。漢元帝孫，定陶恭王子。公元前7年即位。

[2]【今注】祝詛：祈禱於鬼神，使加禍於別人。

[3]【今注】同產：同母兄弟（參見楊鴻年《漢魏"同產"淺釋》，《法學評論》1984年第1期）。

贊曰：《詩》稱"抑抑威儀，惟德之隅"。[1]宜鄉侯參鞠躬履方，擇地而行，[2]可謂淑人君子，然卒死於非罪，不能自免，[3]哀哉！讒邪交亂，貞良被害，自古而然。故伯奇放流，[4]孟子宮刑，[5]申生雉經，[6]屈原赴湘，[7]《小弁》之詩作，《離騷》之辭興。[8]經曰："心之憂矣，涕既隕之。"[9]馮參姉弟，亦云悲矣！[10]

[1]【顏注】師古曰：《大雅·抑》之詩也。抑抑，密也。隅，廉也。言有密靜之德，審於威儀，則其持心有廉隅。

［2］【顏注】師古曰：鞠躬，謹敬皃。履方，踐方直之道也。鞠，居六反（蔡琪本、大德本、殿本"居"前有"音"字）。【今注】鞠躬履方擇地而行：形容馮參走路恭敬謹慎的樣子。王念孫《讀書雜志·漢書第十三》曰，方即道路。履方猶言在道上行走。鞠躬爲謹敬。

［3］【顏注】師古曰：卒，終也。

［4］【顏注】師古曰：《説苑》云王國子前母子伯奇，後母子伯封，兄弟相重。後母欲令其子立爲太子，乃譖伯奇，而王信之，乃放伯奇也。

［5］【顏注】張晏曰：寺人孟子，賢者，被讒見宮刑，作《巷伯》之詩也。

［6］【顏注】師古曰：《國語》云晉獻公黜太子申生，乃雉經于新城之廟（于，大德本、殿本同，蔡琪本作"子"）。蓋爲倪頸閉氣而死，若雉之爲。【今注】案，沈欽韓《漢書疏證》引《禮記·檀弓》疏："雉，牛鼻繩也。申生以牛繩自縊而死。"

［7］【顏注】師古曰：《楚辭·漁父》之篇云屈原曰"寧赴湘流，葬於江魚腹中"也。

［8］【顏注】師古曰：小弁，《小雅》篇名也，太子之傅作焉，刺幽王信讒，黜申后而放太子宜咎也。離騷經，屈原所作也。離，遭也。騷，憂也。遭憂而作辭。弁，音"盤"。

［9］【顏注】師古曰：即小弁之詩也。隕，墜也。【今注】案，周壽昌《漢書注校補》曰，《毛傳》以《小弁》爲宜咎作，三家《詩》以爲伯奇。此以《離騷》配《小弁》，以屈原配伯奇，用三家説。

［10］【今注】案，亦云悲矣，大德本、殿本同，蔡琪本作"亦云悲夫"。

漢書　卷八〇

宣元六王傳第五十

　　孝宣皇帝五男。許皇后生孝元帝，張倢伃生淮陽憲王欽，[1]衞倢伃生楚孝王囂，[2]公孫倢伃生東平思王宇，[3]戎倢伃生中山哀王竟。[4]

　　[1]【今注】倢伃：漢景帝之前，除皇后外，後宮高等姬妾多泛稱夫人，至武帝所寵李夫人，亦不聞倢伃之號。此號當始自武帝晚年，有尹倢伃、趙倢伃，地位高於普通夫人。西漢後期制度規定，皇后以下的嬪妃分十四等，倢伃爲第二等，官秩視上卿，爵位比列侯。　淮陽：諸侯王國名。治陳縣（今河南淮陽縣）。

　　[2]【顏注】師古曰：囂，音敖。

　　[3]【今注】東平：諸侯王國名。漢宣帝時改大河郡置，治無鹽（今山東東平縣東）。

　　[4]【今注】中山：諸侯王國名。治盧奴縣（今河北定州市）。

　　淮陽憲王欽，元康三年立，母張倢伃有寵於宣帝。霍皇后廢後，[1]上欲立張倢伃爲后。久之，懲艾霍氏欲害皇太子，[2]迺更選後宮無子而謹慎者，迺立長陵王倢伃爲后，[3]令母養太子。后無寵，希御見，唯張倢伃寖幸。[4]而憲王壯大，好經書法律，聰達有材，帝甚愛之。太子寬仁，喜儒術，[5] 上數嗟歎憲王，曰："真我子也！"常有意欲立張倢伃與憲王，然用太子起於微細，[6] 上少依倚許氏，[7] 及即位而許后以殺死，[8] 太子蚤失母，故弗忍也。[9] 久之，上以故丞相韋賢子玄成陽狂讓侯兄，[10] 經明行高，稱於朝廷，乃召拜玄成爲淮陽中尉，[11] 欲感諭憲王，輔以推讓之臣，由是太子遂安。宣帝崩，[12] 元帝即位，乃遣憲王之國。

[1]【今注】霍皇后：即霍光之女。事見本書卷九七上《外戚傳上》。

[2]【顏注】師古曰："艾"讀曰"乂"。乂，創也。【今注】霍氏欲害皇太子：霍光死後，宣帝立去世的許皇后之子爲太子，亦即元帝。據説霍光妻與霍皇后欲謀害太子而未遂。事見本書《外戚傳上》。

[3]【今注】長陵：縣名。治所在今陝西咸陽市東北。以漢高祖陵墓而得名，屬左馮翊。

[4]【今注】案，寖，蔡琪本、大德本、殿本作"最"。

[5]【顏注】師古曰：喜，好也，音許吏反。

[6]【今注】太子起於微細：漢宣帝受其祖父戾太子劉據牽連，先入獄後爲庶人，後由掖庭令張賀爲媒，娶暴室嗇夫許廣漢之女（亦即後來的許皇后）爲妻，生子即元帝。元帝生於民間，故稱"起於微細"。

[7]【顏注】師古曰：倚，音於起反。【今注】依倚許氏：漢宣帝父母雙亡，少年時生活多倚靠其祖母家史氏與妻家許氏。宣帝即位後，史、許遂成爲最爲顯赫之外戚，在宣、元二朝權勢頗大。

[8]【今注】許后以殺死：據本書卷六八《霍光傳》及卷九七《外戚傳》記載，許后係霍光夫人指使女醫以中藥附子毒殺。然近

人吕思勉質疑此事云："即弑許后亦莫須有之事。附子非能殺人，尤不能殺人于俄傾間。"（參見吕思勉《秦漢史》，上海古籍出版社2005年版，第138頁）

[9]【顏注】師古曰：蚤，古"早"字也。

[10]【今注】陽狂讓侯：韋玄成父韋賢爲丞相，封扶陽侯。韋賢臨終時，玄成兄弘恰好獲罪，韋賢門生與宗親乃推舉韋玄成繼承侯爵。韋玄成知此非韋賢本意，乃僞裝瘋狂，試圖讓爵。後被識破，終受封。

[11]【今注】中尉：此指王國中尉，爲王國頂級武官。典武職，備盜賊。

[12]【今注】崩：古代稱皇帝死爲崩。以山陵崩塌爲喻。

時張倢伃已卒，憲王有外祖母，舅張博兄弟三人歲至淮陽，見親，[1]輒受王賜。後王上書，請徙外家張氏於國。博上書，願留守墳墓，獨不徙。[2]王恨之。後博至淮陽，王賜之少。博言："負責數百萬，[3]願王爲償。"王不許。博辭去，令弟光恐云："王遇大人益解，[4]博欲上書，爲大人乞骸骨去。"[5]王迺遣人持黃金五十斤送博。[6]博喜，還書謝，[7]爲諂語盛稱譽王，因言："當今朝庭無賢臣，[8]灾變數見，[9]足爲寒心。萬姓咸歸望於大王，大王奈何恬然[10]不求入朝見，輔助主上乎？"使弟光數説王宜聽博計，令於京師説用事貴人爲王求朝。王不納其言。

[1]【顏注】師古曰：憲王外祖母隨王在淮陽，博等每來謁見其母。

[2]【今注】案，班固未言張氏家族籍貫何在。考之後文，張

博似常居長安，其籍貫當在三輔。因其尚有政治野心，故不願遠徙遠離權力中心。

[3]【顏注】師古曰：責，謂假貸人財物未償者也。責，音側懈反。

[4]【顏注】師古曰：恐，謂怖動也。大人，博自稱其母也。“解”，讀曰“懈”。【今注】恐：《漢書考正》宋祁認爲，“恐”下疑有“王”字。今案，張博以迎其母爲名，實在暗示其欲上告淮陽憲王事外祖母不孝，意在威脅憲王，故言“恐”。

[5]【今注】乞骸骨：本爲大臣請求致仕退休的謙辭，此指張博欲將其母迎回長安。

[6]【今注】案，迺，殿本作“乃”。

[7]【顏注】師古曰：還書，報書。

[8]【今注】案，朝庭，蔡琪本、大德本、殿本作“朝廷”。

無賢臣：時漢元帝任用宦官爲中書令決事，外朝大臣被架空，故有此説。

[9]【今注】災變數見：漢元帝繼位後，自然災害頗多，故有此説。

[10]【顏注】師古曰：恬然，安静皃也（皃，殿本作“貌”）。恬，音大兼反。

後光欲至長安，辭王，復言“願盡力與博共爲王求朝。王即日至長安，可因平陽侯”。[1]光得王欲求朝語，馳使人語博。博知王意動，復遺王書曰：“博幸得肺附，[2]數進愚策，未見省察。北游燕趙，欲循行郡國，求幽隱之士，聞齊有駟先生者，善爲《司馬兵法》，[3]大將之材也，博得謁見，承閒，進問五帝三王究竟要道，卓爾非世俗之所知。[4]今邊境不安，[5]天下

騷動，微此人其莫能安也。[6] 又聞北海之濱有賢人
焉，[7] 累世不可逮，然難致也。[8] 得此二人而薦之，功
亦不細矣。博願馳西，以此赴助漢急，無財幣以通顯
之。趙王使謁者持牛酒、黃金三十斤勞博，博不受；[9]
復使人願尚女，聘金二百斤，博未許。[10] 會得光書云
大王已遣光西，與博并力求朝。博自以棄捐，不意大
王還意反義，結以朱顏，[11] 願殺身報德。朝事何足言！
大王誠賜咳唾，使得盡死，湯禹所以成大功也。駟先
生蓄積道術，書無不有，[12] 願知大王所好，請得輒
上。"[13] 王得書，喜說，[14] 報博書曰："子高逎幸左顧
存恤，發心惻隱，[15] 顯至誠，納以嘉謀，語以至
事，[16] 雖亦不敏，敢不諭意！[17] 今遣有司爲子高償責
二百萬。"

[1]【今注】平陽侯：王先謙《漢書補注》指出，平陽侯曹參
之後在元帝時已絶，平陵侯范明友在宣帝時被殺，此"平陽"當是
"陽平"之誤。時太后王政君之長兄王鳳爲陽平侯。平陽，侯國名。
治所在今山西臨汾市西南金殿。陽平，侯國名。屬東郡，治所在今
山東莘縣。

[2]【顏注】師古曰：自云於王有親也。【今注】案，肺附，
大德本、殿本作"肺腑"。王先謙《漢書補注》認爲，當以"肺
附"爲是。

[3]【今注】司馬兵法：書名。又名《司馬法》《司馬穰苴兵
法》。舊題齊國名將司馬穰苴所作，實係戰國時期齊國諸大夫集古
兵法而成。《漢書·藝文志》著録《軍禮司馬法》一百五十五篇，
列於禮類。

[4]【顏注】師古曰：卓爾，高遠皃也（皃，蔡琪本、殿本

作"貌")。自言見駒先生問以要道，知其高遠也。

[5]【今注】邊境不安：漢元帝永光二年（前42），西羌反，遺將軍馮奉世擊之，永光三年平。此書當作於永光二、三年間。

[6]【顏注】師古曰：微，無也。

[7]【顏注】師古曰：瀕，涯也，音頻，又音賓。

[8]【顏注】師古曰：逮，及也，言其材智不可及也。致，至也。難得召而至也。

[9]【顏注】師古曰：勞，謂問遺之，音來到反（殿本此注在"勞博"二字下）。【今注】謁者：職官名。春秋戰國已有，秦、漢承之。西漢時掌賓贊受事，郎中令（光祿勳）屬官，員七十人，秩比六百石。諸侯王國官制仿漢廷，亦設謁者。王先謙《漢書補注》指出，張博此文上言"北游燕趙"，此復言趙王厚餽、請婚，皆辭之，暗示其專欲爲淮陽王盡力。

[10]【顏注】師古曰：尚女者，王欲取博女以自配也（殿本此注在"尚女"二字下）。

[11]【顏注】師古曰：還，猶回也。

[12]【顏注】師古曰：言凡是書籍皆有之。

[13]【今注】上：《漢書考正》宋祁認爲，下一條顏注（"上與王也"條）當移至此字後。

[14]【顏注】如淳曰：上與王也。

[15]【顏注】師古曰：左顧猶言枉顧也。【今注】子高：當爲張博之字。

[16]【顏注】師古曰：以至極之事告語我。

[17]【顏注】師古曰：諭，曉也。

是時，博女壻京房以明《易》、陰陽得幸於上，[1]數召見言事。自謂爲石顯、五鹿充宗所排，[2]謀不得用，[3]數爲博道之。博常欲誑燿淮陽王，即具記房諸所説災異及召見密語，持予淮陽王以爲信驗，詐言"已見中書令石君求朝，[4]許以金五百斤。賢聖制事，蓋慮功而不計費。[5]昔禹治鴻水，[6]百姓罷勞，[7]成功既立，萬世賴之。今聞陛下春秋未滿四十，髮齒墮落，太子幼弱，佞人用事，陰陽不調，百姓疾疫飢饉，死者且半，鴻水之害殆不過此。[8]大王緒欲救世，[9]將比功德，何可以忽？[10]博已與大儒知道者爲大王爲便宜奏，[11]陳安危，指災異，大王朝見，先口陳其意，而後奏之，上必大説。[12]事成功立，大王即有周、邵之名，[13]邪臣散亡，[14]公卿變節，功德亡比，而梁、趙之寵必歸大王，[15]外家亦將富貴，何復望大王之金錢？"王喜説，[16]報博書曰："迺者詔下，止諸侯朝者，寡人憒然不知所出。[17]子高素有顏冉之資，臧武之智，[18]子貢之辯，[19]卞莊子之勇，[20]兼此四者，世之所鮮。[21]既開端緒，願卒成之。[22]求朝，義事也，奈何行金錢乎！"博報曰："已許石君，須以成事。"[23]王以金五百斤予博。

[1]【今注】京房：經學家。治《易經》，創京氏《易》。因災異之説爲元帝親信，參與政事，後因與石顯等政爭而被殺。傳見本書卷七五。

[2]【今注】石顯：宦官。自漢宣帝以來擔任中書僕射，在弘恭去世後繼任中書令，長期參與中樞政事。成帝即位後，石顯失勢，免官歸鄉，據説因憂懑而不食，在路上病死。傳見本書卷九三。 五鹿充宗：字君孟。經學家，治《易經》（梁丘《易》）、《論語》（齊《論》）。在元帝時曾奉命論辯《易經》，爲朱雲所敗。

其門下名人頗多，梁丘《易》中的士孫、鄧、衡之學以及曾續
《太史公書》的馮商皆出自其門下。充宗在元帝朝歷任尚書令、少
府。元帝詔書稱其“心辨善辭，可使四方，少府五鹿充宗是也”。
與中書令石顯相善，權勢頗盛。賈捐之、京房等皆因爲與二人政爭
而被殺。成帝繼位，石顯被貶，充宗被遠遷爲玄菟太守。事見本書
卷三〇《藝文志》、卷五九《張湯傳》、卷六四下《賈捐之傳》、卷
六七《朱雲傳》、卷七五《京房傳》、卷七九《馮奉世傳》、卷八八
《儒林傳》、卷九三《佞幸傳》。

[3]【今注】謀不得用：京房欲行考功課吏之法，爲群臣所
忌，受到阻礙。又以不災異爲言，欲令元帝退石顯，亦未成功，反
與石顯結下深仇。詳見本書《京房傳》。

[4]【今注】詐言：《漢書考正》宋祁指出，有的版本無“詐”
字。　中書令：官名。助皇帝處理政務，掌收納尚書奏事、傳達皇
帝詔令，向皇帝上奏的密奏“封事”，責任重要。多由宦官擔任。

石君：王先謙《漢書補注》指出，石君，即石顯。

[5]【顔注】師古曰：志在成功，不惜財費也。

[6]【今注】禹：傳說中的古代聖王，又稱崇禹、戎禹、伯
禹、大禹，一說名文命，姒姓。據說堯、舜在位時發生大洪水，禹
之父鯀奉命治水不成而爲舜所殺，禹繼之治水，歷盡艱辛，終獲成
功，乃受舜禪位爲王，並大會諸侯於會稽。禹死後，其子啓繼位，
結束禪讓制，開始家天下制度，建立夏朝。禹被後世視作夏朝的開
國君主，所謂“三王”之一。近代以來，顧頡剛先生根據許慎
《說文解字》“禹，蟲也”的記載，對禹的傳說提出了質疑，認爲
“禹”本是夏代時崇拜的地位最高、時間最古的動物神（“蟲”之
古義本泛指動物）。此說提出後引起學界爭議，至今未決。現在一
般將夏以後的記載視爲信史，而將禹以前的記載視爲傳說。傳說中
的事迹亦有歷史的成分，但尚需結合新出考古發現與人類學研究進
一步判斷。　治鴻水：鴻水，即洪水。夏以前金屬工具使用尚不普
及，以原始材料治水，是否能達到如此成功的效果尚有爭論。不

過，根據各方面材料，距今 4000 年左右，恰相當於文獻記載的夏朝建立前後，中國當確實發生過大洪水，這一傳說確有所本。根據氣候史家的研究，在距今 4200—4000 年，有一次顯著的全球性急劇降溫事件，降溫造成了西北地區的乾旱和中東部地區的降水增加，東部地區湖泊擴張，洪水頻發。又有地理學家指出，公元前 1920 年左右，在今青海地區發生大地震引發山崩，形成堰塞湖堵塞黃河，積水溢滿後堰塞湖潰開，導致特大洪水爲禍下游。考古學者則發現，中國早期文明本呈多元化的"滿天星斗"的狀態，但在約 4000 年前左右，形成以河南二里頭文化爲中心的"月朗星稀"的局面。綜合幾方面的證據可知，在距今 4000 年前，確曾發生過嚴重的大洪水，洪水災難對於夏代廣域王權國家的建立當確有重要影響（參見葛全勝等《中國歷朝氣候變化》，科學出版社 2011 年版；吳慶龍等《公元前 1920 年潰決洪水爲中國大洪水傳說和夏王朝的存在提供依據》，《中國水利》2017 年第 3 期；蘇秉琦《中國文明起源新探》第五章，生活·讀書·新知三聯書店 2000 年版；許宏《何以中國》，生活·讀書·新知三聯書店 2014 年版；王暉《堯舜大洪水與中國早期國家的起源——兼論從"滿天星斗"到黃河中游文明中心的轉變》，《陝西師範大學學報》2005 年第 3 期）。

[7]【顏注】師古曰：罷，讀曰"疲"。

[8]【顏注】師古曰：謂堯時水災不大於今。【今注】案，顏注不確。此句意指自"今聞"以下所叙元帝朝諸多問題之綜合嚴重性甚於大禹時的洪水，非僅指當時的水災爲言。

[9]【顏注】師古曰：緒，業也，一曰，始爲端緒。

[10]【顏注】師古曰：言比功德於古帝王也。忽，怠忘也。

[11]【顏注】師古曰：大儒知道，謂京房也。道，道術也。

[12]【顏注】師古曰：説，讀曰"悦"。

[13]【今注】周：周公，即周武王之弟周公旦，獲封於魯，不之國，而以其子伯禽就封。在武王去世後輔佐成王，任太師，攝

政，東征平滅武王弟管叔、蔡叔與紂王子武庚的聯合叛亂，營建洛邑，設成周八師鎮撫東方。制禮作樂，確立周代諸項制度。在成王成年後，周公還政於成王。被後世視作賢臣代表、儒家聖人。參見《史記》卷三三《魯周公世家》。　邵：邵公，又作"召公"，名奭，周朝宗室，食邑於召，故稱召公。據《史記》記載，武王滅紂後召公獲封於燕，然未之國（根據 1986 年在北京市房山區琉璃河出土的"克盉""克罍"銘文，實際到燕國就封的當爲其子克）。武王去世後與周公共同輔佐成王，任太保，陝以東由周公主之，陝以西由召公主之。召公長壽，至康王時尚在。其治西方，甚得民和。《詩經》的《甘棠》之詩據說就是後人懷念召公之治而作（參見《史記》卷三四《燕召公世家》；孫華《匽侯克器銘文淺見——兼談召公建燕及其相關問題》，《文物春秋》1992 年第 3 期）。

[14]【今注】案，亡，殿本作"亾"。下同不注。

[15]【顏注】如淳曰：梁王，景帝弟，欲爲嗣。趙王如意幾代惠帝也。【今注】案，二人皆未成功，且趙王如意被殺，梁王武亦有病牛禍而死之傳聞，不吉之甚。張博既欲成事，焉能引此爲言，而王得書，竟亦"喜說"，殊爲可疑。

[16]【顏注】師古曰：說，讀曰"悅"。

[17]【顏注】師古曰：憯（憯，大德本作"惛"。本注下同），痛也。不知計策何所出也。憯，音才感反。

[18]【顏注】師古曰：顏，顏回也。冉，冉耕也，字伯牛。皆孔子弟子。《論語》稱孔子曰："德行顏淵、閔子騫、冉伯牛、仲弓。"臧武者，魯大夫臧武仲也，名紇。《論語》稱子曰"若臧武仲之智"，故王引之爲言也（殿本無"也"字）。【今注】顏：顏回。孔子弟子，因其德行、好學見稱，故最爲孔子喜愛。但天不假年，在四十歲左右便去世。顏回被後世尊稱爲"顏子"，在儒教中地位僅次於孔子。三國時得以配享孔子，唐代時與曾參、孔伋、孟軻一起被尊爲孔廟"四配"，元、明以來更被尊爲"復聖"。

冉：冉耕。字伯牛。以德行見稱，後染惡疾去世。唐代被尊爲孔廟十哲（清代擴爲十二哲）之一。　臧武：臧武仲。魯國大臣，官至司寇。通禮制而善言辭，常爲魯國出使列國。其事迹多見於《左傳》。

　　[19]【顏注】師古曰：《論語》稱孔子云"言語，宰我、子貢"。【今注】子貢：複姓端木，名賜，字子貢，衛國人。孔子弟子，以言語見稱，在孔子去世後守孝長達六年。唐代被尊爲孔廟十哲（清代擴爲十二哲）之一。子貢實幹能力頗强，經商積累巨富，爲孔子揚名諸侯間貢獻頗大。又據《史記》卷六七《仲尼弟子列傳》，爲了保護魯國不被侵略，子貢奉孔子命，游説列國。其後吴王夫差在艾陵之戰破齊，之後與晉會盟黄池争霸，復遭越王句踐偷襲後方而被滅。以上諸事據説皆與子貢此次游説有關。不過關於其游説一事的真僞，古今史家尚有争論（參見王衛平《子貢游説及其後果考辨》，《孔子研究》1993 年第 2 期）。

　　[20]【顏注】師古曰：卞莊子，古之勇士。【今注】卞莊子：《論語》里提及的魯國勇士。《戰國策》有關於其刺虎的記載。

　　[21]【顏注】師古曰：鮮，少也，音先踐反。

　　[22]【顏注】師古曰：卒，終也。

　　[23]【顏注】師古曰：須，待也。

　　會房出爲郡守，[1]離左右，顯具得此事，[2]告之。[3]房漏泄省中語，[4]博兄弟詿誤諸侯王，誹謗政治，狡猾不道，皆下獄。有司奏請逮捕欽，上不忍致法，遣諫大夫王駿賜欽璽書曰：[5]"皇帝問淮陽王。[6]有司奏王，王舅張博數遺王書，非毁政治，謗訕天子，襃舉諸侯，稱引周、湯。以謾惑王，[7]所言尤惡，悖逆無道。王不舉奏而多與金錢，報以好言，辜至不赦，朕惻焉，不忍聞，[8]爲王傷之。推原厥本，[9]不祥自博，[10]惟王之心，匪同于凶。已詔有司勿治王事，遣諫大夫駿申諭朕意。[11]《詩》不云乎？‘靖恭爾位，正直是與。’[12]王其勉之！”

[1]【今注】會房出爲郡守：京房建議元帝行考功課吏之法，石顯等乃提議以其爲郡守，試行此法。於是元帝任命京房爲魏郡太守。

[2]【今注】顯具得此事：據本書卷七五《京房傳》記載，石顯在之前已知此事，因京房在皇帝左右而未發。此時京房離開京城，石顯乃言此事。

[3]【今注】告之：王念孫《讀書雜志·漢書第十三》指出，荀悦《漢紀》句尾無“之”字。

[4]【今注】漏泄省中語：指泄漏宮禁內應當保密的言論信息，特別是和皇帝相關者。依照漢律，漏泄省中語屬大罪，當重治。省中，指皇帝居處的宮禁之地（詳參黨超《兩漢“漏泄省中語”考論》，《史學月刊》2016年第12期）。

[5]【今注】諫大夫：漢武帝置，掌諫爭、顧問應對，議論朝政，無定員，秩比八百石。　璽書：鈐蓋有皇帝印璽或以皇帝印璽封緘的文書，以示重要（馬怡：《漢代詔書之三品》，載北京大學中國古代史研究中心主編《田餘慶先生九十華誕頌壽論文集》，中華書局2014年版，第65—83頁）。

[6]【今注】皇帝問淮陽王：“皇帝問某官”是漢代詔書習用格式，與“制詔某官”“告某官”相比，更有尊重或榮寵的意味（詳參馬怡《漢代詔書之三品》）。

[7]【顏注】師古曰：謫，古“謫”字也（蔡琪本、殿本無“也”字）。

[8]【顏注】師古曰：惻，痛也。

[9]【今注】厥：其。

[10]【顏注】師古曰：祥，善也。自，從也。不善之事，從博起也。

[11]【顏注】師古曰：申，謂約束之。

[12]【顏注】師古曰：《大雅·小明》之詩也。與，偕也。言人能安静而恭以守其位，偕於正直，則明神聽之，用錫福善。

　　駿諭指曰：[1]“禮爲諸侯制相朝聘之義，蓋以考禮壹德，尊事天子也。[2]且王不學《詩》乎？《詩》云：‘俾侯於魯，爲周室輔。’[3]今王舅博數遺王書，所言悖逆。王幸受詔策，通經術，[4]知諸侯名譽不當出竟。[5]天子普覆，德布於朝，而恬有博言，[6]多予金錢，與相報應，不忠莫大焉。故事，諸侯王獲罪京師，罪惡輕重，縱不伏誅，必蒙遷削貶黜之罪，[7]未有但已者也。[8]今聖主赦王之罪，又憐王失計忘本，爲博所惑，加賜璽書，使諫大夫申諭至意，殷勤之恩，豈有量哉！博等所犯惡大，群下之所共攻，王法之所不赦也。自今以來，王毋復以博等累心，[9]務與衆棄之。《春秋》之義，大能變改。[10]《易》曰‘藉用白茅，无咎’，[11]言臣子之道，改過自新，絜己以承上，然後免於咎也。王其留意慎戒，惟思所以悔過易行，塞重責，稱厚恩者。[12]如此，則長有富貴，社稷安矣。”[13]

　　[1]【顏注】師古曰：璽書之外，天子又有指意，并令駿曉告於王也。

　　[2]【顏注】師古曰：考，成也。壹德，謂不二其心也。【今

注】案，周壽昌《漢書注校補》指出，此句化用自《禮記·王制》。

　　[3]【顏注】師古曰：《魯頌·閟宮》之詩也。言立周公子伯禽，使爲諸侯於魯國而作周家之藩輔（於，殿本作"于"）。

　　[4]【顏注】如淳曰：詔策，若廣陵王策曰"無邇宵人，毋作匪德"也。經術之義，不得内交。

　　[5]【顏注】師古曰：竟，讀曰"境"。

　　[6]【顏注】師古曰：恬，安也。聞博邪言，安而受之。

　　[7]【顏注】師古曰：故事者，言舊制如此也。

　　[8]【顏注】師古曰：但，徒也，空也。已，止也。未有空然而止者也。

　　[9]【顏注】師古曰：累，音力瑞反。

　　[10]【顏注】師古曰：以有過而能變改者爲大（改，殿本作"故"）。【今注】大能變改：沈欽韓《漢書疏證》指出，此句化用自《公羊傳》文十二年"秦伯使遂來聘"，其文云"賢乎繆公，以爲能變也"。

　　[11]【顏注】師古曰：此大過初六爻辭也。茅者，絜白之物，取其自然，故用藉致享於神，慎之至也。【今注】案，无咎，蔡琪本作"無咎"。

　　[12]【顏注】師古曰：塞，猶補也。稱，副也。

　　[13]【今注】社稷：本指古代帝王祭祀的土地神（社）和穀神（稷），常用來代指國家。

　　於是淮陽王欽免冠稽首謝曰："奉藩無狀，[1]過惡暴列，[2]陛下不忍致法，加大恩，遣使者申諭道術守藩之義。伏念博罪惡尤深，當伏重誅。臣欽願悉心自新，奉承詔策。[3]頓首死罪。"

[1]【顏注】師古曰：無善狀。

[2]【顏注】師古曰：暴，謂章顯也。

[3]【顏注】師古曰：悉，盡也。

京房及博兄弟三人皆棄市，[1]妻子徙邊。

[1]【今注】棄市：刑罰名。在鬧市執行死刑，尸暴街頭，言與衆人共棄之。

至成帝即位，以淮陽王屬爲叔父，敬寵之，異於它國。王上書自陳舅張博時事，頗爲石顯等所侵，因爲博家屬徙者求還。丞相御史復劾欽：[1]“前與博相遺私書，指意非諸侯王所宜，蒙恩勿治，事在赦前。不悔過而復稱引，自以爲直，失藩臣體，不敬。”[2]上加恩，許王還徙者。

[1]【今注】丞相御史：丞相及御史大夫兩府。

[2]【今注】案，失藩臣體，蔡琪本作“失藩臣禮”。 不敬：漢律罪名。指危害皇帝尊嚴的犯罪行爲。

三十六年薨。[1]子文王玄嗣，二十六年薨。子縯嗣，[2]王莽時絕。

[1]【今注】薨：古稱諸侯去世爲薨。

[2]【顏注】孟康曰：縯，音引。師古曰：音弋善反（弋，蔡琪本、大德本、殿本皆作“弋”）。

　　楚孝王囂，甘露二年立爲定陶王，[1]三年徙楚。成帝河平中，入朝，時被疾，天子閔之，下詔曰："蓋聞'天地之性人爲貴，人之行，莫大於孝'。[2]楚王囂素行孝順仁慈，之國以來二十餘年，孅介之過未嘗聞，朕甚嘉之。今迺遭命，離于惡疾，[3]夫子所痛，曰：'蔑之，命矣夫，斯人也而有斯疾也！'[4]朕甚閔焉。夫行純茂而不顯異，則有國者將何勖哉？[5]《書》不云乎？'用德章厥善'。[6]今王朝正月，[7]詔與子男一人俱，[8]其以廣戚縣戶四千三百封其子勳爲廣戚侯。"[9]明年，囂薨。子懷王文嗣，[10]一年薨，無子，絕。明年，成帝復立文弟平陸侯衍，是爲思王。二十一年薨，子紆嗣，[11]王莽時絕。

　　[1]【今注】定陶：縣名。治所在今山東菏澤市定陶區西北古陶邑。

　　[2]【顏注】師古曰：《孝經》載孔子之言。

　　[3]【顏注】師古曰：離，亦遭（蔡琪本、大德本、殿本"遭"後有"也"字）。

　　[4]【顏注】師古曰：夫子，孔子也。《論語》云，伯牛有疾，子問之，自牖執其手，曰："蔑之，命矣夫，斯人也而有斯疾也！"蔑，無也。言命之所遭，無有善惡。如斯善人而有如此惡疾（此，殿本作"斯"），深痛之也。

　　[5]【顏注】師古曰：純，大也，一曰善也。茂，美也。勖，勉屬也。

　　[6]【顏注】師古曰：《商書·盤庚》之辭也（商，蔡琪本、殿本作"尚"）。言襃賞有德以明其善行。

　　[7]【今注】朝正月：褚先生補《史記》卷五八《梁孝王世

家》云："諸侯王朝見天子，漢法凡當四見耳。始到，入小見；到正月朔旦，奉皮薦璧玉賀正月，法見；後三日，爲王置酒，賜金錢財物；後二日，復入小見，辭去。凡留長安不過二十日。"然則諸侯王入朝，當係年尾至京城，正月當月離去。

［8］【顏注】師古曰：從王入朝也。

［9］【今注】廣戚：侯國名。治所在今江蘇沛縣東。

［10］【今注】懷王文：四庫本《漢書》考證指出，本書《諸侯王表》載懷王名作"芳"。

［11］【今注】子紆嗣：何焯《義門讀書記》卷一九指出，紆子名般，《後漢書》有傳，其贊語云"自囂至般，積累仁義，世有名節，而紆尤慈篤"，般子名愷，亦封顯爵。

初，成帝時，又立紆弟景爲定陶王。廣戚侯勳薨，謚曰煬侯，子顯嗣。平帝崩，無子，王莽立顯子嬰爲孺子，奉平帝後。莽篡位，以嬰爲定安公。漢既誅莽，更始時嬰在長安，平陵方望等頗知天文，以爲更始必敗，嬰本統當立者也，[1]共起兵將嬰至臨涇，立爲天子。更始遣丞相李松擊破殺嬰云。[2]

［1］【顏注】師古曰：言其舊已繼平帝，後當正統。【今注】平陵：縣名。西漢昭帝置，屬右扶風，治所在今陝西咸陽市西北。

方望：曾任隴西隗囂軍師。更始入長安，徵隗囂入朝，方望諫止而隗囂不從。方望乃辭謝而去，至關中立孺子嬰爲帝，爲更始擊殺。後赤眉入關，其弟陽曾勸赤眉立劉盆子爲帝。其前事略見《後漢書》卷一三《隗囂傳》。

［2］【今注】案，周壽昌《漢書注校補》指出，本書《王子侯表》略載此事云"莽敗，死"。

東平思王宇，甘露二年立。元帝即位，就國。壯大，通姦犯法，[1]上以至親貰，弗罪，傅、相連坐。[2]

[1]【顏注】師古曰：與姦猾交通，好犯法（蔡琪本、殿本句尾有"也"字）。

[2]【顏注】師古曰：頻坐王獲罪。【今注】傅：即諸侯王太傅。皇子封王，其郡爲國，置太傅一人輔王，導王以善，禮如師，不臣。成帝改太傅曰傅，俸二千石。　相：此指諸侯相。漢朝派往諸侯國的最高行政長官。原稱相國，惠帝元年（前194）改稱丞相，景帝中五年（前145）改稱相。案，王先謙《漢書補注》認爲，此事詳見本書卷七六《王尊傳》。今案，細考本書《王尊傳》，其擔任東平相時，對東平王時剛而不屈，終遭東平太后上告被免，然東平王及太傅並未獲罪，與此顯非一事。傳中在敘其爲東平相事之前，有云"是時，東平王以至親驕奢不奉法度，傅相連坐"。然則因東平王犯法而遭連坐者當爲王尊之前任，其細節已失載。

久之，事太后，内不相得，太后上書言之，求守杜陵園。[1]上於是遣太中大夫張子蟜[2]奉璽書敕諭之，[3]曰："皇帝問東平王。蓋聞親親之恩莫重於孝，尊尊之義莫大於忠，故諸侯在位不驕，以致孝道，制節謹度，以翼天子，[4]然後富貴不離於身，[5]而社稷可保。今聞王自修有闕，本朝不和，[6]流言紛紛，謗自内興，朕甚憯焉，爲王懼之。[7]《詩》不云乎？'毋念爾祖，述修厥德，永言配命，自求多福。'[8]朕惟王之春秋方剛，[9]忽於道德，[10]意有所移，忠言未納，[11]故臨遣太中大夫子蟜諭王朕意。[12]孔子曰：'過而不改，是謂過矣。'[13]王其深惟孰思之，無違朕意。"

[1]【顏注】張晏曰：宣帝陵也。宮人無子，乃守園陵也（蔡琪本、殿本“園陵”後無“也”字）。【今注】杜陵：漢宣帝劉詢墓，地處杜縣（後改杜陵縣），故名。在今陝西西安市雁塔區曲江街道辦事處三兆村西北。

[2]【顏注】師古曰：“蟜”字或作“僑”。並，音鉅昭反。【今注】太中大夫：官名。秦始置，亦作“大中大夫”。郎中令（光祿勳）屬官，侍從皇帝左右，掌顧問應對，參謀議政，奉詔出使。秩比千石（東漢時秩千石），無員額，多至數十人。雖爲顧問一類散職，但漢世多以寵臣貴戚和功臣充任，與皇帝關係親近，爲機密之職。　張子蟜：《漢書考證》齊召南指出，“蟜”字本書《藝文志》及卷三六《劉向傳》、卷三四下《王褒傳》皆作“僑”，則當以“僑”字爲是。文學家。宣帝時以文辭與劉向、華龍、柳褒等俱爲待詔。元帝以來歷任太中大夫、光祿大夫。《藝文志》載其賦三篇及其子豐賦三篇。

[3]【顏注】師古曰：約敕而曉告之也。

[4]【顏注】師古曰：翼，佐也。

[5]【今注】案，不離於身，蔡琪本、殿本作“不離其身”。《漢書考正》宋祁認爲，早期版本無“不”字，作“離於身”。王先謙《漢書補注》引蘇軾說，認爲離爲“附離”之意，“不”字爲衍。

[6]【顏注】師古曰：謂東平國之朝也。

[7]【顏注】師古曰：憯（憯，蔡琪本、殿本同，大德本作“惨”），痛也，音千感反（千，蔡琪本、殿本作“才”）。

[8]【顏注】師古曰：《大雅·文王》之詩也。無念，念也。言當念爾先祖之道，修其德，則長配天命，此乃所以自求多福。【今注】述修：四庫本《漢書》考證指出，今本《詩經》作“聿修”，《漢書》他傳亦作“聿修”，惟此文作“述修”。或是因《詩經》齊、魯、韓三家所傳不同。錢大昕《廿二史考異·漢書三》

指出,《爾雅》有云"遹,自也",孫炎注云:"遹,古述字,讀若聿。"據此,錢氏認爲,"述"與"聿"通假。

[9]【顏注】師古曰:言其年少(年少,殿本作"少年"),血氣盛。

[10]【顏注】師古曰:忽,遺忘也。

[11]【顏注】師古曰:謂漸染其惡人而移其性,未受忠言也。

[12]【顏注】師古曰:親臨遣之,令以朕意曉告王。

[13]【顏注】師古曰:《論語》載孔子之言也。謂人有失行,許以自新。

　　又特以璽書賜王太后,曰:"皇帝使諸吏宦者令承問東平王太后。[1]朕有聞,[2]王太后少加意焉。夫福善之門莫美於和睦,患咎之首莫大於內離。今東平王出繈褓之中而託于南面之,[3]以年齒方剛,[4]涉學日寡,鶩忽臣下,[5]不自它於太后,[6]以是之間,能無失禮義者,其唯聖人乎!傳曰:'父爲子隱,直在其中矣。'[7]王太后明察此意,不可不詳。閨門之內,母子之間,同氣異息,骨肉之恩,豈可忽哉!豈可忽哉!昔周公戒伯禽曰:[8]'故舊無大故,則不可棄也,毋求備於一人。'[9]夫以故舊之恩,猶忍小惡,而況此乎![10]已遣使者諭王,王既悔過服罪,太后寬忍以貰之,[11]後宜不敢。[12]王太后強餐,[13]止思念,慎疾自愛。"

[1]【今注】諸吏:漢置,爲加官,凡加此官號者得出入禁中,常侍左右,可舉劾百官,並與左、右曹平分尚書奏事。　宦者令:王先謙《漢書補注》指出,根據本書《百官公卿表》,宦者令屬少府。

［2］【顏注】師古曰：言母子不和也。不欲指斥言之，故云“有聞”也。

［3］【今注】案，南面之，蔡琪本、大德本、殿本作“南面之位”。

［4］【今注】案，蔡琪本、大德本、殿本“以”前有“加”字。《漢書考正》宋祁指出，其所考諸本皆無“位加”兩字。然則蔡琪本、大德本、殿本此二字當爲校者據理增補。

［5］【顏注】師古曰：“驁”，讀與“傲”同（與，蔡琪本作“曰”；傲，殿本作“敖”）。

［6］【顏注】李奇曰：不自它者，親之辭也。師古曰：言不自同它人。

［7］【顏注】師古曰：《論語》云，葉公謂孔子曰：“吾黨有直躬者，其父攘羊而子證之。”孔子曰：“吾黨之直者異於是，父爲子隱，子爲父隱，直在其中矣。”故引之也。

［8］【今注】伯禽：周公之子，魯國實際上的第一任君主。事見《史記》卷三三《魯周公世家》。

［9］【顏注】師古曰：事見《論語》。言人有小惡，當思其善，不可責以備行而即棄之耳（耳，蔡琪本、殿本作“也”）。

［10］【今注】案，而況，大德本無此二字，誤。

［11］【顏注】師古曰：貰，猶緩。

［12］【顏注】師古曰：言王於後當不敢更爲非也。

［13］【今注】案，強餐，殿本同，蔡琪本作“彊餐”。

宇憸懼，因使者頓首謝死罪，願洒心自改。[1]詔書又敕傅相曰：“夫人之性皆有五常，[2]及其少長，耳目牽於耆欲，[3]故五常銷而邪心作，情亂其性，利勝其義，[4]而不失厥家者，未之有也。今王富於春秋，[5]氣力勇武，獲師傅之教淺，加以少所聞見，自今以來，非五經之正術，[6]敢以游獵非禮道王者，輒以名聞。"[7]

[1]【顏注】師古曰：洒，音先弟反。

[2]【今注】五常：仁、義、禮、智、信。

[3]【顏注】師古曰："耆"讀曰"嗜"。

[4]【顏注】張晏曰：性者，所受而生也。情者，見物而動者也。

[5]【今注】富於春秋：指年輕。

[6]【今注】五經：先秦儒家原始經典《詩》《書》《禮》《樂》《易》《春秋》號爲"六經"。後《樂經》散佚，乃爲五經。在漢代，指圍繞《詩經》《尚書》《儀禮》《易經》《春秋》等五部儒家經典進行研究而形成的學問。

[7]【顏注】師古曰："道"讀曰"導"（讀曰，大德本、殿本作"音"）。【今注】案，輒，大德本作"輙"。

宇立二十年，元帝崩。宇謂中謁者信等曰：[1]"漢大臣議天子少弱，未能治天下，以爲我知文法，建欲使我輔佐天子。[2]我見尚書晨夜極苦，使我爲之，不能也。今暑熱，縣官年少，[3]持服恐無處所，[4]我危得之！"[5]比至下，宇凡三哭，[6]飲酒食肉，妻妾不離側。又姬胸臑故親幸，後疏遠，[7]數歎息呼天。宇聞，斥胸臑爲家人子，[8]埽除永巷，[9]數笞擊之。胸臑私疏宇過失，數令家告之。宇覺知，絞殺胸臑。有司奏請逮捕，有詔削樊、亢父二縣。[10]後三歲，天子詔有司曰："蓋聞仁以親親，[11]古之道也。前東平王有闕，[12]有司請廢，朕不忍。又請削，朕不敢專。[13]惟王之至親，未嘗忘於心。今聞王改行自新，尊修經術，親近仁人，非法之求，不以奸吏，[14]朕甚嘉焉。傳不云乎？朝過夕改，[15]君子與之。其復前所削縣如故。”[16]

[1]【今注】中謁者：官名。漢九卿之一少府屬官，負責賓客的引見、接待等事務。秩六百石。

[2]【顏注】師古曰：建，謂立其議。

[3]【顏注】張晏曰：不敢指斥成帝，謂之縣官也。【今注】尚書：始於戰國，秦時爲少府屬官，掌殿内文書。漢初承秦制，設令、僕射、丞、尚書吏，掌收發文書，傳達記録詔命章奏，隸少府。漢武帝時漸成爲重要宫廷政治機構，參與國家機密，常以中朝大臣兼領、平、視，以左右曹諸吏平尚書奏事，參與議政決策，宣示詔命。百官奏事先呈尚書，皆爲正、副二封，由領尚書者拆閲副封，加以裁決，可屏抑不奏。百官選舉任用考察詰責彈劾之責亦歸之。漢成帝時設尚書五人，開始分曹辦事，群臣章奏都經尚書。

[4]【顏注】如淳曰：言不從道，冀如昌邑王也。

[5]【顏注】孟康曰：危，殆也。我殆得爲天子也。師古曰：危者，猶今之言險不得之矣。

[6]【顏注】張晏曰：下，下棺也。師古曰：比，音必寐反。下，音胡稼反。

[7]【顏注】服虔曰：朐，音劬。臑，音奴溝反，又音奴皋反。

[8]【顏注】師古曰：黜其秩位。【今注】家人子：采入後宫的良家女子尚未取得職號者，統稱家人子。在後宫女官系統中地位卑下，相當於官僚系統中有秩、斗食之類的小吏。據本書卷九七上《外戚傳上》，家人子有上家人子、中家人子二種，當是根據家世情形劃分。

[9]【今注】案，埽除，蔡琪本、殿本作“掃除”。 永巷：秦和漢初稱永巷，漢武帝更名掖廷，又作“掖庭”。《三輔黄圖》

卷六云："永巷，永，長也。宮中之長巷，幽閉宮女之有罪者。"本指宮中旁舍，嬪妃、宮女居住的地方，因置永巷令（後改掖廷令）管理，故又爲官署名。屬少府，其長官稱令，另有副長官丞八人，掌後宮宮女及供御雜務，管理宮中詔獄等，由宦者擔任。

[10]【顔注】師古曰：音抗甫。【今注】樊：縣名。治所在今山東濟寧市東。　亢父：縣名。治所在今山東濟寧市南。

[11]【今注】仁以親親：《禮記》之《中庸》篇有云："仁者人也，親親爲大。"親親，指愛自己的親屬，是儒家禮教的核心觀點之一。

[12]【顔注】師古曰：闕，謂過失也。

[13]【今注】不敢專：王先謙《漢書補注》引蘇輿説，指出"不敢專"意爲不敢專己廢法，因聽有司削其地。

[14]【顔注】師古曰：奸，音干。

[15]【今注】朝過夕改：《大戴禮記》卷四九《曾子立事》云："朝有過，夕改，則與之；夕有過，朝改，則與之。"

[16]【顔注】師古曰：復，音扶目反。

後年來朝，上疏求諸子及《太史公書》，[1]上以問大將軍王鳳，[2]對曰："臣聞諸侯朝聘，考文章，正法度，非禮不言。今東平王幸得來朝，不思制節謹度，以防危失，[3]而求諸書，非朝聘之義也。諸子書或反經術，非聖人，或明鬼神，信物怪；[4]《太史公書》有戰國從橫權譎之謀，漢興之初謀臣奇策，天官災異，地形阨塞。皆不宜在諸侯王。不可予。不許之辭宜曰：'五經聖人所制，萬事靡不畢載。王審樂道，[5]傅相皆儒者，旦夕講誦，足以正身虞意。[6]夫小辯破義，小道不通，致遠恐泥，皆不足以留意。[7]諸益於經術者，不愛於王。’”[8]對奏，天子如鳳言，遂不與。

[1]【今注】太史公書：即《史記》。王先謙《漢書補注》引蘇興説，指出是時《史記》名《太史公》。自晉以後，方有《史記》之稱。今案，《太史公書》簡稱《史記》當始於東漢晚期（參見陳直《太史公書名考》，《文史哲》1956年第6期）。根據東平王求《史記》的記載，可知《史記》在西漢的流傳極不廣泛，故很早就發生了“十篇缺”的佚失問題（參見本書《藝文志》）。

[2]【今注】王鳳：字孝卿，東平陵（今山東濟南市東）人。漢元帝王皇后之弟，成帝時任大司馬大將軍，領尚書事，爲西漢後期權臣。事迹見本書卷九八《元后傳》等處。

[3]【顏注】師古曰：危失（失，大德本作“夫”），謂失道而傾危也。

[4]【顏注】師古曰：物亦鬼。

[5]【今注】審：王先謙《漢書補注》引蘇興指出，“審”即“誠”之意。

[6]【顏注】師古曰：“虞”與“娛”同也（蔡琪本、殿本無“也”字）。

[7]【顏注】師古曰：《論語》稱孔子曰：“雖小道必有可觀者焉，致遠恐泥，是以君子不爲也。”泥爲陷滯不通也（爲，蔡琪本、殿本作“謂”），音乃細反。

[8]【顏注】師古曰：愛，惜也，於王無所惜也（無所惜也，蔡琪本、殿本作“無所惜之”）。

立三十三年薨，[1]子煬王雲嗣。哀帝時，無鹽危山土自起覆草，[2]如馳道狀，又瓠山石轉立。[3]雲及后謁自之石所祭，治石象瓠山[4]立石，束倍草，并祠之。[5]建平三年，息夫躬、孫寵等共因幸臣董賢告之。[6]是時，哀帝被疾，多所惡，事下有司，逮王、后謁下獄驗治，言使巫傅恭、婢合歡等祠祭，詛祝上，[7]爲雲求爲天子。雲又與知災異者高尚等指星宿，言上疾必不愈，雲當得天下。石立，宣帝起之表也。有司請誅王，有詔廢徙房陵。[8]雲自殺，謁棄市。立十七年，國除。

[1]【顏注】師古曰：《皇覽》云，東平思王冢在無鹽（無鹽，蔡琪本、殿本作“無鹽”），人傳言，王在國，思歸京師，後葬，其冢上松柏皆西靡也。【今注】三十三年：周壽昌《漢書注校補》指出，《表》作“三十二年”，與此不同。

[2]【今注】無鹽：縣名。治所在今山東東平縣東南。案，四庫本《漢書》考證有云：本書卷四五《息夫躬傳》此處作“無鹽危山有石自立，開道”，與此記載稍異。

[3]【顏注】晉灼曰：《漢注》作“報山”。山脅石一枚（脅，殿本作“胳”），轉側起立，高九尺六寸（高，蔡琪本作“爲”），旁行一丈，廣四尺也。師古曰：報山，山名也。古作“瓬”字，爲其形似瓬耳。晉説是也。

[4]【顏注】蘇林曰：於宮中作山象。

[5]【顏注】師古曰：倍草，黃倍草也，音步賄反。

[6]【今注】案，周壽昌《漢書注校補》指出，息夫躬實因宋宏上變事。因漢哀帝寵愛董賢，欲封其爲侯，故其詔云“躬、寵因賢以聞”。此《傳》所載，從詔書而來。

[7]【顏注】如淳曰：傅恭，巫姓字。

[8]【今注】房陵：縣名。屬漢中郡，治所在今湖北房縣。

元始元年，王莽欲反哀帝政，[1]白太皇太后，立雲太子開明爲東平王，又立思王孫成都爲中山王。[2]開明立三年，薨，無子。復立開明兄嚴鄉侯信子匡爲東平王，[3]奉開明後。王莽居攝，東郡太守翟義與嚴鄉侯信謀舉兵誅莽，[4]立信爲天子。兵敗，皆爲莽所滅。

[1]【顏注】師古曰：改其所爲也。

[2]【今注】成都爲中山王：周壽昌《漢書注校補》指出，劉成都於莽篡時貶爲公，次年，獻書頌言莽德，封烈侯，賜姓王。

[3]【今注】匡爲東平王：周壽昌《漢書注校補》指出，匡立在居攝元年（6）。

[4]【今注】東郡：治濮陽縣（今河南濮陽市西南）。太守：職官名。漢地方郡的最高長官。原稱郡守。漢景帝中元二年（前148）更爲現名，秩二千石。翟義：成帝朝丞相翟方進之子，見王莽有代漢之意，乃起兵。王莽毒殺平帝之説即出於此次起事。事見本書卷八四《翟方進傳》。有學者認爲，翟方進之死與王莽迫害有關，翟義起兵有復仇的因素（參見黃一農《漢成帝與丞相翟方進死亡之謎》，《社會天文學十講》，復旦大學出版社2004年版）。

中山哀王竟，初元二年立爲清河王。[1]三年，徙中山，以幼少未之國。建昭四年，薨邸，葬杜陵，無子，絶。太后歸居外家戎氏。

[1]【今注】清河：諸侯王國名、郡名。治清河縣（今河北清河縣東南）。

孝元皇帝三男。王皇后生孝成帝，傅昭儀生定陶共王康，[1]馮昭儀生中山孝王興。

[1]【顏注】師古曰："共"讀曰"恭"。

定陶共王康，永光三年立爲濟陽王。[1]八年，徙爲山陽王。[2]八年，徙定陶。王少而愛，[3]長多材蓺，習知音聲，上奇，器之。母昭儀又幸，幾代皇后、太子。[4]語在《元后》及《史丹傳》。

[1]【今注】濟陽：諸侯王國名。治濟陽縣（今河南蘭考縣東北堌陽鎮）。後改爲陳留郡。

[2]【今注】案，八年，蔡琪本、殿本作"六年"。據本書《諸侯王表》，當以"八年"爲是。　山陽：諸侯王國名、郡名。治昌邑（今山東巨野縣南）。

[3]【顏注】師古曰：言少小即爲帝所愛。

[4]【顏注】師古曰：幾，音鉅衣反（衣，殿本作"依"）。

成帝即位，緣先帝意，厚遇異於它王。十九年薨。子欣嗣。十五年，成帝無子，徵入爲皇太子。上以太子奉大宗後，不得顧私親，乃立楚思王子景爲定陶王，奉共王後。成帝崩，太子即位，是爲孝哀帝。即位二年，追尊共王爲共皇帝，[1]置寢廟京師，序昭穆，儀如孝元帝。[2]徙定陶王景爲信都王云。[3]

[1]【今注】共皇帝：大德本作"共皇"。錢大昕《廿二史考異·漢書三》認爲，"帝"字爲衍文。本書卷一一《哀紀》、卷九七《外戚傳》但云"共皇"，並無稱帝之文。丁姬初稱共皇后，後稱帝太后，然太后之號從子，不從夫。依漢制，非有天下者不可稱帝，是故高帝父太公稱太上皇。而後漢追稱孝德皇、孝崇皇、孝仁

皇，亦皆不稱帝。周壽昌《漢書注校補》指出，毛晉汲古閣本無
“帝”字，當以之爲是。此外，《哀紀》“共”字作“恭”。

　　[2]【顏注】如淳曰：恭王，元帝子也。爲廟京師，列昭穆
之次。如元帝，言如天子之儀。

　　[3]【顏注】如淳曰：不復爲定陶王立後者，哀帝自以已爲
後故。【今注】信都：諸侯王國名、郡名。治信都縣（今河北衡水
市冀州區）。

　　中山孝王興，建昭二年，[1]王爲信都王。十四年，
徙中山。成帝之議立太子也，御史大夫孔光以爲，《尚
書》有殷及王，兄終弟及，[2]中山王元帝之子，宜爲
後。成帝以中山王不材，又兄弟，不得相入廟。外家
王氏與趙昭儀皆欲用哀帝爲太子，故遂立焉。上乃封
孝王舅馮參爲宜鄉侯，而益封孝王萬戶，以尉其意。
三十年，薨，子衎嗣。[3]七年，哀帝崩，無子，徵中山
王衎入即位，是爲平帝。太皇太后以帝爲成帝後，故
立東平思王孫桃鄉頃侯子成都爲中山王，奉孝王後。
王莽時絕。

　　[1]【今注】案，建昭二年，蔡琪本、殿本作“建昭三年”。
據本書卷九《元紀》及卷一四《諸侯王表》，當以“建昭二年”
爲是。

　　[2]【顏注】師古曰：謂兄死以弟代立，非父子相繼，故
言及。

　　[3]【顏注】師古曰：《諸侯王表》云“中山孝王薨，綏和二
年王箕子嗣”。而《平紀》（蔡琪本、大德本、殿本無“平紀”二
字）元始二年詔云：“皇帝二名，通于器物，今更名，合於古制。”

是則嗣位之時名爲箕子，未諱衍也。今此傳云“子衍嗣”，蓋史家追書之也。

　　贊曰：孝元之後，徧有天下，[1]然而世絶於孫，豈非天哉！淮陽憲王於時諸侯爲聰察矣，張博誘之，幾陷無道。[2]《詩》云“貪人敗類”，[3]古今一也。

　　[1]【顏注】師古曰：孝元之子孫徧得爲天子也。“徧”即古“遍”字。

　　[2]【顏注】師古曰：幾，音鉅依反。

　　[3]【顏注】師古曰：《大雅·蕩》之詩也。類，善也。言貪惡之人不可習近，則敗善也。【今注】貪人敗類：顧炎武《日知録》卷二七指出，此爲《詩·大雅·桑柔》之詩，顏師古誤。

漢書　卷八一

匡張孔馬傳第五十一[1]

[1]【今注】案，楊樹達《漢書窺管》：“四人皆儒而佞者，故合傳。”

匡衡字稚圭，東海承人也。[1]父世農夫，至衡好學，家貧，庸作以供資用，[2]尤精力過絶人。諸儒爲之語曰：“無説《詩》，匡鼎來；[3]匡語《詩》，解人頤。”[4]衡射策甲科，以不應令除爲大常掌故，[5]調補平原文學。[6]學者多上書薦衡經明，當世少雙，今爲文學就官京師；[7]後進皆欲從衡平原，衡不宜在遠方。事下大子大傅蕭望之、少府梁丘賀問，[8]衡對《詩》諸大義，其對深美。望之奏衡經學精習，説有師道，可觀覽。宣帝不甚用儒，遣衡歸官。[9]而皇太子見衡對，[10]私善之。

[1]【顔注】師古曰：承，音“證”。【今注】東海：郡名。治郯縣（今山東郯城縣北）。　承：縣名。治所在今山東棗莊市南。

[2]【顔注】師古曰：庸作，言賣功庸爲人作役而受顧也。【今注】庸作：受雇而爲人勞作。錢大昭《漢書辨疑》引《西京雜記》：“匡衡勤學而無燭，鄰舍有燭而不逮，衡乃穿壁引其光，以書

映光而讀之。邑人大姓，文不識，家富多書。衡乃與其傭作而不求償。主人怪，問衡。衡曰：‘願得主人書遍讀之。’主人感歎，資給以書，遂成大學。”又引王符《潛夫論》云：“匡衡自鬻於保徒。”周壽昌《漢書注校補》曰：“傭作，即《司馬相如傳》所云‘與傭保雜作’也。《西京雜記》言衡與客作。案，《三國志》注引《魏略》云‘焦光饑則出爲人客作，飽食而已，不取其直’，是客作但供力役，不受傭貲。”王先謙《漢書補注》曰：“顏注順正文‘以供資用’解之；《雜記》言客作不求償；自別一義耳。”楊樹達《漢書窺管》據本書卷四〇《周勃傳》顏師古注云：“庸謂賃也。”以爲“傭作”意爲作役受雇，“賣功庸”則非是。周壽昌説支離不合。案本書卷五八《兒寬傳》“時行賃作”，“賃作”與此意近。關於兩漢時期的“雇傭”問題，參見翦伯贊《兩漢時期的雇傭勞動》（《北京大學學報》1959 年第 1 期）、石洋《兩漢三國時期“傭”群體的歷史演變：以民間雇傭爲中心》（《中國史研究》2014 年第 3期）、薛英群《居延漢簡中的雇傭勞動者試析》（《蘭州學刊》1986年第 5 期）、安忠義《漢簡中的雇傭勞動者》（《魯東大學學報》2009 年第 5 期）。

　　[3]【顏注】服虔曰：鼎猶言當也，言匡且來也（蔡琪本、大德本、殿本“言”前有“若”字）。應劭曰：鼎，方也。張晏曰：匡衡少時字鼎，長乃易字稚圭。世所傳衡與貢禹書，上言“衡敬報”，下言“匡鼎白”，知是字也。師古曰：服、應二説是也。賈誼曰“天子春秋鼎盛”，其義亦同。而張氏之説蓋穿鑿矣。假有其書，乃是後人見此傳云“匡鼎來”，不曉其意，妄作衡書云“鼎白”耳（鼎白，大德本作“鼎曰”）。字以表德，豈人之所自稱乎？今有《西京雜記》者，其書淺俗，出於里巷，多有妄説，乃云匡衡小名鼎，蓋絶知者之聽。【今注】匡鼎來：《漢書考正》宋祁引祝季張云：“‘匡鼎來’，來，音離，協上韻。僕檢《左傳·宣公二年》‘棄甲復來’，亦音離。注文‘若言匡且來也’，考無

'若'字。"沈欽韓《漢書疏證》以爲《西京雜記》或可采信。此
書葛洪所序，其大駕鹵簿雜入晉制；如枚、鄒諸賦，非閭巷所能假
造。顏師古注擯斥過甚。周壽昌《漢書注校補》據本書卷六四下
《賈捐之傳》"顯鼎貴"，如淳注"言方且欲貴矣"，義亦猶是。下
云"匡説《詩》"，不云"鼎説《詩》"，更知"鼎"非匡衡字。
楊樹達《漢書窺管》以爲應劭説是。訓方者，蓋讀鼎爲正。《史
記》卷一《五帝本紀》云"正郁陶"，謂方郁陶也。春秋鼎盛亦謂
春秋正盛。"又按《儒林傳》：衡受《齊詩》於後蒼，爲轅固生三
傳弟子。《五經異義》引匡衡説"。

[4]【顏注】如淳曰：使人笑不能止也。【今注】案，《漢書
考正》宋祁曰："南本、浙本以'語'爲'説'。"大德本作"説"。

解人頤：楊樹達《漢書窺管》引宋周密《齊東野語》卷六補證
云："匡説《詩》，解人頤，此言其善於講誦，能使人喜而至於解頤
也。今俗諺以人喜過甚者云兜不上下頦，即其意。本朝盛度以第二
名登第，其父喜甚，頤解而卒。又岐山縣樊紀登第，其父亦以喜而
頤脱，有聲如破甕。按《醫經》云：喜則氣緩，能令致脱頤，信非
戲語也。"

[5]【顏注】師古曰：投射得甲科之策，而所對文指不應令
條也。《儒林傳》説歲課甲科爲郎中，乙科爲大子舍人（大，大
德本、蔡琪本、殿本作"太"），景科補文學掌故。今不應令，
是不中甲科之令，所以止爲掌故。【今注】射策：漢代一種考試
法。本書卷七八《蕭望之傳》："望之以射策甲科爲郎。"顏師古注：
"射策者，謂爲難問疑義書之於策，量其大小署爲甲乙之科，列而
置之，不使彰顯。有欲射者，隨其所取得而釋之，以知優劣。射
之，言投射也。"沈欽韓《漢書疏證》引《史記》卷九六《張丞相
列傳》："才下，數射策不中，至九，乃中丙科。補平原文學卒史。"
周壽昌《漢書注校補》以爲顏注所謂"景科"即"丙科"，顏在唐
時諱"丙"。　大常掌故：太常掌故。西漢置，掌典章故事，備諮

詢。屬太常，秩百石。大，蔡琪本、殿本作"太"。太常，漢初名奉常，景帝時改名太常，掌宗廟禮儀。位列九卿之首，秩中二千石。

[6]【顏注】師古曰：調，選也，音徒釣反。【今注】平原：郡名。治平原縣（今山東平原縣西南）。　文學：郡文學掾史。西漢置。掌郡置學校，教授諸生等。俸百石。

[7]【今注】案，今，殿本作"令"，吳恂《漢書注商》以爲作"今"是。

[8]【今注】大子大傅：太子太傅。周秦置。西漢初掌保養、監護、輔翼太子，昭、宣以後兼掌教諭訓導。與太子少傅並稱太子二傅，秩二千石。大，蔡琪本、大德本、殿本作"太"。　蕭望之：傳見本書卷七八。　少府：秦、西漢置。掌山海池澤之税，帝室財政。列位九卿，秩中二千石。　梁丘賀：傳見本書卷八八。

[9]【今注】歸官：周壽昌《漢書注校補》曰："遣歸平原學官舍。"

[10]【今注】皇太子：即漢元帝。

　　會宣帝崩，元帝初即位，樂陵侯史高以外屬爲大司馬車騎將軍，[1]領尚書事，[2]前將軍蕭望之爲副。[3]望之名儒，有師傅舊恩，天子任之，多所貢薦。[4]高充位而已，[5]與望之有隙。

　　[1]【今注】史高：西漢魯國（今山東曲阜市）人。宣帝祖母史良娣兄史恭子。宣帝即位，以外戚侍中貴幸，因發舉霍禹謀反事，封樂陵侯。宣帝病，任爲大司馬車騎將軍，領尚書事。元帝即位，輔政五年，告老乞歸。死謚安侯。　外屬：外戚。　大司馬：西漢武帝時置爲加官號，以冠大將軍、驃騎將軍、車騎將軍等。授此號者皆爲功勳卓著的將帥，後多授顯貴外戚，爲執掌中央政務的

中朝領袖之官號。 車騎將軍：西漢置，初掌領車騎士。武帝後常典京城、皇宮禁衞軍隊，出征時常總領諸將軍。文官輔政者亦或加此銜，領尚書政務，成爲中朝重要官員。

[2]【今注】領尚書事：職銜。即以他官兼領尚書政事，參與政務，皆由重臣兼任。

[3]【今注】前將軍：漢朝時爲重號將軍，與後、左、右將軍並位上卿。有兵事則典掌禁兵，戍衞京師，或任征伐。常兼任他官，加官號，爲中朝官，參與朝議。

[4]【今注】貢薦：舉薦。

[5]【顏注】師古曰：言凡事不在也。

　　長安令楊興説高，[1]曰：“將軍以親戚輔政，貴重於天下無二，然衆庶論議令問休譽不專在將軍者何也？[2]彼誠有所聞也。[3]以將軍之莫府，[4]海内莫不卬望，[5]而所舉不過私門賓客、乳母子弟，人情忽不自知，[6]然一夫竊議，語流天下。夫富貴在身而列士不譽，[7]是有狐白之裘而反衣之也。[8]古人病其若此，故卑體勞心，以求賢爲務。傳曰：以賢難得之故因曰事不待賢，以食難得之故而曰飽不待食，或之甚者也。[9]平原文學匡衡材智有餘，經學絶倫，但以無階朝廷，故隨牒在遠方。[10]將軍誠召置莫府，學士歙然歸仁，[11]與參事議，觀其所有，貢之朝廷，必爲國器，[12]以此顯示衆庶，名流於世。”高然其言，辟衡爲議曹史，[13]薦衡於上，上以爲郎中，[14]遷博士，[15]給事中。[16]是時，有日蝕地震之變，上問以政治得失，衡上疏曰：

[1]【今注】楊興：字君蘭。元帝時爲長安令。有材能。欲得高官，與賈捐之相互舉薦，爲石顯告發，減死罪一等，髡鉗爲城旦。成帝時，官至部刺史。楊樹達《漢書窺管》引本書卷三六《劉向傳》補證云：“興，傾險士。”

[2]【顏注】師古曰：令，善；問，名；休，美也。

[3]【顏注】師古曰：以其不能進賢也。【今注】彼誠有所聞：王先謙《漢書》曰“彼，謂望之；聞，謂薦達也。”楊樹達《漢書窺管》：“彼謂衆庶論議之人。有所聞謂知高不能薦賢，即下文但舉私門賓客乳母子弟之事也。興說未嘗及望之事，何至突兀言之乎？王說殊誤。又按文意本云令聞休譽不在將軍，而云不專在者，詞之婉也。”

[4]【今注】莫府：幕府。

[5]【顏注】師古曰：“卬”讀曰“仰”。

[6]【顏注】師古曰：言高輕忽此事，不自知其非。

[7]【今注】譽：王念孫《讀書雜志·漢書第十三》以爲“譽”當爲“舉”，“譽”字涉上文“令聞休譽”而誤。“列士不舉”，正對上文“所舉不過私門賓客、乳母子弟”而言。《白帖》卷一二、卷四三引此均作“不舉”，《漢紀》同。楊樹達《漢書窺管》以爲譽字不誤。言史高不舉賢，故列士不稱譽之。此就其結果而言，不就其因言之。“有狐白之裘而反衣之”，則其美不見。“富貴在身而列士不譽”，則其美亦不見，故以爲比也，且上文云：“衆庶論議，令問休譽不專在將軍。”又云：“一夫竊議，語流天下。”下文云：“以此顯示衆庶，名流於世。”知興立言之旨在列士之譽。故舉乃誤字，王說不可從。

[8]【顏注】師古曰：狐白，謂狐掖下之皮，其毛純白，集以爲裘（以，殿本作“之”），輕柔難得，故貴也。反衣之者，以其毛在內也，今人則以背毛爲裘而棄其白，蓋取厚而溫也。衣，於既反。

[9]【今注】或：通“惑”。殿本作“惑”。

[10]【顏注】師古曰：階，謂升次也。隨牒，謂隨選補之恒牒，不被超擢者。【今注】隨牒：據以授官的委任狀。

[11]【顏注】師古曰：誠，謂實行之也。歙，音“翕”。【今注】歙然：聚集貌。 歸仁：歸附仁德仁政。這裏指給予贊譽。

[12]【顏注】師古曰：所有，謂材藝所長。【今注】國器：可以治國的人材。

[13]【今注】議曹史：大司馬車騎將軍府掾吏，掌議論。

[14]【今注】郎中：漢承秦置，爲九卿之一郎中令（光禄勳）屬官，爲郎官之一種。掌宿衞殿門。秩比三百石。

[15]【今注】博士：漢武帝始置五經博士。掌議政、制禮、藏書、顧問及教授經學、考核人材、奉命出使等。初秩比四百石，後升比六百石。

[16]【今注】給事中：秦置。西漢因之。爲加官，加此號得給事宮禁中，常侍皇帝左右，備顧問應對，每日上朝謁見，分平尚書奏事，負責實際政務，爲中朝要職，多以名儒國親充任。位次中常侍，無定員。沈欽韓《漢書疏證》以爲《史記》卷九六《張丞相列傳》云“御史徵之，以補百石屬薦爲郎，而補博士”，與此不同。楊樹達《漢書窺管》：“時衡議遣郅支單于侍子事，以爲當令使者送至塞即還，見《陳湯傳》。”

　　臣聞五帝不同禮，[1]三王各異教，民俗殊務，[2]所遇之時異也。陛下躬聖德，開大平之路，[3]閔愚吏民觸法抵禁，[4]比年大赦，[5]使百姓得改行自新，天下幸甚。臣竊見大赦之後，姦邪不爲衰止，今日大赦，明日犯法，相隨入獄，此殆導之未得其務也。蓋保民者，“陳之以德義”“示之以好惡”，[6]觀其失而制其宜，故動之而和，綏之而安。今天下俗貪財賤義，好聲色，上侈靡，廉恥之節薄，淫辟之意縱。[7]綱紀失序，疏者踰內，[8]親戚之恩薄；[9]婚姻之黨隆。苟合徼幸，[10]以身設利。不改其原，[11]雖歲赦之，刑猶難使錯而不用也。[12]

[1]【今注】案，《漢書考正》宋祁：“‘禮’，監本作‘樂’字，浙本同。”王先謙《漢書補注》曰：殿本“樂”作“禮”，又引《禮記・樂記》“五帝殊時，不相沿樂；三王異世，不相襲禮”，以爲作“樂”是。

[2]【今注】殊務：不同的治理任務。

[3]【今注】案，大，蔡琪本、殿本作“太”。

[4]【顏注】師古曰：抵，觸也。【今注】閔：同“憫”。

[5]【顏注】師古曰：比，頻也。

[6]【顏注】師古曰：保，養也。陳，施也。《孝經》曰“陳之以德義而民莫遺其親”“示之以好惡而民知禁”，故衡引以爲言。

[7]【顏注】師古曰：“辟”讀曰“僻”。

[8]【顏注】師古曰：疏者，妻妾之家。內者，同姓骨肉也。踰，謂過越也。

[9]【今注】親戚：指同宗劉氏。

[10]【今注】徼幸：作非分企求。徼，通“僥”。

[11]【顏注】師古曰：設，施也。原，本也。【今注】設：王念孫《讀書雜志・漢書第十三》王引之以爲，顏師古以爲“以身施利”，不辭。“設”當爲“沒”，草書相似而誤。沒，謂貪冒也。“冒”“沒”語之轉。《戰國策・秦策》“沒利於前，而易患於後”，高誘注：“沒，貪也。”一本“沒利”作“設利”，誤與此同（《史記》卷七八《春申君列傳》及《新序・善謀篇》並作“沒

利"）。《國語·晉語》"再拜不稽首，不没爲後也"，韋昭注"没，貪也"；下文又曰"退而不私，不没於利也"。《史記》卷六九《貨殖傳》："吏士舞文弄法，刻章僞書，不避刀鋸之誅者，没於賂遺也。"皆可爲證。

［12］【顔注】師古曰：歲赦，謂每歲一赦也。錯，置也，音千故反。

臣愚以爲宜壹曠然大變其俗。[1]孔子曰："能以禮讓爲國乎，何有？"[2]朝廷者，天下之楨幹也。[3]公卿大夫相與循禮恭讓，則民不争；[4]好仁樂施，則下不暴；上義高節，則民興行；寬柔和惠，則衆相愛。四者，明王之所以不嚴而成化也。[5]何者？朝有變色之言，則下有争鬭之患；上有自專之士，則下有不讓之人；上有克勝之佐，[6]則下有傷害之心；上有好利之臣，則下有盜竊之民。此其本也。[7]今俗吏之治，皆不本禮讓，而上克暴，[8]或忮害好陷人於罪，[9]貪財而慕埶，[10]故犯法者衆，姦邪不正，雖嚴刑峻法，猶不爲變。此非其天性，有由然也。[11]

［1］【今注】曠然：形容豁然通曉。

［2］【顔注】師古曰：《論語》載孔子之言。謂能以禮讓治國（殿本無"國"字），則其事甚易。【今注】案，語見《論語·里仁》。

［3］【今注】楨幹：本指築墻時所用的木柱，豎在兩端的叫楨，豎在兩旁障土的叫幹。後指重要的起決定作用的人或事物。

［4］【顔注】師古曰：循，順也。

［5］【今注】明王：聖明的君主。

［6］【今注】克勝：王先謙《漢書補注》曰：“克勝，謂忌克求勝其民。”楊樹達《漢書窺管》以爲《漢書》屢言“克獲”，“克”與“勝”義同，非謂忌克。王先謙説誤。

［7］【顏注】師古曰：言下之所行，皆取化於上也。【今注】案，楊樹達《漢書窺管》引《鹽鐵論·本議篇》補證云：“《傳》曰：諸侯好利則大夫鄙，大夫鄙則士貪，士貪則庶人盜。”引《説苑·貴德篇》云：“故天子好利則諸侯貪，諸侯貪則大夫鄙，大夫鄙則庶人盜。”桓公十五年《公羊傳》注云：“王者不當求，求則諸侯貪，大夫鄙，士庶盜竊。”

［8］【今注】案，《漢書考正》宋祁以爲“克”當作“刻”。

［9］【顏注】師古曰：忮，堅也。謂酷害之心堅也。忮，音之敊反。【今注】忮：狠，嫉妒。《漢書考正》宋祁以爲“忮”字説見本書卷九〇《酷吏傳》。“韋昭曰：‘忮，音洎。’如淳曰：‘《詩》云：不忮不求，展，弊也。’蕭該案：‘字書，忮，恨也，之敊反。’”王先謙《漢書補注》以爲宋注“展”當爲“忮”之誤。

［10］【今注】埶：同“勢”。

［11］【顏注】師古曰：非其天性自惡，由上失於教化耳。

　　臣竊考《國風》之詩，《周南》《召南》被賢聖之化深，故篤於行而廉於色。[1]鄭伯好勇，而國人暴虎；[2]秦穆貴信，而士多從死；[3]陳夫人好巫，而民淫祀；[4]晉侯好儉，而民畜聚；[5]大王躬仁，邠國貴恕。[6]由此觀之，治天下者審所上而已。[7]今之僞薄忮害，不讓極矣。臣聞教化之流，非家至而人説之也。[8]

[1]【顏注】師古曰：篤，厚也。謂樂得淑女以配君子，憂在進賢，不淫其色之類（大德本、殿本“類”後有“也”字）。【今注】案，王先謙《漢書補注》引殿本《考證》云：“此概論二南風化之美耳。注以《關雎》一詩爲解，非也。”

[2]【顏注】師古曰：《詩·鄭風·大叔于田》之篇曰：“襢裼暴虎，獻于公所。將叔無狃，戒其傷汝。”襢裼，肉袒也。暴虎，空手以搏之也。公，鄭莊公也。將，請也。叔，莊公之弟大叔也（大，殿本作“太”，本注下同）。狃，忕也。汝亦大叔也。言以莊公好勇之故，大叔肉袒空手搏虎，取而獻之。國人愛叔，故請之曰勿忕爲之，恐傷汝也。襢，音但（但，殿本作“袒”）；裼，音錫；字並從衣。將，千羊反（蔡琪本、大德本、殿本“千”前有“音”字）。狃，女九反（蔡琪本、大德本、殿本“女”前有“音”字）。【今注】鄭伯：鄭莊公。事迹見《史記》卷四二《鄭世家》。

[3]【顏注】應劭曰：秦穆公與群臣飲酒，酒酣，公曰：“生共此樂，死共此哀。”於是奄息、仲行、鍼虎許諾。及公薨，皆從死。《黃鳥》詩所爲作也。【今注】秦穆：秦穆公。事見《史記》卷五《秦本紀》。案，《漢書考正》宋祁：“穆”字，浙本作“繆”字。周壽昌《漢書注校補》引《風俗通·五霸篇》云“殺賢臣百里奚，以子車氏爲殉，《詩·黃鳥》之所爲作，故謚曰繆”，以爲“與此注所引應說不同”。

[4]【顏注】張晏曰：胡公夫人，武王之女大姬，無子，好祭鬼神，鼓舞而祀，故其《詩》云：“坎其擊鼓，宛丘之下，無冬無夏，值其鷺羽。”【今注】陳夫人：本書《地理志下》：“陳本太昊之虛，周武王封舜後嬀滿於陳，是爲胡公，妻以元女大姬。婦人尊貴，好祭祀，用史巫，故其俗巫鬼。”此爲《齊詩》説。

[5]【顏注】師古曰：《唐風·山有樞》之詩序云：“刺晉昭公也，不能修道以正其國，有財不能用，有鍾鼓不能以自樂。”其

詩曰："子有衣裳，弗曳弗婁。子有車馬，弗馳弗驅。宛其死矣，它人是愉。"故其俗皆吝嗇而積財（大德本、殿本"財"後有"也"字）。"畜"讀曰"蓄"。【今注】晉侯：晉僖侯。其人儉嗇不中禮，國人閔之，唐風始變。此亦《齊詩》說。

[6]【顏注】師古曰：大王（大，殿本作"太"，本注下同），周文王之祖，即古公亶父也。國於邠，脩德行義。戎狄攻之，欲得地，與之。人人皆怒欲戰。古公曰："以我故戰，殺人父子而居之，予不忍也。"乃與其私屬度漆沮，踰梁山，止於岐下。邠人舉國扶老攜弱，盡復歸古公於岐下。及它旁國聞古公仁，亦多歸之。邠即今豳州，是其地也。言化大王之仁，故其俗皆貴誠恕。【今注】大王：太王。"大"殿本作"太"。事迹見《史記》卷四《周本紀》。　邠國：即"豳國"。在今陝西旬邑縣西南。案，王先謙《漢書補注》引王文彬曰："上皆引《詩》，此亦當本《緜》詩爲說。"

[7]【顏注】師古曰：上，謂崇尚也。

[8]【顏注】師古曰：言非家家皆到，人人勸說也。

　　賢者在位，能者布職，[1]朝廷崇禮，百僚敬讓。道德之行，由內及外，自近者始，然後民知所法，遷善日進而不自知。是以百姓安，陰陽和，神靈應，而嘉祥見。《詩》曰："商邑翼翼，四方之極；壽考且寧，以保我後生。"[2]此成湯所以建至治，保子孫，化異俗而懷鬼方也。[3]今長安天子之都，親承聖化，然其習俗無以異於遠方，郡國來者無所法則，或見侈靡而放效之。[4]此教化之原本，風俗之樞機，宜先正者也。

[1]【今注】案，布，蔡琪本、殿本作“在”。王念孫《讀書雜志·漢書第十三》以爲作“布職”，作“在”爲後人依《孟子》改。

[2]【顔注】師古曰：《商頌·殷武》之詩也。商邑，京師也。極，中也。言商邑之禮俗翼翼然可則傚（傚，大德本、殿本作“效”），乃四方之中正也。王則壽考且安，以此全守我子孫也。【今注】案，王念孫《讀書雜志·漢書第十三》以爲此引《詩》本作“京邑翼翼，四方是則”，乃《齊詩》，非《毛詩》。下文“今長安天子之都”，是承“京邑翼翼”言之；“郡國來者無所法則”，是承“四方是則”言之。今本“京”作“商”，“是則”作“之極”，皆後人以《毛詩》改之。師古所見本已誤。周壽昌《漢書注校補》據《後漢書》卷三二《樊準傳》“京師翼翼，四方是則”，李賢注以爲“《韓詩》之文”，是《韓詩》文與《齊詩》同。

[3]【顔注】應劭曰：鬼方，遠方也。【今注】懷：懷柔。

[4]【顔注】師古曰：放，依也，音甫往反。

臣聞天人之際，精祲有以相盪，[1]善惡有以相推，事作乎下者象動乎上，陰陽之理各應其感，陰變則靜者動，陽蔽則明者晻，[2]水旱之災隨類而至。今關東連年飢饉，[3]百姓乏困，或至相食，此皆生於賦斂多，民所共者大，[4]而吏安集之不稱之效也。[5]

[1]【顔注】李奇曰：祲，氣也。言天人精氣相動也。師古曰：祲，謂陰陽氣相浸漸以成災祥者也，音子鴆反。【今注】天人之際：天道與人事相互之間的關係。　精祲（jìn）：《漢書考正》宋祁曰：引《字林》云：“祲，精氣成祥也，音字鴆反。”沈欽韓

《漢書疏證》引《淮南·泰族訓》補證云："國危亡而天文變,世惑亂而虹蜺見,萬物有以相連,精祲有以相蕩也。"　盪:同"蕩"。

[2]【顏注】鄧展曰:静者動,謂地震也。明者晻,謂日蝕也。師古曰:"晻"與"暗"同。

[3]【今注】關東:函谷關或潼關以東地區。

[4]【顏注】師古曰:"共"讀曰"供"。

[5]【今注】安集:安定輯睦。

　　陛下祗畏天戒,[1]哀閔元元,[2]大自減損,省甘泉、建章宮衞,[3]罷珠崖,[4]偃武行文,將欲度唐虞之隆,絕殷周之衰也。[5]諸見罷珠崖詔書者,莫不欣欣,人自以將見大平也。[6]宜遂減宮室之度,省靡麗之飾,考制度,脩外内,近忠正,遠巧佞,放鄭衞,進雅頌,舉異材,開直言,任温良之人,退刻薄之吏,顯絜白之士,昭無欲之路,[7]覽六蓺之意,察上世之務,[8]明自然之道,博和睦之化,以崇至仁,匡失俗,易民視,[9]令海内昭然咸見本朝之所貴,道德弘於京師,淑問揚乎疆外,[10]然後大化可成,禮讓可興也。

[1]【今注】祗(zhī):敬。

[2]【今注】元元:黎民百姓。

[3]【今注】甘泉:甘泉宮。在今陝西淳化縣西北甘泉山。一名雲陽宮。　建章宮:在今陝西西安市西北,漢長安故城西。

[4]【今注】珠崖:郡名。西漢武帝時置,治瞫都縣(今海南海口市瓊山區東南)。

[5]【顏注】師古曰:度,過也。絕,謂除其惡政也。

［6］【今注】案，大，蔡琪本、大德本、殿本作“太”。

［7］【顏注】師古曰：昭亦明也。

［8］【今注】上世：上古。這裏指五帝、三王善政時代。

［9］【顏注】師古曰：匡，正也。易，變也。【今注】失：王先謙《漢書補注》以爲“失”與“佚”同。

［10］【顏注】師古曰：淑，善也。問，名也。

　　上説其言，[1]遷衡爲光禄大夫、太子少傅。[2]時，上好儒術文辭，頗改宣帝之政，言事者多進見，人人自以爲得上意。[3]又傅昭儀及子定陶王愛幸，[4]寵於皇后、太子。[5]衡復上疏，[6]曰：

［1］【顏注】師古曰：“説”讀曰“悦”。

［2］【今注】光禄大夫：西漢武帝時改中大夫置，掌論議。屬光禄勳，秩比二千石。楊樹達《漢書窺管》：“衡爲太子少傅，議華陰守丞嘉薦朱雲爲御史大夫之非，見《雲傳》。”

［3］【今注】爲：王先謙《漢書補注》以爲“爲”字後人所加。凡《漢書》作以爲解者多不用“爲”字。如本書卷三五《吳王濞傳》“今吳王自以與大王同憂”，卷七一《雋不疑傳》“在位皆自以不及也”，卷七一《于定國傳》“民自以不冤”，卷六四上《嚴助傳》“自以没身不見兵革”，卷七六《尹翁歸傳》“自以能不及”，卷七〇《常惠傳》“自以當誅”，卷七〇《陳湯傳》“自以無所之”，卷七八《蕭望之傳》“自以託師傅”，卷九五《西南夷傳》“各自以一州主”，及本傳“人自以將見太平也”，皆無“爲”字。《史記》卷一一八《淮南衡山列傳》“吾以爲不至如此”，本書卷四五《伍被傳》作“吾以不至如此”，班固删去“爲”字，尤其顯證。不應於此文獨加“爲”字也。但偶有用“爲”字。如本書卷三三《韓王信傳》“上以爲信壯武”，卷七六《趙廣漢傳》“以爲自漢興以

來”，卷七六《韓延壽傳》“長老皆以爲便”，卷三八《齊王肥傳》“自以爲不得脱長安”，皆是删汰未盡者。本書卷九《元紀》“於是言事者衆，或進擢召見，人人自以得上意”，與此一事同文，亦不用“爲”字，更爲明白可據。

[4]【今注】傅昭儀：事迹見本書卷九七下《外戚傳下》。定陶王：劉康。傳見本書卷八〇。

[5]【顏注】師古曰：寵，踰也。

[6]【今注】案，何焯《義門讀書記》卷一九曰：“衡爲少傅數年，乃遷光祿勳，時建昭元年也。則上疏時在初元三四年間。元帝初立，蕭望之、周堪輔政，選白劉更生、金敞拾遺左右，勸道以古制，多所欲匡正，以中書政本，欲更置士人。中書令宏恭、石顯與車騎將軍史高表裏，常獨持故事，不從望之等。衡本因高進，此疏所謂‘遵制揚功’者，蓋與高、顯等陰爲唱和，務堅帝以率由宣帝故事；所謂‘釋樂成之業，虛爲紛紛，巧僞之徒不敢比周而望進’，皆以杜塞堪、更生復進之路；如得其情，雖夷之誦六藝以文姦言可也。復條言‘慎妃后，別適長’，則以身爲師傅，禍福共之。石顯又常擁佑太子；高子丹，帝命護太子家；故衡敢以爲言。且兩事並陳，聽者尤不之疑耳。”

　　臣聞治亂安危之機，[1]在乎審所用心。蓋受命之王務在創業垂統傳之無窮，繼體之君心存於承宣先王之德而襃大其功。昔者成王之嗣位，[2]思述文武之道以養其心，休烈盛美皆歸之二后而不敢專其名，[3]是以上天歆享，[4]鬼神祐焉。其詩曰：“念我皇祖，陟降廷止。”[5]言成王常思祖考之業，而鬼神祐助其治也。陛下聖德天覆，子愛海内，[6]然陰陽未和，姦邪未禁者，殆論議者未丕揚先帝之盛功，^[7]爭言制度不可用也，務變更之，^[8]所更或不可行，而復復之，^[9]是以群下更相是非，^[10]吏民無所信。臣竊恨國家釋樂成之業，而虛爲此紛紛也。^[11]

[1]【今注】機：事情的關鍵。

[2]【今注】成王：周成王。事迹見《史記》卷四《周本紀》。

[3]【顏注】師古曰：休亦美也。烈，業也。后，君也。二君，文王、武王也。

[4]【今注】歆享：神靈享受供物。

[5]【顏注】師古曰：《周頌·閔予小子》之詩。言成王常念文王、武王之德，奉而行之，故鬼神上下臨其朝廷。【今注】案，王先謙《漢書補注》曰："念我"，《毛詩》作"念兹"。

[6]【今注】子愛：慈愛。

[7]【顏注】師古曰：丕，大也。"丕"字或作"本"，言脩其本業而顯揚也。

[8]【顏注】師古曰：更，改也。

[9]【顏注】師古曰：下"復"，音扶目反。

[10]【顏注】師古曰：更，音工衡反。

[11]【顏注】師古曰：釋，廢也。樂成，謂已成之業，人情所樂也。

　　願陛下詳覽統業之事，^[1]留神於遵制揚功，以定群下之心。《大雅》曰："無念爾祖，聿脩厥德。"^[2]孔子著之《孝經》首章，^[3]蓋至德之本也。傳曰："審好惡，理情性，而王道畢矣。"^[4]能盡其性，然後能盡人物之性；能盡人物之性，^[5]可以贊天地之化。[6]治性之道，必審己之所有餘，而强其所不足。[7]蓋聰明疏通者戒於大察，[8]寡聞少見者戒於雍蔽，[9]勇猛剛彊者戒於大暴，仁愛温良者戒於無斷，湛靜安舒者戒於後時，[10]廣心浩大者戒於遺忘。必審己之所當戒，而齊之以義，[11]然後中和之化應，而巧僞之徒不敢比周而望進。[12]唯陛下戒所以崇聖德。[13]

[1]【今注】統業：即上文"創業垂統"。

[2]【顏注】師古曰：《大雅·文王》之詩也。無念，念也。聿，述也。

[3]【今注】著之孝經首章：謂《孝經》首章引此句詩。

[4]【今注】案，楊樹達《漢書窺管》引《韓詩外傳》卷二補證云："原天命，治心術，理好惡，適情性，而治道畢矣。"相似者又見《淮南子·詮言篇》《文子·符言篇》。《淮南》《文子》"畢"作"通"。

[5]【今注】案，《漢書考正》宋祁：江南本二句中無"物"字。

[6]【顏注】師古曰：贊，明也（明，蔡琪本、殿本作"助"）。【今注】案，楊樹達《漢書窺管》引《禮記·中庸》補證云："唯天下至誠爲能盡其性，能盡其性，則能盡人之性，能盡人之性，則能盡物之性，能盡物之性，則可以贊天地之化育，可以贊天地之化育，則可以與天地參矣。"

[7]【顏注】師古曰：强，勉也，音其兩反。

[8]【今注】大：通"太"。

[9]【顏注】師古曰："雍"讀曰"壅"。

[10]【顏注】師古曰："湛"讀曰"沈"。【今注】後時：失

時，不及時。

[11]【今注】齊：楊樹達《漢書窺管》以爲通"劑"，和也。

[12]【顏注】師古曰：比，頻寐反（蔡琪本、大德本、殿本"頻"前有"音"字）。【今注】比周：結黨營私。

[13]【今注】所：王先謙《漢書補注》疑"所"當作"之"。

　　臣又聞室家之道脩，則天下之理得，故詩始《國風》，[1]禮本冠婚。[2]始乎國風，原情性而明人倫也；本乎冠婚，正基兆而防未然也。[3]福之興莫不本乎室家，之道衰莫不始乎梱內。[4]故聖王必慎妃后之際，[5]別適長之位。[6]禮之於內也，卑不踰尊，新不先故，[7]所以統人情而理陰氣也。其尊適而卑庶也，適子冠乎阼，禮之用醴，[8]衆子不得與列，所以貴正體而明嫌疑也。非虛加其禮文而已，乃中心與之殊異，故禮探其情而見之外也。聖人動靜游燕，[9]所親物得其序；[10]得其序，則海內自脩，百姓從化。如當親者疏，當尊者卑，[11]則佞巧之姦因時而動，以亂國家。故聖人慎防其端，禁於未然，不以私恩害公義。陛下聖德純備，莫不脩正，則天下無爲而治。《詩》云："于以四方，克定厥家。"[12]《傳》曰："正家而天下定矣。"[13]

[1]【顏注】師古曰：《關雎》美后妃之德，而爲《國風》之首。

[2]【顏注】師古曰：《禮記·冠義》曰："冠者，禮之始也。"《婚義》曰："婚者，禮之本也。"【今注】禮本冠婚：王先謙

《漢書補注》引蘇輿曰：“《儀禮》篇次首《士冠》《士昏》，据鄭《目録》、大小戴及《別録》皆同，匡義指此。本亦始也。”

[3]【今注】基兆：根本，基礎。

[4]【顏注】師古曰：“梱”與“閫”同，謂門橛也，音苦本反。【今注】案，之道衰，殿本作“道之衰”。錢大昭《漢書辨疑》以爲“之道”二字當乙。　梱（kǔn）內：門內。指家室。陳直《漢書新證》據《隸釋》卷八《柳敏碑》云“舊戚外梱”，以爲“以梱爲閫，與本文同，爲東漢時之通常隸體假借字”。然“梱”似不必通“閫”。

[5]【今注】際：間。

[6]【顏注】師古曰：“適”讀曰“嫡”。其下並同。

[7]【顏注】師古曰：“隃”與“踰”同。【今注】案，新，殿本作“親”。

[8]【顏注】師古曰：阼，主階也。醴，甘酒也，貴於衆酒也。

[9]【今注】游燕：同“游宴”。游樂。

[10]【顏注】師古曰：言凡物大小高卑，皆有次序。【今注】物：吳恂《漢書注商》：“物”猶“各”。

[11]【顏注】師古曰：如，若也。

[12]【顏注】師古曰：《周頌·桓》之詩也。言欲治四方者，先當能定其家，從內以及外。【今注】于：乃。　以：有。

[13]【顏注】師古曰：《易·家人卦》之象辭。

衡爲少傅數年，數上疏陳便宜，[1]及朝廷有政義，[2]傅經以對，[3]言多法義。上以爲任公卿，[4]由是爲光禄勳、御史大夫。[5]建昭三年，[6]代韋玄成爲丞相，[7]封樂安侯，食邑六百户。[8]元帝崩，成帝即位，衡上疏戒妃匹，[9]勸經學威儀之則，曰：

[1]【今注】便宜：利國家，合時宜之事。

[2]【今注】案，義，蔡琪本、大德本、殿本作"議"。

[3]【顏注】師古曰："傅"讀曰"附"。附，依也。

[4]【顏注】師古曰：任，堪也。

[5]【今注】光禄勳：秦稱郎中令，漢因之，武帝時更名光禄勳，掌宮殿掖門户。秩中二千石，位列九卿。楊樹達《漢書窺管》："衡爲光禄勳，舉王駿有專對才，見《王吉傳》。舉孔光方正，見《光傳》。"

[6]【今注】建昭：漢元帝年號（前38—前34）。

[7]【今注】韋玄成：傳見本書卷七三。楊樹達《漢書窺管》："時衡議郅支王首宜勿懸，甘延壽陳湯不可封，以盜收康居財物奏免湯，並見《湯傳》。言郡國廟不可復，見《韋玄成傳》。"

[8]【今注】六百户：錢大昕《廿二史考異·漢書三》以爲本書《外戚恩澤侯表》作"六百四十七户"，此處舉其成數。

[9]【今注】妃匹：婚配之事。

　　陛下秉至孝，哀傷思慕不絶於心，未有游虞弋射之宴，[1]誠隆於慎終追遠，無窮已也。[2]竊願陛下雖聖性得之，猶復加聖心焉。[3]《詩》云"夭夭在疚"，[4]言成王喪畢思慕，意氣未能平也，蓋所以就文武之業，崇大化之本也。[5]

[1]【顏注】師古曰："虞"與"娛"同。【今注】弋射：泛指射獵。

[2]【顏注】師古曰：慎終，慎孝道之終也。追遠，不忘本也。《論語》稱孔子："慎終追遠，則民德歸厚矣。"故衡引之。【今注】慎終追遠：典出《論語·學而》。王先謙《漢書補注》引王文彬曰："《魯論》曾子之言。顏引孔子，蓋誤。"

［3］【顏注】師古曰：言天性已自然矣，又當加意也。

［4］【顏注】師古曰：《周頌·閔予小子》之詩。煢煢，憂貌也（貌，蔡琪本作"兒"；蔡琪本、殿本無"也"字）。疚，病也。

［5］【顏注】師古曰：就，成也。

　　臣又聞之師曰："妃匹之際，[1]生民之始，萬福之原。"婚姻之禮正，然後品物遂而天命全。[2]孔子論《詩》以《關雎》爲始，言大上者民之父母，[3]后夫人之行不侔乎天地，則無以奉神靈之統而理萬物之宜。[4]故《詩》曰："窈窕淑女，君子好仇。"[5]言能致其貞淑，不貳其操，情欲之感無介乎容儀，[6]宴私之意不形乎動靜，[7]夫然後可以配至尊而爲宗廟主。此綱紀之首，王教之端也，自上世已來，[8]三代興廢，未有不由此者也。願陛下詳覽得失盛衰之效以定大基，采有德，戒聲色，近嚴敬，遠技能。[9]

　　[1]【今注】師：王先謙《漢書補注》引蘇輿曰："據《儒林傳》，衡受《詩》后蒼。"案，妃匹，蔡琪本、殿本作"匹配"。

　　[2]【顏注】師古曰：遂，成也。

　　[3]【顏注】師古曰：太上，居尊上之位者。【今注】大上：太上，指天子。蔡琪本、大德本、殿本作"太上"。

　　[4]【顏注】師古曰：侔，等也。

　　[5]【顏注】師古曰：《周南·關雎》之詩也。窈窕，幽閒也。仇，匹也。【今注】仇：王先謙《漢書補注》引蘇輿以爲《毛》作"逑"，《魯》作"仇"。匡傳《齊詩》，據此，知《齊》

與《魯》同。

[6]【顏注】服虔曰：不見色於容儀也。師古曰：介，繫也。言不以情欲繫心，而著於容儀者。【今注】介：吳恂《漢書注商》以爲猶間厠。

[7]【顏注】師古曰：形，見也。【今注】宴私：親昵。

[8]【今注】案，《漢書考正》宋祁以爲"已"當作"以"。

[9]【顏注】師古曰：無德之人，雖有技能則斥遠之。【今注】嚴：莊重。　技能：王先謙《漢書補注》引王文彬曰："技能，謂奇技淫巧。"

　　竊見聖德純茂，專精《詩》《書》，好樂無厭。[1]臣衡材駑，無以輔相善義，宣揚德音。[2]臣聞六經者，聖人所以統天地之心，著善惡之歸，明吉凶之分，通人道之正，[3]使不悖於其本性者也。[4]故審六蓺之指，[5]則天人之理可得而和，草木昆蟲可得而育，此永永不易之道也。[6]及《論語》《孝經》，聖人言行之要，宜究其意。[7]

[1]【顏注】師古曰：樂，五教反（蔡琪本、大德本、殿本"五"前有"音"字）。

[2]【顏注】師古曰：相，助也。

[3]【顏注】師古曰：分，扶問反（蔡琪本、大德本、殿本"扶"前有"音"字）。

[4]【顏注】師古曰：悖，乖也，音布內反。

[5]【今注】蓺：同"藝"。

[6]【顏注】師古曰：易，變也。　【今注】永永：謂長遠、長久。

[7]【顏注】師古曰：究，盡也。

　　臣又聞聖王之自爲動静周旋，[1]奉天承親，臨朝享臣，[2]物有節文，以章人倫。[3]蓋欽翼祇栗，[4]事天之容也；温恭敬遜，承親之禮也；[5]正躬嚴恪，臨衆之儀也；[6]嘉惠和説，饗下之顏也。[7]舉錯動作，物遵其儀，故形爲仁義，動爲法則。孔子曰："德義可尊，容止可觀，進退可度，以臨其民，是以其民畏而愛之，則而象之。"[8]《大雅》云："敬慎威儀，惟民之則。"[9]諸侯正月朝覲天子，天子惟道德，[10]昭穆穆以視之，[11]又觀以禮樂，饗醴逎歸。[12]故萬國莫不獲賜祉福，蒙化而成俗。今正月初幸路寢，[13]臨朝賀，置酒以饗萬方，傳曰"君子慎始"，[14]願陛下留神動静之節，使群下得望盛德休光，[15]以立基楨，[16]天下幸甚！

[1]【今注】周旋：行禮時進退揖讓的動作。

[2]【今注】朝：朝見。　享：貢，獻。

[3]【顏注】師古曰：物，事也，事事皆有節文。【今注】節文：謂制定禮儀，使行之有度。

[4]【今注】欽翼：恭敬謹慎。　祇栗：敬慎恐懼。

[5]【今注】案，《漢書考正》宋祁曰：浙本"禮"作"體"。

[6]【顏注】師古曰："嚴"讀曰"儼"。【今注】嚴恪：莊嚴恭敬。

[7]【顏注】師古曰："説"讀曰"悦"。饗，宴饗也。【今注】嘉惠：施予恩惠。

[8]【顏注】師古曰：《孝經》載孔子之言也。則，法也。象，似也。【今注】案，今本《孝經·聖治章》“德義可尊”後有“作事可法”四字。

[9]【顏注】師古曰：《抑》之詩。

[10]【今注】案，王先謙《漢書補注》以爲“惟”，思念也。

[11]【顏注】師古曰：昭，明也。穆穆，天子之容也。“視”讀曰“示”。

[12]【顏注】師古曰：觀亦視也。饗醴，以醴酒饗也。

[13]【今注】路寢：古代天子、諸侯的正廳。

[14]【今注】君子慎始：楊樹達《漢書窺管》引《大戴禮記·保傅篇》補證：“《易》曰：‘正其本，萬物理，失之毫厘，差之千里，故君子慎始也。’”

[15]【顏注】師古曰：休，美也。

[16]【今注】基楨：周壽昌《漢書注校補》以爲，“‘基’，址也。‘楨’，當墙兩端者也。基以立其址，楨以固其防，取義如此”。

上敬納其言。頃之，衡復奏正南北郊，[1]罷諸淫祀，語在《郊祀志》。初，元帝時，中書令石顯用事，[2]自前相韋玄成及衡皆畏顯，不敢失其意。[3]至成帝初即位，衡迺與御史大夫甄譚共奏顯，[4]追條其舊惡，并及黨與。於是司隸校尉王尊劾奏：[5]“衡、譚居大臣位，知顯等專權執，作威福，爲海内患害，不以時白奏行罰，而阿諛曲從，附下罔上，[6]無大臣輔政之義。既奏顯等，不自陳不忠之罪，而反揚著先帝任用傾覆之徒，[7]罪至不道。”有詔勿劾。

[1]【今注】南北郊：南郊與北郊。分別爲古代王朝祭天、祭地之處。這裏指祭天地禮。

[2]【今注】中書令：漢武帝時置，由宦者擔任，掌收納尚書奏事、傳達皇帝詔令，成帝時改中謁者令。俸二千石。　石顯：傳見本書卷九三。

[3]【今注】意：意指。

[4]【今注】甄譚：《漢書考正》劉奉世以爲“甄”當作“張”。沈欽韓《漢書疏證》曰：“《百官表》《王尊傳》皆作‘張譚’，此誤。”

[5]【今注】司隸校尉：西漢武帝時始置，掌察舉京師及京師近郡犯法者，並領京師所在之州。秩二千石。　王尊：傳見本書卷七六。

[6]【今注】附下：降格遷就下僚。

[7]【顏注】師古曰：著，明也。【今注】傾覆：謂邪僻不正，反覆無常。

　　衡慙懼，[1]上疏謝罪，因稱病乞骸骨，上丞相樂安侯印綬。上報曰：“君以道德脩明，位在三公，先帝委政，遂及朕躬。君遵脩法度，勤勞公家，朕嘉與君同心合意，庶幾有成。今司隸校尉尊妄詆欺，加非於君，[2]朕甚閔焉。方下有司問狀，[3]君何疑而上書歸侯乞骸骨，是章朕之未燭也。[4]《傳》不云乎？‘禮義不愆，何恤人之言！’[5]君其察焉。專精神，近醫藥，强食自愛。”因賜上尊酒、養牛。[6]衡起視事。

[1]【今注】慙：同“慚”。

[2]【顏注】師古曰：詆，毀也，音丁禮反。【今注】案，楊

樹達《漢書窺管》："羅振玉排印《敦煌殘卷子本漢書》'非'下有'法'字。"

[3]【顏注】師古曰：問司隸。【今注】有司：楊樹達《漢書窺管》："《王尊傳》明云下御史丞問狀，顏說謬。"

[4]【顏注】師古曰：燭，照也。

[5]【顏注】師古曰：愆，過也。恤，憂也。【今注】案，王先謙《漢書補注》引蘇輿，以爲《左傳》昭公四年引《詩》曰"禮義不愆，何恤於人言"，杜預注："逸《詩》。"又《荀子·正名》引《詩》曰"禮義之不愆兮，何恤人之言兮"，楊倞注："逸《詩》也。"本書卷六五《東方朔傳》亦引作"詩云"，與《荀子》同，無兩"兮"字。此云"傳"，謂"傳記有之"，非謂《左傳》。

[6]【顏注】師古曰：上尊，解在《薛廣德傳》。【今注】案，本書卷七一《薛宣傳》："上尊酒十石。"顏師古注引如淳曰："律，稻米一斗得酒一斗爲上尊，稷米一斗得酒一斗爲中尊，粟米一斗得酒一斗爲下尊。"顏師古曰："稷即粟也。中尊者宜爲黍米，不當言稷。且作酒自有澆醇之異爲上中下耳，非必繫之米。" 養牛：御廄所養的牛。

上以新即位，襃優大臣，[1]然群下多是王尊者。衡嘿嘿不自安，[2]每有水旱，風雨不時，連乞骸骨讓位。上輒以詔書尉撫，[3]不許。久之，衡子昌爲越騎校尉，[4]醉殺人，繫詔獄。[5]越騎官屬與昌弟且謀篡昌。[6]事發覺，衡免冠徒跣待罪，[7]天子使謁者詔衡冠履。[8]而有司奏衡專地盜土，衡竟坐免。

[1]【今注】襃：同"褒"。

[2]【今注】嘿嘿：通"默默"。

[3]【今注】案，尉，蔡琪本、大德本、殿本作"慰"。

[4]【今注】越騎校尉：西漢武帝始置。掌越騎。爲北軍八校尉之一，俸二千石。

[5]【今注】詔獄：關押欽犯的牢獄。

[6]【顏注】師古曰：逆取曰篡。

[7]【今注】徒跣：赤足。

[8]【今注】謁者：春秋戰國已有，西漢時掌賓贊受事。員七十人，俸比六百石。

　　初，衡封僮之樂安鄉，[1]鄉本田提封三千一百頃，[2]南以閩佰爲界。[3]初元元年，[4]郡圖誤以閩佰爲平陵佰。積十餘歲衡封，[5]臨淮郡遂封真平陵佰以爲界，[6]多四百頃。

[1]【顏注】文穎曰：屬臨淮郡（郡，殿本作鄉）。【今注】僮：縣名。治所在今安徽泗縣東北。

[2]【顏注】師古曰：提封，舉其封界內之總數。

[3]【顏注】師古曰：佰者，田之東西界也。閩者，佰之名也。佰，莫客反（蔡琪本、大德本、殿本“莫”前有“音”字）。【今注】佰：朱一新《漢書管見》以爲“佰”即今“陌”字，古祇作“百”或“佰”。楊樹達《漢書窺管》：“佰，殘卷皆作伯。”

[4]【今注】初元：漢元帝年號（前48—前44）。

[5]【顏注】蘇林曰：平陵佰在閩佰南，誤十餘歲，衡乃始封此鄉。【今注】衡封：王先謙《漢書補注》曰：謂衡始封侯。楊樹達《漢書窺管》據殘卷本蘇林注在下“臨淮郡”三字下，“曰”字下有“平陵閩，僮縣千佰名也”九字，“南”字誤作“而”，“鄉”下有“也”字。下又有“晉灼曰：舉郡而言耳，自封縣也”十二字。以爲敦煌殘卷本以“衡封臨淮郡”五字屬讀，而小顏則改於封字爲句。

[6]【今注】臨淮郡：西漢武帝時置，治徐縣（今江蘇泗洪縣）。　真：吳恂《漢書注商》以爲是“直”字之誤。直當之意。

　　至建始元年，[1]郡廼定國界，上計簿，[2]更定圖，言丞相府。衡謂所親吏趙殷曰：[3]“主簿陸賜故居奏曹，[4]習事曉知國界，署集曹掾。”[5]明年治計時，衡問殷國界事：“曹欲奈何？”殷曰：“賜以爲舉計，令郡實之。[6]恐郡不肯從實，可令家丞上書。”[7]衡曰：“顧當得不耳，何至上書？”[8]亦不告曹使舉也，聽曹爲之。後賜與屬明舉計曰：[9]“案故圖，樂安鄉南以平陵佰爲界，不足故而以閩佰爲界，解何？”[10]郡即復以四百頃付樂安國。衡遣從史之僮，收取所還田租穀千餘石入衡家。[11]司隸校尉駿、少府忠行廷尉事劾奏，[12]“衡監臨盜所主守直十金以上。[13]《春秋》之義，諸侯不得專地，[14]所以壹統尊法制也。衡位三公，輔國政，領計簿，[15]知郡實，正國界，計簿已定而背法制，專地盜土以自益，及賜、明阿承衡意，猥舉郡計，亂減縣界，[16]附下罔上，擅以地附益大臣，皆不道。”於是上可其奏，勿治，丞相免爲庶人，終於家。子咸亦明經，歷位九卿。[17]家世多爲博士者。

[1]【今注】建始：漢成帝年號（前32—前28）。

[2]【今注】計簿：登記土地、户口、賦税的簿籍。

[3]【顏注】師古曰：所親，素所親任者。

[4]【今注】主簿：此指丞相府主簿，典領相府文書簿籍。奏曹：西漢置，爲丞相府諸曹之一。掌奏議事。

　　[5]【今注】署：任命。　集曹掾：漢丞相府集曹長官，掌郡國上計。

　　[6]【顏注】師古曰：舉發上計之簿，令郡改從平陵佰以爲定實。

　　[7]【今注】家丞：漢置，爲列侯家臣，掌侍侯，理家事。

　　[8]【顏注】師古曰：顧，念也。【今注】何至：楊樹達《漢書窺管》以爲猶今言何必。《史記》卷一一七《司馬相如列傳》云：“從昆弟假貸，猶足爲生，何至自苦如此！”本書卷五〇《汲黯傳》云：“且匈奴畔其主而降漢，漢徐以縣次傳之，何至令天下騷動，罷弊中國而以事夷狄之人乎”句例皆同。《韓非子・外儲説右下》云：“今身不至勞苦，而輦以上者，有術以致人之故也。”《春秋繁露・王道》云：“《春秋》紀纖芥之失，反之王道，追古貴信結言而已，不至用牲盟而後成約。”《鹽鐵論・憂邊篇》云：“夫治亂之端，在於本末而已，不至勞其心而道可得也。”所謂“不至”，皆猶今言不必。

　　[9]【今注】屬明：沈欽韓《漢書疏證》以爲是集曹之屬，名明。

　　[10]【顏注】師古曰：不足故者，不依故圖而滿足也。解何者，以分解此時意，猶今言分疏也。【今注】解何：王先謙《漢書補注》以爲顏説非，詰問郡不依故圖而以此爲解，是何意也。《漢書》以“何”字爲句，如卷四〇《周亞夫傳》“君侯欲反何”，卷四五《伍被傳》“公獨以爲無福何”，卷五〇《汲黯傳》“不早言之何”，皆是其例。楊樹達《漢書窺管》：“‘不足故’敦煌殘卷本作‘不從故’。”又以爲顏以“解何”二字連讀是。本書卷九七《外戚傳上》：“太后獨有帝，今哭而不悲，君知其解未？陳平曰：何解？”“解何”猶言“何解”，“解”猶今言理由，王先謙以“何”一字爲句，非是。陳直《漢書新證》以爲“解何”二字，爲兩漢人之習俗語。《居延漢簡釋文》一二三頁，有簡文云：“□□通府去除虜奰

百率九里留行一時六分，定時五時，留進三時日分，解何。”在居延簡有解何者共五見，皆作如何解釋講。吳恂《漢書注商》以爲“解”，説也，猶意也。

[11]【今注】千餘石：錢大昕《廿二史考異・漢書三》曰：“衡以建昭三年封侯，距初元之元已十三年。又四歲，爲成帝建始元年，衡多收租入三歲矣。此租穀千餘石，即三歲中多收之數。郡初上計簿時還之官，至是乃復收之也。以是推之，列侯封户雖有定數，要以封界之廣狹，定租入之多寡，不專以户數爲定也。”楊樹達《漢書窺管》：“殘卷本作九千餘石。”

[12]【今注】駿：王駿。事迹見本書卷七二《王吉傳》。　少府忠：錢大昕《廿二史考異・漢書三》曰：“《公卿表》，衡以建始三年十二月免相，而張忠爲少府在建始四年，不應有劾衡事。衡免相時，廷尉則何壽也。”洪頤煊《讀書叢録》卷二一曰：“《恩澤侯表》，衡以建始四年免。《王商傳》：‘建始三年秋，京師民無故驚，言大水至。明年，商代匡衡爲丞相。’此傳是，《公卿表》誤也。”

[13]【顏注】師古曰：十金以上，當時律定罪之次，若今律條言“一尺以上”“一匹以上”。【今注】十金以上：陳直《漢書新證》：“匡衡因錯畫田界，多收租穀千餘石，每石以百錢計，當在十萬以上，十金只合二萬錢，少府忠所劾奏，是就最低之價估計，蓋漢律臟在十金以上，即犯重罪也（漢代黄金特標以黄字，其餘泛稱爲金者，大部分指銀而言）。”

[14]【今注】案，楊樹達《漢書窺管》：“義見桓公元年《公羊傳》。衡丞相封侯，故以春秋時諸侯擬之。”

[15]【今注】領計簿：楊樹達《漢書窺管》：“殘卷本作‘統領計簿’。”

[16]【顏注】師古曰：猥，曲也。

[17]【今注】九卿：錢大昕《三史拾遺》卷三曰：“咸字子期，元始三年爲左馮翊，見《公卿表》。”其餘任職失載。

　　張禹字子文，[1]河内軹人也，[2]至禹父徙家蓮勺。[3]禹爲兒，數隨家至市，喜觀於卜相者前。[4]久之，頗曉其別蓍布卦意，[5]時從旁言。卜者愛之，又奇其面貌，謂禹父：“是兒多知，可令學經。”[6]及禹壯，至長安學，從沛郡施讎受《易》，[7]琅邪王陽、膠東庸生問《論語》，[8]既皆明習，有徒衆，舉爲郡文學。

　　[1]【今注】子文：楊樹達《漢書窺管》：“殘卷本作‘字文子’。”

　　[2]【今注】河内：郡名。治懷縣（今河南武陟縣西南）。軹：縣名。治所在今河南濟源市東南。

　　[3]【顏注】師古曰：左馮翊縣名也，音輦酌。【今注】蓮勺：縣名。治所在今陝西渭南市臨渭區下邽鎮東北。

　　[4]【顏注】師古曰：至其人之前而觀之。喜，許吏反（蔡琪本、大德本、殿本“許”前有“音”字）。

　　[5]【顏注】師古曰：別，分也，音彼列反。【今注】蓍（shī）：蒿屬植物。古人以其莖作卜具。

　　[6]【今注】案，《漢書考正》宋祁以爲“父”字下當有“曰”字。錢大昭《漢書辨疑》曰：“閩本有‘曰’字。”

　　[7]【今注】沛郡：西漢高帝改泗水郡置，治相縣（今安徽濉溪縣西北）。　施讎：傳見本書卷八八。楊樹達《漢書窺管》：“《儒林傳》，禹先事梁丘賀，由賀介之於讎。”

　　[8]【今注】琅邪：郡名。秦置，西漢時治東武縣（今山東諸城市）。　王陽：王吉。傳見本書卷七二。　膠東：諸侯王國名。治即墨縣（今山東平度市東南）。　庸生：孔安國再傳弟子，傳《齊論語》，通《古文尚書》。

甘露中，[1]諸儒薦禹，有詔大子大傅蕭望之問。[2]禹對《易》及《論語》大義，望之善焉，奏禹經學精習，有師法，可試事。[3]奏寢，罷歸故官。[4]久之，試爲博士。初元中，立皇太子，而博士鄭寬中以《尚書》授大子，[5]薦言禹善《論語》。[6]詔令禹授太子《論語》，由是遷光禄大夫。數歲，出爲東平内史。[7]

[1]【今注】甘露：漢宣帝年號（前53—前50）。

[2]【今注】案，大子大傅，蔡琪本、大德本、殿本作“太子太傅”。　問：周壽昌《漢書注校補》曰：“奉詔策問也。”

[3]【顏注】師古曰：試以職事也。【今注】師法：師傅的學問和技術。皮錫瑞《經學歷史》：“漢人最重師法，師之所傳，弟之所受，一字毋敢出入。”

[4]【顏注】師古曰：寢（寢，蔡琪本、殿本作“寢”），謂不下也。【今注】案，寢，蔡琪本、殿本作“寢”。

[5]【今注】鄭寬中：字少君，西漢平陵（今陝西咸陽市西北）人。張山拊弟子，有俊才，元帝時爲博士，授太子儒經。成帝即位，賜爵關内侯，遷光禄勳，領尚書事，甚被尊寵。病卒，帝吊贈甚厚。　案，大子，蔡琪本、大德本、殿本作“太子”。

[6]【今注】案，楊樹達《漢書窺管》：“‘薦言’殘卷本作‘爲言’，‘善’下有‘説’字。”

[7]【今注】東平：諸侯王國名。西漢宣帝時改大河郡置，治無鹽縣（今山東東平縣東）。　内史：王國内史。漢初置，因其爲王國自署，治國如郡太守、都尉職事。秩二千石。

元帝崩，成帝即位，徵禹、寬中，皆以師賜爵關内侯，[1]寬中食邑八百户，禹六百户。拜爲諸吏光禄大夫，[2]秩中二千石，給事中，領尚書事。是時，帝舅陽平侯王鳳爲大將軍輔政專權，[3]而上富於春秋，謙讓，方鄉經學，敬重師傅。[4]而禹與鳳竝領尚書，内不自安，數病上書乞骸骨，欲退避鳳。上報曰："朕以幼年執政，萬機懼失其中，君以道德爲師，故委國政。君何疑而數乞骸骨，忽忘雅素，欲避流言？[5]朕無聞焉。[6]君其固心致思，總秉諸事，推以孳孳，[7]無違朕意。"加賜黄金百斤、養牛、上尊酒，大官致餐，[8]侍醫視疾，使者臨問。[9]禹惶恐，復起視事，河平四年代王商爲丞相，[10]封安昌侯。爲相六歲，鴻嘉元年以老病乞骸骨，[11]上加優再三，迺聽許。賜安車駟馬，黄金百斤，罷就弟，[12]以列侯朝朔望，[13]位特進，[14]見禮如丞相，置從事史五人，益封四百户。天子數加賞賜，前後數千萬。

[1]【今注】關内侯：秦漢沿置。二十等爵的第十九級。但有侯號，居京師。無封土而依封户多少享受徵收租税之權。

[2]【今注】諸吏：漢置，爲加官。凡加此號者可出入禁中，常侍左右，舉劾百官，與左、右曹平分尚書奏事。

[3]【今注】帝舅：楊樹達《漢書窺管》："殘卷本作'帝長舅'。《史丹傳》云：'太子長舅陽平侯爲衛尉，亦云長舅。'"
王鳳：字孝卿，西漢東平陵（今山東濟南市東）人。爲元帝皇后王政君兄。初爲衛尉，襲父爵陽平侯。成帝即位，以外戚爲大司馬大將軍，領尚書事。專斷朝政十一年。

[4]【顔注】師古曰："鄉"讀曰"嚮"。【今注】案，楊樹達《漢書窺管》據本書卷一〇〇上《叙傳上》"時上方鄉學，鄭寬中張禹朝夕入説《尚書》《論語》於金華殿中"，以爲即指此。是成

帝即位後，仍繼修太子時所習之業。

[5]【顏注】師古曰：雅素，故也。謂師傅故舊之恩。

[6]【顏注】師古曰：不聞有毀短之言。

[7]【今注】孳孳：勤勉不懈。孳，通“孜”。

[8]【今注】大官：太官，官署名。戰國秦置，漢沿置。掌宮廷膳食。有令、丞，屬少府。

[9]【顏注】師古曰：侍醫，侍天子之醫。

[10]【今注】河平：漢成帝年號（前28—前25）。　王商：傳見本書卷八二。

[11]【今注】鴻嘉：漢成帝年號（前20—前17）

[12]【今注】案，弟，蔡琪本、大德本、殿本作“第”，通。

[13]【今注】朔望：朔日和望日。舊曆每月初一日和十五日。是行朝謁之禮的日子。

[14]【今注】特進：西漢置，凡諸侯功德優盛、朝廷敬異者賜特進，位在三公下，得自辟僚屬。

禹爲人謹厚，內殖貨財，[1]家以田爲業。[2]及富貴，多買田至四百頃，皆涇、渭溉灌，[3]極膏腴上賈。[4]它財物稱是。禹性習知音聲，內奢淫，身居大第，後堂理絲竹筦弦。[5]

[1]【顏注】師古曰：殖，生也。

[2]【今注】案，《漢書考正》宋祁曰：晏本“業”作“樂”。

[3]【今注】涇渭：涇水和渭水。涇，渭河支流，在今陝西中部。渭，黃河最大支流，在今陝西中部。

[4]【顏注】師古曰：“賈”讀曰“價”。【今注】上賈：高價。

[5]【顏注】如淳曰：今樂家五日一習樂爲理樂。師古曰：“筦”亦“管”字。

禹成就弟子尤著者，淮陽彭宣至大司空，[1]沛郡戴崇至少府九卿。[2]宣爲人恭儉有法度，而崇愷弟多智，[3]二人異行。禹心親愛崇，敬宣而疏之。[4]崇每候禹，常責師宜置酒設樂與弟子相娛。禹將崇入後堂飲食，婦女相對，優人筦弦鏗鏘極樂，昏夜乃罷。[5]而宣之來也，禹見之於便坐，[6]講論經義，日晏賜食，[7]不過一肉巵酒相對。[8]宣未嘗得至後堂。及兩人皆聞知，各自得也。[9]

[1]【今注】淮陽：淮陽國。治陳縣（今河南淮陽縣）。 彭宣：傳見本書卷七一。楊樹達《漢書窺管》：“《宣傳》及《儒林傳》，宣受禹《易》學。” 大司空：西漢成帝時由御史大夫改名，秩萬石。

[2]【今注】戴崇：字子平。受《易》於張禹。成帝時，與金涉等皆爲名士。 少府：楊樹達《漢書窺管》：“少府者，長樂少府。”漢有長信詹事，主皇太后宮，由宦者任職。景帝改爲長信少府。平帝又改長樂少府。

[3]【顏注】師古曰：愷，樂也。弟，易也。言性和樂而簡易。

[4]【今注】敬宣而疏之：楊樹達《漢書窺管》：“《宣傳》，禹薦宣經明有威重，可任政事，則禹之於宣，固有厚之者在也。”

[5]【顏注】師古曰：極樂，盡其歡樂之情。

[6]【顏注】師古曰：便坐，謂非正寢（寢，蔡琪本、殿本作“寑”），在於旁側可以延賓者也。坐，才臥反（蔡琪本、大德本、殿本“才”前有“音”字）。

[7]【今注】日晏：天色已晚。晏，殿本作“宴”。

[8]【顏注】師古曰：一豆之肉，一巵行酒。

[9]【顏注】服虔曰：各自爲得宜。【今注】自得：自己感到得意或舒適。顧炎武《日知錄》卷二七：“崇以禹爲親之，宣以禹爲敬之，故各自得。”

禹年老，自治冢塋，[1]起祠室，好平陵肥牛亭部處地，[2]又近延陵，[3]奏請求之，上以賜禹，詔令平陵徙亭它所。曲陽侯根聞而爭之：“此地當平陵寢廟衣冠所出游道，[4]禹爲師傅，不遵謙讓，至求衣冠所游之道，又徙壞舊亭，重非所宜。[5]孔子稱‘賜愛其羊，我愛其禮’，[6]宜更賜禹它地。”根雖爲舅，上敬重之不如禹，根言雖切，猶不見從，卒以肥牛亭地賜禹。根由是害禹寵，數毀惡之。[7]天子愈益敬厚禹。

[1]【今注】冢塋（yíng）：墓地。

[2]【顏注】師古曰：肥牛，亭名。欲得置亭處之地爲冢塋。【今注】平陵：西漢昭帝陵墓。在今陝西咸陽市東北。　亭部：楊樹達《漢書窺管》以爲若如顏注，則原文部字爲虛設。是“亭部”二字當連讀。《説文》十三篇下《土部》云：“圬，徒隸所居也，一曰女牢，一曰亭部。”《後漢書》卷八《孝靈帝紀》云：“使侍御史行詔獄亭部，理冤枉，原輕系，休囚徒”，是亭繫囚之所，名曰亭部。顏注當云“欲得亭部所處之地爲冢塋”乃合。下文但言徙亭者，乃略文。蓋亭部隸屬於亭，亭徙則亭部亦隨之而徙。又按殘卷本無顏師古注，有“文穎曰肥牛地名也”八字。陳直《漢書新證》：“漢人稱亭爲亭部，渭城延陵亭部，見《成帝紀》。渭城西北原上永陵亭部，見《平帝紀》。”又據《居延漢簡釋文》卷一、四頁簡文：“善居男子丘張，自言與家買客田居作都亭部。”黃縣丁氏藏孫成買地券：“左駿厩官大奴孫成，從雒陽男子張伯始，買所名

有廣德亭部，羅佰田一町，賈錢萬五千。”以爲與本傳文肥牛亭部，皆可互證。

　　[3]【今注】延陵：西漢成帝陵墓。在今陝西咸陽市北。

　　[4]【今注】曲陽侯根：王根。字稚卿，西漢東平陵（今山東濟南市東）人。元帝皇后王政君弟。成帝時以帝舅封曲陽侯。後爲大司馬驃騎將軍，繼其兄王商輔政。歷五歲，以老辭職。哀帝立，遣就國。　衣冠所出游道：漢代制度，每月初一將高帝的衣冠從陵墓的宮殿中移到祭祀高帝的宗廟裏去，謂之“游衣冠”（參見焦南峰《宗廟道、遊道、衣冠道——西漢帝陵道路再探》，《文物》2010 年第 1 期）。本書卷四三《叔孫通傳》：“衣冠月出游高廟。”服虔曰：“持高廟中衣，月旦以游於衆廟，已而復之。”應劭曰：“月旦出高帝衣冠，備法駕，名曰游衣冠。”如淳曰：“高祖之衣冠藏在宮中之寢，三月出游，其道正值今之所作復道下，故言乘宗廟道上行也。”晉灼曰：“《黃圖》高廟在長安城門街東，寢在桂宮北。服言衣藏於廟中，如言宮中，皆非也。”師古曰：“諸家之説皆未允也。謂從高帝陵寢出衣冠，游於高廟，每月一爲之，漢制則然。而後之學者不曉其意，謂以月出之時而夜游衣冠，失之遠也。”陳直《漢書新證》：“平陵今在咸陽原東，延陵在西，張禹之自治冢塋肥牛亭部，地址當夾在兩陵之間。”

　　[5]【顏注】師古曰：重，直用反（蔡琪本、大德本、殿本“直”前有“音”字）。

　　[6]【顏注】師古曰：《論語》云子貢欲去告朔之餼羊，孔子曰：“賜也，尔愛其羊（尔，蔡琪本、大德本、殿本作“爾”），我愛其禮。”故引之。【今注】案，語見《論語·八佾》。

　　[7]【顏注】師古曰：惡，謂言其過惡。

　　禹每病，輒以起居聞，[1]車駕自臨問之。上親拜禹牀下，禹頓首謝恩，歸誠，[2]言“老臣有四男一女，愛女甚於男，遠嫁爲張掖大守蕭咸妻，[3]不勝父子私情，思與相近”。上即時徙咸爲弘農大守。[4]又禹小子未有官，上臨候禹，禹數視其小子，上即禹牀下拜爲黃門郎，[5]給事中。[6]

[1]【顏注】師古曰：謂其食飲寢卧之增損（寑，蔡琪本、大德本、殿本作“寢”）。【今注】案，楊樹達《漢書窺管》：“‘病’殘卷本作‘疾’。”

[2]【今注】案，《漢書考正》宋祁曰：“‘恩’字下當有‘因’字。”王念孫《讀書雜志·漢書第十三》以爲宋說是也，“因歸誠”三字當下屬爲義。若無“因”字，則語意不完。此處以“恩”“因”二字相似，故寫者脫去“因”字而誤。《通典·禮二十七》有“因”字。楊樹達《漢書窺管》：“殘卷本有‘因’字。”

[3]【今注】張掖大守：張掖，郡名。西漢武帝時分武威郡置，治䁻得縣（今甘肅張掖市西北）。大，蔡琪本、大德本、殿本作“太”。 蕭咸：事迹見本書卷七八《蕭望之傳》。

[4]【今注】弘農大守：弘農，郡名。治弘農縣（今河南靈寶市北）。大，蔡琪本、殿本作“太”。

[5]【今注】黃門郎：秦、西漢郎官給事於黃闥門之内者，稱黃門郎或黃門侍郎。

[6]【今注】案，楊樹達《漢書窺管》引《後漢書》卷五四《楊震列傳》補證云：“賜仰天嘆曰：吾每讀《張禹傳》，未嘗不憤恚嘆息。不能竭忠盡情，極言其要，而反留意少子，乞還女婿。朱游欲得尚方斬馬劍以理之，固其宜也。”

禹雖家居，以特進爲天子師，[1]國家每有大政，必與定議。[2]永始、元延之間，[3]日蝕地震尤數，吏民多上書言災異之應，譏切王氏專政所致。上懼變異數見，意頗然之，未有以明見，[4]迺車駕至禹弟，[5]辟左右，[6]親問禹以天變，因用吏民所言王氏事示禹。禹自見年老，子孫弱，又與曲陽侯不平，[7]恐爲所怨。

[1]【今注】案，楊樹達《漢書窺管》："'以特進'殘卷作'以特進侯'。"

[2]【顏注】師古曰："'與'讀曰'豫'。"【今注】與：楊樹達《漢書窺管》："'與'當如字讀。據《朱博傳》，成帝建三公官，問禹，禹以爲然，乃定。是其事也。"

[3]【今注】永始：漢成帝年號（前16—前13）。　元延：漢成帝年號（前12—前9）。

[4]【今注】案，《漢書考正》宋祁以爲"未"字上當有"而"字。楊樹達《漢書窺管》："殘卷本有'而'字。"

[5]【今注】案，弟，蔡琪本、大德本、殿本作"第"。

[6]【顏注】師古曰："'辟'讀曰'闢'。"

[7]【今注】不平：不和，不睦。

禹則謂上曰：[1]"春秋二百四十二年間，日蝕三十餘，地震五，[2]或爲諸侯相殺，或夷狄侵中國。災變之意深遠難見，故聖人罕言命，不語怪神。[3]性與天道，自子贛之屬不得聞，[4]何況淺見鄙儒之所言！[5]陛下宜修政事以善應之，與下同其福喜，[6]此經義意也。新學小生，亂道誤人，宜無信用，以經術斷之。"

[1]【今注】則：《漢書考正》宋祁以爲"則"當作"即"。王先謙《漢書補注》以爲古"則""即"二字通。

[2]【今注】案，《漢書考正》宋祁據本書卷三六《劉向傳》

“日蝕三十六，地震五”以爲作“五十六”者疑衍“十六”兩字。越本與別本無“十六”兩字。蔡琪本、大德本、殿本作“地震五十六”。

［3］【顔注】師古曰：罕，稀也。《論語》云“子罕言利與命與仁”，又曰“子不語怪力亂神”。【今注】案，“罕言命”典出《論語·子罕》，“不語怪神”典出《論語·述而》。

［4］【顔注】師古曰：《論語》云“夫子之言性與天道不可得而聞也”，謂孔子未嘗言性命之事及天道。【今注】子贛：子貢。典出《論語·公冶長》。

［5］【今注】案，言，殿本作“見”。

［6］【今注】福喜：《漢書考正》宋祁：“‘福善’，越本作‘福喜’。”蔡琪本、殿本作“福善”。

上雅信愛禹，[1]由此不疑王氏。[2]後曲陽侯根及諸王子弟聞知禹言，皆喜説，[3]遂親就禹。禹見時有變異，若上體不安，[4]擇日絜齋露蓍，[5]正衣冠立筮，得吉卦則獻其占，如有不吉，禹爲感動憂色。[6]成帝崩，禹及事哀帝，建平二年薨，[7]諡曰節侯。禹四子，長子宏嗣侯，官至大常，[8]列於九卿。三弟皆爲校尉散騎諸曹。[9]

［1］【今注】雅：平素。

［2］【今注】案，楊樹達《漢書窺管》：“杜業上書，謂安昌侯張禹奸人之雄，此類是也。”

［3］【顔注】師古曰：“説”讀曰“悦”。

［4］【今注】若：王先謙《漢書補注》以爲是“及”意。楊樹達《漢書窺管》以爲當訓“或”。

　　[5]【顔注】服虔曰：露箸《易》著於星宿下（殿本無
"箸"字），明日乃用。言得天氣也。師古曰：著，草名，箸者所
用也，音式夷反。【今注】案，楊樹達《漢書窺管》："'擇日'殘
卷本作'常擇日'。"

　　[6]【今注】案，楊樹達《漢書窺管》："殘卷本作'有憂
色'。"

　　[7]【今注】建平：漢哀帝年號（前6—前3）。

　　[8]【今注】官至大常：王先謙《漢書補注》曰："宏字子夏，
平帝元始二年爲太常，二月貶爲越騎校尉，見《公卿表》。"大，
蔡琪本、大德本、殿本作"太"。

　　[9]【今注】校尉：秦漢時爲統兵武官，略次於將軍，高於都
尉。出征時臨時任命，領一校兵。亦或冠以名號。又有常設的專職
校尉，依其具體職務冠以名號。　　散騎：秦朝置，西漢時爲加官。
武帝時以其掌顧問應對，屬中朝官。　　諸曹：加官。又稱"左、右
曹"。入禁中，常侍左右，掌平尚書奏事。

　　初，禹爲師，以上難數對己問經，爲《論語章句》
獻之。[1]始魯扶卿及夏侯勝、王陽、蕭望之、韋玄成皆
説《論語》，[2]篇弟或異。[3]禹先事王陽，後從庸生，
采獲所安，[4]最後出而尊貴。諸儒爲之語曰："欲不爲
《論》，[5]念張文。"[6]由是學者多從張氏，餘家寖微。[7]

　　[1]【今注】論語章句：周壽昌《漢書注校補》曰："《藝文
志》：《論語》家有《魯安昌侯説》二十一篇。"

　　[2]【今注】夏侯勝：傳見本書卷七五。楊樹達《漢書窺管》：
"《夏侯勝傳》，勝受詔撰《論語説》。"

　　[3]【今注】篇弟或異：楊樹達《漢書窺管》引《論衡·正説
篇》補證云："武帝發取壁中古文，得二十一篇，齊、魯、河間九

篇，三十篇。至昭帝女讀二十一篇，今時稱《論語》二十篇，又失齊、魯、河間九篇。本三十篇，分布亡失，或二十一篇，目或多或少，文贊或是或誤。"有河北定州市出土西漢《論語》簡，與《齊論》《魯論》《古論》均不同，參見劉來成《定州西漢中山懷王墓竹簡〈論語〉介紹》（《文物》1997 年第 5 期）、單承彬《定州漢墓竹簡本〈論語〉性質考辨》（《孔子研究》2002 年第 2 期）、陳東《關於定州漢墓竹簡〈論語〉的幾個問題》（《孔子研究》2003 年第 2 期）、李慶《關於定州漢墓竹簡〈論語〉的幾個問題：〈論語〉的文獻學探討》（《中國典籍與文化論叢》第 8 輯）、胡鳴《漢代三論糅合模式的開創：以定州漢墓竹簡〈論語〉爲例》（《哈爾濱師範大學社會科學學報》2014 年第 4 期）、夏德靠《〈論語〉文本的生成及其早期流布形態》（《四川師範大學學報》2014 年第 1 期）、王剛《從定州簡本避諱問題看漢代〈論語〉的文本狀況：兼談海昏侯墓〈論語〉簡的價值》（《許昌學院學報》2017 年第 3 期）。案，弟，蔡琪本、大德本、殿本作"第"。下同不注。

［4］【今注】采獲所安：王先謙《漢書補注》曰："謂文義所安。"沈欽韓《漢書疏證》據《論語集解序》劉向言"安昌侯張禹本受《魯論》，兼講《齊》說，善者從之，號曰《張侯論》，爲世所貴"。以爲此傳云"禹先事王陽，後從庸生"，但二人皆爲《齊論》；而《藝文志》直繫張禹於《魯論》之下；志、傳不相蒙，傳誤。

［5］【今注】案，蔡琪本、大德本、殿本無"不"字。《漢書考正》宋祁曰，監本、越本"欲"字下有"不"字。

［6］【今注】念張文：周壽昌《漢書注校補》以爲"念，背誦也。今猶云讀書爲念書"。楊樹達《漢書窺管》以爲"念"爲"唸"的假借字。《説文》二篇上《口部》云："唸，叩也。"引《詩》"民之方唸吚"。又叩下云："唸吚，呻也。""唸吚"今本《毛詩》作"殿屎"。《毛傳》云："殿屎，呻吟也。"上世紀初湖南長沙市謂新授書爲"點書"，"點"疑即"唸"字。所謂"唸書"，

亦從呻吟義來，非謂背誦。吳恂《漢書注商》以爲張文爲張子文省稱，謂學《論語》，毋忘張禹。

［7］【顏注】師古曰：濅（濅，蔡琪本、殿本作"寖"，正文同），漸也。

孔光字子夏，孔子十四世之孫也。[1]孔子生伯魚鯉。[2]鯉生子思伋，[3]伋生子上帠，[4]帠生子家求。求生子真箕，[5]箕生子高穿。穿生順，[6]順爲魏相。順生鮒，鮒爲陳涉博士，死陳下。鮒弟子襄爲孝惠博士，長沙大傅。[7]襄生忠。忠生武及安國。武生延年。[8]延年生霸，字次孺。[9]霸生光焉。

［1］【今注】十四世：王鳴盛《十七史商榷》卷二六曰："十四世，連前後並及身總言之。後人言譜牒者當以此爲例。沈約《宋書·自序》、蕭子顯《南齊書》序太祖道成先世例同。"

［2］【顏注】師古曰：名鯉，字伯魚。先言其字者，孔氏自爲譜牒，示尊其先也。下皆類此。【今注】伯魚鯉：楊樹達《漢書窺管》以爲顏師古説非，"名字連舉，必先字後名，此古書通例"，顏説非其實。

［3］【顏注】師古曰：伋，音級。

［4］【今注】帠：《漢書考正》宋祁曰："帠"《禮記》作"白"，《漢書》作"帠"，古字通用。錢大昭《漢書辨疑》指出《史記》卷四七《孔子世家》作"白"。

［5］【今注】子真箕：《殿本考證》齊召南曰：案，"子真箕"，《史記》作"箕，字子京"。

［6］【今注】順：《殿本考證》齊召南曰：《史記》作"子慎"。

［7］【今注】長沙：諸侯王國名。西漢高帝時改長沙郡置，封吳芮爲長沙王。治臨湘縣（今湖南長沙市）。案，大，蔡琪本、大

德本、殿本作“太”。

　[8]【今注】案，《漢書考正》宋祁曰：“浙本、監本無‘忠
生’二字，於‘安國’字下又添‘忠’字，云‘襄生忠武及安國。
忠武生延年’。”安國，孔安國。傳見本書卷八八。

　[9]【今注】案，儒，殿本作“儒”。

　安國、延年皆以治《尚書》爲武帝博士。安國至
臨淮大守。[1]霸亦治《尚書》，事大傅夏侯勝，[2]昭帝
末年爲博士，宣帝時爲大中大夫，[3]以選授皇大子
經，[4]遷詹事，[5]高密相。[6]是時，諸侯王相在郡守
上。[7]元帝即位，徵霸，以師賜爵關內侯，食邑八百
户，號襃成君，[8]給事中，加賜黃金二百斤，第一
區，[9]徙名數于長安。[10]霸爲人謙退，不好權埶，常稱
爵位泰過，何德以堪之！上欲致霸相位，自御史大夫
貢禹卒，及薛廣德免，輒欲拜霸。霸讓位，自陳至三，
上深知其至誠，迺弗用。以是敬之，賞賜甚厚。及霸
薨，上素服臨弔者再，至賜東園祕器錢帛，[11]策贈以
列侯禮，謚曰烈君。

　[1]【今注】案，大守，蔡琪本、大德本、殿本作“太守”。
　[2]【今注】案，大傅，蔡琪本、大德本、殿本作“太傅”。
　[3]【今注】大中大夫：秦始置。侍從皇帝左右，掌顧問應
對，參謀議政，奉詔出使，多以寵臣貴戚充任。秩比千石，無員
額。大中，蔡琪本、大德本作“太中”。
　[4]【今注】案，皇大子，蔡琪本、大德本、殿本作“皇太
子”。
　[5]【今注】詹事：掌皇后、太子家事。秩二千石。王先謙

《漢書補注》曰："《百官表》，詹事掌皇后、太子家，成帝省併大長秋。"

　　[6]【今注】高密：諸侯王國名。西漢宣帝時改膠西郡置，治高密縣（今山東高密市西南）。

　　[7]【今注】諸侯王相在郡守上：錢大昭《漢書辨疑》曰："漢制，王國相統衆官，尚有内史治國民，故在郡守上。至成帝時省内史而令相治民，則與郡守等矣。"

　　[8]【顏注】如淳曰：爲帝師，教令成就，故曰襃成君。【今注】襃成君：王先謙《漢書補注》引蘇輿曰："後王莽封孔子後孔均爲襃成侯，奉其祀，謚孔子爲襃成宣尼公，襃成之名即原於此。"

　　[9]【今注】第：甲第。

　　[10]【顏注】師古曰：名數，户籍也。

　　[11]【今注】東園祕器：皇室、高官葬具。本書卷六八《霍光傳》："東園温明。"服虔注曰："東園處此器，形如方漆桶，開一面，漆畫之，以鏡置其中，以懸屍上，大斂并蓋之。"顏師古曰："東園，署名也，屬少府。其署主作此器也。"

　　霸四子，長子福嗣關内侯。[1]次子捷、捷弟喜皆列校尉諸曹。光，最少子也，經學尤明，年未二十，舉爲議郎。[2]光禄勳匡衡舉光方正，爲諫大夫。[3]坐議有不合，左遷虹長，[4]自免歸教授。成帝初即位，舉爲博士，數使録冤獄，[5]行風俗，[6]振贍流民，奉使稱意，[7]由是知名。

　　[1]【今注】嗣關内侯：《漢書考正》宋祁曰：監、浙二本皆云"嗣爵"。楊樹達《漢書窺管》："殘卷本作'嗣爵'。"

　　[2]【今注】議郎：西漢置。高級郎官，職掌顧問應對，參與議政，不入直宿衛。隸光禄勳，秩比六百石。

［3］【今注】諫大夫：漢武帝置，掌諫爭、顧問應對，議論朝政。秩比八百石，無定員。案，蔡琪本、殿本"諫"後有"議"字。

［4］【顏注】師古曰：不合，謂不合天子意也。虹，沛縣也，音貢。【今注】虹：治所在今安徽五河縣西。王先謙《漢書補注》曰：本書《地理志》作"垿"。

［5］【今注】録：省察。本書卷七一《雋不疑傳》顏師古注："省録之，知其情狀有冤滯與不也。今云'慮囚'，本'録'聲之去者耳，音力具反。而近俗不曉其意，訛其文遂爲思慮之慮，失其源矣。行，音下更反。"（參見王繼如《"肺腑""録囚"通說：漢代語詞考釋之六》，《南京師大學報》1991 年第 2 期）

［6］【顏注】師古曰：行，下更反。

［7］【今注】案，意，蔡琪本、大德本、殿本作"旨"。

是時，博士選三科，高爲尚書，次爲刺史，[1]其不通政事，以久次補諸侯大傅。[2]光以高弟爲尚書，觀故事品式，[3]數歲明習漢制及法令。上甚信任之，轉爲僕射，尚書令。[4]有詔光周密謹慎，未嘗有過，加諸吏官，以子男放爲侍郎，給事黃門。數年，遷諸吏光禄大夫，秩中二千石，給事中，賜黃金百斤，領尚書事。後爲光禄勳，復領尚書，諸吏給事中如故。凡典樞機十餘年，[5]守法度，修故事。上有所問，據經法以心所安而對，不希指苟合；[6]如或不從，不敢強諫爭，以是久而安。時有所言，輒削草稿，[7]以爲章主之過，以奸忠直，人臣大罪也。[8]有所薦舉，唯恐其人之聞知。沐日歸休，[9]兄弟妻子燕語，終不及朝省政事。或問光："溫室省中樹皆何木也?"[10]光嘿不應，更答以它語，其不泄如是。光帝師傅子，少以經行自著，進官蚤成。[11] 不結黨友，養游說，有求於人。[12] 既性自守，亦其埶然也。[13] 徙光禄勳爲御史大夫。[14]

[1]【今注】刺史：漢武帝時始置，分全國爲十三部州，州置刺史一人。奉詔巡行諸郡，以六條問事，省察治政，黜陟能否，斷理冤獄。無治所，秩六百石。

[2]【今注】久次：年資長短。案，大傅，蔡琪本、大德本、殿本作"太傅"。

[3]【今注】故事：先例，舊日的典章制度。 品式：標準，法式。

[4]【顏注】師古曰：先爲僕射，後爲尚書令。【今注】僕射：秦、漢置爲侍中、謁者、博士、郎等諸官之長。因古時重武臣，以善射者掌事，故名。依其職事爲稱。 尚書令：秦始置，漢沿置，本爲少府屬官，掌章奏文書，武帝後職權漸重。掌凡選署及奏下尚書曹文書衆事。秩千石。

[5]【今注】樞機：指中央政權的機要部門或職位。

[6]【顏注】師古曰：希指，希望天子之旨意（之旨意，蔡琪本作"之意旨也"，殿本作"旨意也"）。

[7]【顏注】服虔曰：言已繕書，輒削壞其草（蔡琪本、殿本"草"後有"也"字）。

[8]【顏注】師古曰：奸，求也。奸忠直之名也。奸，音干。【今注】以奸忠直：《漢書考正》宋祁以爲顏師古注文"奸忠"當作"求忠"。王念孫《讀書雜志·漢書第十三》以爲按顏師古說，則"忠直"下須加"之名"二字。《漢紀·孝成紀》作"以訐爲忠直"，是。"訐"字正承"章主之過"而言，且用《論語》"訐以爲直"之文。今本"訐"誤爲"奸"，又脫"爲"字。

[9]【今注】沐日：休假日。漢代官吏五日一歸家休息沐浴，

故稱。

[10]【顏注】晉灼曰：長樂宮中有溫室殿。【今注】溫室：在未央宮殿北，皇帝冬天取其溫暖居於此殿。　省中：宮禁之中。

[11]【顏注】師古曰："蚤"，古"早"字。

[12]【今注】養游説有求於人：皆因前"不結黨友"省"不"字。游説，説客。

[13]【顏注】師古曰：言以名父之子，學官早成（官，蔡琪本作"宦"，大德本、殿本作"官"），不須黨援也。【今注】既性：盡性。　案，執，大德本、殿本作"勢"，同。

[14]【今注】案，楊樹達《漢書窺管》："上文云：爲光禄勳，此徙光禄勳則謂從光禄勳徙也。光爲御史大夫，舉師丹，見《丹傳》。"

綏和中，[1]上即位二十五年，無繼嗣，至親有同產弟中山孝王及同產弟子定陶王在。[2]定陶王好學多材，於帝子行。[3]而王祖母傅大后陰爲王求漢嗣，[4]私事趙皇后、昭儀及帝舅大司馬驃騎將軍王根，[5]故皆勸上。上於是召丞相翟方進、御史大夫光、右將軍廉襃、後將軍朱博，[6]皆引入禁中，議中山、定陶王誰宜爲嗣者。[7]方進、根以爲定陶王帝弟之子，禮曰"昆弟之子猶子也"，"爲其後者爲之子也"，定陶王宜爲嗣。襃、博皆如方進、根議。光獨以爲禮立嗣以親，中山王先帝之子，帝親弟也，以《尚書》般庚殷之及王爲比，[8]中山王宜爲嗣。上以禮兄弟不相入廟，又皇后、昭儀欲立定陶王，故遂立爲大子。[9]光以議不中意，左遷廷尉。[10]

　　[1]【今注】綏和：漢成帝年號（前8—前7）。

　　[2]【今注】中山孝王：傳見本書卷八〇。　定陶王：即漢哀帝。

　　[3]【顏注】師古曰：行，胡浪反（蔡琪本、大德本、殿本"胡"前有"音"字）。【今注】案，《漢書考正》宋祁曰："於帝子行"，越本云"於帝爲子行"。

　　[4]【今注】傅大后：事迹見本書卷九七下《外戚傳下》。大，蔡琪本、大德本、殿本作"太"。

　　[5]【今注】趙皇后昭儀：二人事迹見本書《外戚傳下》。驃騎將軍：西漢武帝置。位僅次大將軍，秩萬石。驃，殿本作"票"。

　　[6]【今注】翟方進：傳見本書卷八四。　廉褒：字子上，隴西襄武（今甘肅隴西縣東）人。曾任金城太守、執金吾、西域都護。以恩信稱。　朱博：傳見本書卷八三。

　　[7]【今注】案，宜，蔡琪本、殿本作"可"。

　　[8]【顏注】師古曰：兄終弟及也。比，必寐反（蔡琪本、大德本、殿本"必"前有"音"字）。【今注】案，般，殿本作"盤"。　及王：沈欽韓《漢書疏證》曰："般庚爲陽甲之弟，受於兄，故云'及王'。"

　　[9]【今注】案，大子，蔡琪本、大德本、殿本作"太子"。

　　[10]【顏注】師古曰：中，當也。【今注】廷尉：戰國秦始置，秦、西漢沿置。主管詔獄。位列九卿，秩中二千石。

　　光久典尚書，練法令，號稱詳平。時定陵侯淳于長坐大逆誅，[1]長小妻迺始等六人皆以長事未發覺時棄去，[2]或更嫁。及長事發，丞相方進、大司空武議，[3]以爲"令，犯法者各以法時律令論之，[4]明有所訖也。[5]長犯大逆時，迺始等見爲長妻，已有當坐之罪，

與身犯法無異。後迺棄去，於法無以解。[6]請論"。光
議以爲"大逆無道，父母妻子同產無少長皆棄市，欲
懲犯法者也。[7]夫婦之道，有義則合，無義則離。長未
自知當坐大逆之法，而棄去迺始等，或更嫁，義已絕，
而欲以爲長妻論殺之，名不正，不當坐"。有詔光
議是。

[1]【今注】淳于長：傳見本書卷九三。

[2]【今注】小妻：妾。陳直《漢書新證》："小妻之名，見於
《枚乘》及《佞倖傳》序。又《藝術叢編·專門名家》卷二，有小
妻蘇貫針墓磚，是小妻之名沿用至北朝不廢。又《漢印文字徵》第
五、五頁，有'薛迺始'印，第十二、十三頁，有'邵乃始''尹
乃始'二印，迺始爲西漢男女通用之名。召左將軍光當拜，已刻侯
印書贊（十九頁下）。直按：兩漢侯印皆鑄款，此因倉猝需用故改
爲刻款也。"

[3]【顏注】師古曰：翟方進及何武。【今注】武：傳見本書
卷八六。

[4]【顏注】師古曰：此具引令條之文也。法時，謂始犯法
之時也。

[5]【顏注】師古曰：訖，止也。

[6]【顏注】師古曰：解，免也。

[7]【顏注】師古曰：懲，創止也。【今注】案，《漢書考正》
宋祁曰："監本正文'懲'字下有'後'字。"

是歲，右將軍襃、後將軍博坐定陵、紅陽侯，[1]皆
免爲庶人。以光爲左將軍，居右將軍官職，執金吾王
咸爲右將軍，[2]居後將軍官職。罷後將軍官。數月，丞

相方進薨，召左將軍光，當拜，已刻侯印書贊，^[3]上暴崩，即其夜於大行前拜受丞相博山侯印綬。^[4]

[1]【顏注】師古曰：廉襃、朱博坐與淳于長、王立交厚也。【今注】紅陽侯：王立。字子叔，魏郡元城（今河北大名縣東）人。元帝王皇后弟。以外戚受寵幸，成帝時封紅陽侯，位特進，領城門兵。驕奢橫暴，藏匿亡命，霸占民田。其侄王莽秉政後，恨其不附己，迫使自殺。楊樹達《漢書窺管》：“《博傳》，博坐立党友免，則襃坐長免也。此《傳》合言之。”

[2]【今注】執金吾：西漢武帝時由中尉改名，掌徼循京師。秩中二千石。

[3]【顏注】師古曰：贊，進也，延進而拜之。書贊者，書贊辭於策也。

[4]【今注】大行：稱剛死而尚未定諡號的皇帝。楊樹達《漢書窺管》：“光為丞相，與何武奏定樂人數，見《禮樂志》。請議毀宗廟，見《韋玄成傳》。薛況使人傷申咸事，是御史中丞之奏，見《薛宣傳》。不允劉歆立《左氏》之請，見《儒林傳》。以卓茂為長史，稱茂為長者，見《後書·茂傳》。”

哀帝初即位，躬行儉約，省減諸用，政事由己出，朝廷翕然，^[1]望至治焉。襃賞大臣，益封光千戶。時成帝母大皇大后自居長樂宮，^[2]而帝祖母定陶傅大后在國邸，^[3]有詔問丞相、大司空：“定陶共王大后宜當何居？”光素聞傅大后為人剛暴，^[4]長於權謀，自帝在襁褓而養長教道至於成人，^[5]帝之立又有力。光心恐傅大后與政事，^[6]不欲令與帝旦夕相近，即議以為定陶太后宜改築宮。大司空何武曰：“可居北宮。”^[7]上從武言。

北宮有紫房復道通未央宮，[8]傅大后果從復道朝夕至帝所，求欲稱尊號，貴寵其親屬，使上不得直道行。[9]

[1]【今注】翕然：安寧、和順貌。

[2]【今注】案，大皇大后，蔡琪本、大德本、殿本作"太皇太后"。下文"大后"他本多作"太后"，不復出校。　長樂宮：西漢高帝時以秦興樂宮改建，在今陝西西安市西北漢長安城東隅。

[3]【今注】國邸：漢諸侯王爲朝覲而在京城設立的住所。

[4]【今注】剛暴：剛猛暴戾。

[5]【今注】案，綵，殿本作"袾"，同。

[6]【顏注】師古曰："與"讀曰"豫"。

[7]【今注】北宮：在今陝西西安市西北二十里漢長安故城中。因在未央宮北，故名。

[8]【顏注】師古曰："復"讀曰"複"。【今注】紫房：宮室名。　復道：樓閣或懸崖間有上下兩重通道，稱復道。

[9]【顏注】師古曰：不得依正直之道。【今注】案，《漢書考正》宋祁曰："'行'字上，監本有'而'字。"

頃之，[1]大后從弟子傅遷在左右尤傾邪，[2]上免官遣歸故郡。傅大后怒，上不得已復留遷。光與大司空師丹奏言："詔書'侍中駙馬都尉遷巧佞無義，[3]漏泄不忠，國之賊也，免歸故郡'。復有詔止。天下疑惑，無所取信，虧損聖德，誠不小愆。[4]陛下以變異連見，避正殿，見群臣，思求其故，至今未有所改。[5]臣請歸遷故郡，以銷姦黨，應天戒。"卒不得遣，復爲侍中。脅於傅大后，皆此類也。

　　[1]【今注】頃之：不久。

　　[2]【今注】傾邪：爲人邪僻不正。

　　[3]【今注】師丹：傳見本書卷八六。　駙馬都尉：西漢武帝始置，皇帝出行時掌副車，秩比二千石。

　　[4]【今注】愆（qiān）：罪過。

　　[5]【顏注】師古曰：舊有不善之事，皆未改除。

　　又傅大后欲與成帝母俱稱尊號，群下多順指，言母以子貴，宜立尊號以厚孝道。唯師丹與光持不可。[1]上重違大臣正議，[2]又内迫傅大后，猗違者連歲。[3]丹以罪免，而朱博代爲大司空。光自先帝時議繼嗣有持異之隙矣，又重忤傅大后指，[4]由是傅氏在位者與朱博爲表裏，共毀譖光。[5]後數月遂策免光曰：“丞相者，朕之股肱，所與共承宗廟，統理海内，[6]輔朕之不逮以治天下也。朕既不明，災異重仍，[7]日月無光，山崩河決，五星失行，[8]是章朕之不德而股肱之不良也。[9]君前爲御史大夫，輔翼先帝，出入八年，卒無忠言嘉謀，今相朕，出入三年，憂國之風復無聞焉。陰陽錯謬，歲比不登，[10]天下空虛，百姓飢饉，父子分散，流離道路，以十萬數。而百官群職曠廢，[11]姦軌放縱，盜賊並起，或攻官寺，殺長吏。數以問君，君無怵惕憂懼之意，[12]對毋能爲。[13]是群卿大夫咸惰哉莫以爲意，[14]咎由君焉。君秉社稷之重，總百僚之任，上無以匡朕之闕，下不能綏安百姓。《書》不云乎？‘毋曠庶官，天工人其代之。’[15]於虖！[16]君其上丞相博山侯印綬，罷歸。”[17]

[1]【顔注】蘇林曰：執持不可（蔡琪本、殿本"可"後有"也"字）。

[2]【顔注】師古曰：重，難也。【今注】正議：公正的言論。這裏指師丹、孔光之議。

[3]【顔注】如淳曰：不決事之言也。師古曰：猗違猶依違耳（殿本無此"耳"字）。猗，於奇反（蔡琪本、大德本、殿本"於"前有"音"字）。【今注】猗違：猶依違。遲疑不決。王先謙《漢書補注》以爲，"猗""依"通假。

[4]【顔注】師古曰：重，直用反（大德本無"反"字）。

[5]【今注】毀譖光：楊樹達《漢書窺管》："《博傳》：博言：光志在自守，不能憂國。"

[6]【顔注】師古曰："共"讀曰"恭"。

[7]【顔注】師古曰：仍，頻也。重，直用反（蔡琪本、大德本、殿本"直"前有"音"字）。

[8]【今注】五星：即東方歲星（木星）、南方熒惑（火星）、中央鎮星（土星）、西方太白（金星）、北方辰星（水星）。

[9]【顔注】師古曰：章，明也。

[10]【顔注】師古曰：比，頻也。

[11]【顔注】師古曰：曠，空也。

[12]【今注】怵惕：戒懼，驚懼。

[13]【顔注】師古曰：言盜賊不能爲害。

[14]【今注】案，大德本、殿本"是"後有"以"字。

[15]【顔注】師古曰：《虞書·咎繇謨》之辭。位非其人，是爲空官。言人代天理官，不可以天官私非其材。

[16]【顔注】師古曰："於"讀曰"烏"。"虖"讀曰"呼"。

[17]【顔注】師古曰：《漢舊儀》云，丞相有它過，使者奉策書，即時步出府，乘棧車歸田里。【今注】案，周壽昌《漢書注校補》曰："據《朱博傳》，知亦免爲庶人也。"

光退閭里，[1]杜門自守。[2]而朱博代爲丞相，數月，坐承傅大后指妄奏事自殺。平當代爲丞相，[3]數月薨。王嘉復爲丞相，[4]數諫爭忤指。旬歲間閲三相，[5]議者皆以爲不及光。上由是思之。會元壽元年正月朔日有蝕之，[6]後十餘日傅大后崩。是月徵光詣公車，[7]問日蝕事。光對曰：

[1]【今注】閭里：里巷，平民聚居之處。

[2]【顏注】師古曰：杜，塞也。

[3]【今注】平當：傳見本書卷八一。

[4]【今注】王嘉：傳見本書卷八六。

[5]【顏注】師古曰：閲猶歷也。【今注】旬歲：王先謙《漢書補注》引王文彬曰："'旬歲'迺'三歲'之誤。《公卿表》，建平二年四月，光免，歷建平三年、四年，至元壽元年三月，王嘉下獄死，恰三歲。"

[6]【今注】元壽：漢哀帝年號（前2—前1）。

[7]【今注】公車：漢代官署。爲衛尉的下屬機構，設公車令，掌管宮殿司馬門的警衛。天下上事及徵召等事宜，經由此處受理。

臣聞日者，衆陽之宗，人君之表，至尊之象。君德衰微，陰道盛彊，侵蔽陽明，則日蝕應之。《書》曰"羞用五事""建用皇極"。[1]如貌、言、視、聽、思失，[2]大中之道不立，則咎徵荐臻，[3]六極屢降。[4]皇之不極，是爲大中不立，其傳曰"時則有日月亂行"，謂朓、側匿，[5]甚則薄蝕是也。又曰"六沴之作"，[6]歲之朝曰三朝，[7]其應至重。迺正月辛丑朔日有蝕之，變見三朝之會。上天聰明，苟無其事，變不虛生。《書》曰"惟先假王正厥事"，[8]言異變之來，起事有不正也。[9]臣聞師曰，天左與王者，[10]故災異數見，以譴告之，欲其改更。若不畏懼，有以塞除，而輕忽簡誣，則凶罰加焉，其至可必。[11]《詩》曰："敬之敬之，天惟顯思，命不易哉！"[12]又曰："畏天之威，于時保之。"[13]皆謂不懼者凶，懼之則吉也。

[1]【顏注】師古曰：《周書·洪範》之言。羞，進也。皇，大也。極，中也。

[2]【顏注】師古曰：如，若也（殿本無"也"字）。

[3]【今注】咎徵：過失的報應，災禍應驗。　荐臻：接連地來到，一再遇到。

[4]【今注】六極：六種極凶惡之事。《尚書·洪範》："六極：一曰凶短折，二曰疾，三曰憂，四曰貧，五曰惡，六曰弱。"

[5]【顏注】孟康曰：胱，行疾也。側匪（匪，蔡琪本、殿本作"慝"，正文同），行遲也。師古曰：胱，吐了反（大德本、殿本"吐"前有"音"字）。

[6]【顏注】師古曰：沴，惡氣也，音戾。【今注】六沴：謂六氣不和。氣不和而相傷爲沴。六氣指陰、陽、風、雨、晦、明。

[7]【顏注】師古曰：歲之朝，月之朝，日之朝，故曰三朝。【今注】三朝：正月一日。

[8]【顏注】師古曰：《商書·高宗肜日》之辭（大德本、殿本句末有"也"字）。假，至也。言先代至道之王必正其事。

[9]【今注】起事：辦事。

[10]【顏注】師古曰："左"讀曰"佐"（左，蔡琪本、大德本、殿本作"右"；佐，蔡琪本、大德本、殿本作"佑"，下同不注）。佐，助也。【今注】案，蔡琪本、大德本、殿本"左"作"右"。《漢書考正》宋祁據本書卷八二《王商傳》"擁佑太子"，顏師古注："佑，助也。"以爲凡右爲親，左爲遠，故左遷、左道皆離背去正之義。是不得訓左爲助。王念孫《讀書雜志·漢書十三》以爲宋祁説非。古無"佐"字，但作"左"。《説文》："左，ナ手相左也，從ナ工。"《爾雅》曰："詔、亮、左、右、相，導也。詔、相、導、左、右、助，勴也。左、右，亮也。"凡經典中"佐""佑"字皆作"左""右"。顏師古注本書卷七三《韋玄成傳》、卷八六《師丹傳》均云"左右，助也。左讀曰佐。右讀曰佑"。

[11]【顏注】師古曰：言輕忽天戒，簡傲欺誣者，其罰必至。【今注】塞除：堵塞並消除。

[12]【顏注】師古曰：《周頌·敬之》篇。顯，明也。思，辭也。言天甚明察，宜敬之，以承受天命甚難。

[13]【顏注】師古曰：《周頌·我將》之詩。言必敬天之威，於是乃得安。

　　陛下聖德聰明，兢兢業業，[1]承順天戒，敬畏變異，勤心虛己，延見群臣，[2]思求其故，然後敕躬自約，[3]總正萬事，放遠讒説之黨，援納斷斷之介，[4]退去貪殘之徒，進用賢良之吏，平刑罰，薄賦斂，恩澤加於百姓，誠爲政之大本，應變之至務也。天下幸甚。《書》曰"天既付命正厥德"，[5]言正德以順天也。又曰"天棐諶辭"，[6]言有誠道，天輔之也。明承順天道在於崇德博施，加精致誠，孳孳而已。[7]俗之祈禳小數，終無益於應天塞異，销禍興福，[8]較然甚明，無可疑惑。[9]

[1]【顏注】師古曰：兢兢，戒也。業業，危也。

[2]【今注】延見：召見，引見。

[3]【今注】敕躬：敕身。敕，同“飭”，整頓。

[4]【顏注】師古曰：援，引也。斷斷，專壹之皃（皃，蔡琪本、大德本、殿本作“貌”，同）。介，謂一介之人。援，音“爰”。【今注】斷斷之介：典出《尚書·秦誓》。周壽昌《漢書注校補》補釋曰：《尚書·秦誓》“如有一介臣，斷斷猗”。王先謙《漢書補注》補釋曰：《尚書》“庶頑讒説”。

[5]【顏注】師古曰：《商書·高宗肜日》之辭。言既受天命，宜正其德。

[6]【顏注】師古曰：《周書·大誥》之辭。棐，輔也。諶，誠也。諶辭，至誠之辭也。棐，音“匪”。諶，上林反（蔡琪本、大德本、殿本“上”前有“音”字）。

[7]【顏注】師古曰：孳孳，不怠也。孳，音“茲”。

[8]【顏注】師古曰：祈，求福也。禳，除禍也。

[9]【顏注】師古曰：較，明貌也，音“角”。

書奏，上説，[1]賜光束帛，[2]拜爲光禄大夫，[3]秩中二千石，給事中，位次丞相。詔光舉可尚書令者封上，光謝曰：“臣以朽材，前所歷位典天職，[4]卒無尺寸之效，[5]幸免罪誅，全保首領，[6]今復拔擢，備内朝臣，與聞政事。[7]臣光智謀淺短，犬馬齒歲，[8]誠恐一旦顛仆，無以報稱。[9]竊見國家故事，尚書以久次轉遷，非有踔絶之能，不相踰越。[10]尚書僕射敞，公正勤職，通敏於事，可尚書令。謹封上。”

[1]【顔注】師古曰："説"讀曰"悦"。

[2]【今注】束帛：捆爲一束的五匹帛。

[3]【今注】案，楊樹達《漢書窺管》："時光議丞相王嘉迷國不道，見《嘉》及《兩龔傳》。"

[4]【今注】天職：指丞相。天，蔡琪本、大德本、殿本作"大"。

[5]【顔注】師古曰：辛，終也。

[6]【今注】首領：頭和脖子。

[7]【顔注】師古曰："與"讀曰"豫"。

[8]【顔注】師古曰：畫，老也，讀與"耋"同。今書本有作"截"字者，俗寫誤也。

[9]【顔注】師古曰：稱，副也。

[10]【顔注】師古曰：踔，高遠也，音竹角反。

　　敞以舉故，爲東平大守。[1]敞姓成公，東海人也。[2]光爲大夫月餘，丞相嘉下獄死，[3]御史大夫賈延免。光復爲御史大夫，二月爲丞相，復故國博山侯。上迺知光前免非其罪，以過近臣毀短光者，[4]免傅嘉，[5]曰："前爲侍中，毀譖仁賢，誣愬大臣，[6]令俊艾者久失其位。[7]嘉傾覆巧僞，挾姦以罔上，崇黨以蔽朝，傷善以肆意。[8]《詩》不云乎？'讒人罔極，交亂四國。'[9]其免嘉爲庶人，歸故郡。"

[1]【今注】東平大守：錢大昭《漢書辨疑》曰："王國有相，無太守。此言太守者，東平王雲以建平三年有罪國除，至開明嗣封在元始元年，其間爲郡者四五年，敞爲郡守正當其時。"大，蔡琪本、大德本、殿本作"太"。

〔2〕【今注】案，錢大昭《漢書辨疑》曰："《廣韻》作'東郡人'。"陳直《漢書新證》據《文選》卷一八成公綏《嘯賦》，李善注："東郡人。"《晉書》卷九二《文苑傳》："成公綏字子安，東郡白馬人。"又隋煬帝大業七年（611）成公夫人墓志云："東郡之介族。"以爲東海疑東郡之誤字，《廣韻》亦作成公敞東郡人。

〔3〕【顏注】師古曰：王嘉也。

〔4〕【今注】過：王先謙《漢書補注》曰："過，責也。"

〔5〕【今注】案，《漢書考正》宋祁曰："'免'字上當有'復'字。"

〔6〕【今注】誣詆：誣告。

〔7〕【顏注】師古曰："艾"讀曰"乂"。【今注】俊艾：才德出衆的人。

〔8〕【顏注】師古曰：肆，極也。

〔9〕【顏注】師古曰：《小雅·青蠅》之詩。解在《車千秋傳》。

明年，定三公官，[1]光更爲大司徒。[2]會哀帝崩，大皇大后以新都侯王莽爲大司馬，[3]徵立中山王，是爲平帝。帝年幼，大后稱制，委政於莽。初，哀帝罷黜王氏，故大后與莽怨丁、傅、董賢之黨。[4]莽以光爲舊相名儒，天下所信，大后敬之，備禮事光。所欲搏擊，[5]輒爲草，以大后指風光令上之，[6]匡皆莫不誅傷。[7]

〔1〕【今注】定三公官：本書卷一一《哀紀》："五月，正三公官分職。大司馬衛將軍董賢爲大司馬，丞相孔光爲大司徒，御史大夫彭宣爲大司空，封長平侯。"

[2]【今注】案，楊樹達《漢書窺管》："時董賢過光，光拜謁送迎，哀帝喜，遂拜光兩兄子爲諫大夫，見《賢傳》。"

[3]【今注】案，楊樹達《漢書窺管》："哀帝崩時，太后詔，公卿舉可大司馬者，光舉莽，見《莽傳》。又哀帝崩時，光劾奏張由史立，見《外戚傳》。"

[4]【今注】丁傅：漢哀帝母丁氏族與皇后傅氏族。

[5]【今注】搏擊：彈劾，懲處。

[6]【顏注】師古曰：謂文書之槀草也（也，殿本無此字）。"風"讀曰"諷"。次下亦同。

[7]【顏注】師古曰：厓，音"崖"。眥，音"漬"。厓，又五懈反（蔡琪本、大德本、殿本"五"前有"音"字）。眥，又仕懈反（蔡琪本、大德本、殿本"仕"前有"音"字）。解具在《杜欽傳》（殿本無"解"字）。【今注】厓眥：睚眥。怒時瞪目。借指極小的仇恨。《漢書考正》宋祁曰引王觀國《學林》云："《史記·游俠傳》曰'以睚眦殺人'，此用'厓'者，省文也。"何焯《義門讀書記》卷一九曰："細尋《莽傳》，當元始初政，非光爲言，則莽猶不能必得之於元后也。"

莽權日盛，光憂懼不知所出，上書乞骸骨。莽白大后："帝幼少，宜置師傅。"徙光爲帝大傅，位四輔，[1]給事中，領宿衞供養，行內[2]署門戶，[3]省服御食物。[4]明年，徙爲大師，[5]而莽爲大傅。光常稱疾，不敢與莽並。有詔朝朔望，領城門兵。

[1]【今注】四輔：西漢時爲太師、太傅、太保、少傅合稱，平帝時置。以太傅領四輔事，總攬朝政。位居三公上。

[2]【顏注】師古曰：行內，行在所之內中，猶言禁中也。

[3]【今注】案，王先謙《漢書補注》引《資治通鑑》胡三省

注曰："'行内署門户'當爲一句，此宿衞事也；'省服御食物'，則
供養事也。文理甚明。師古誤斷其句，因曲爲之説耳。"沈欽韓
《漢書疏證》以爲本書卷九九下《王莽傳下》"更始將軍史諶行諸
署"與此同義。

[4]【顔注】師古曰：省，視也。

[5]【今注】案，楊樹達《漢書窺管》："時光與莽議復長安南
北郊，又與莽議定地祇名及五帝兆居，並見《郊祀志》。"

　莽又風群臣奏莽功德，[1]稱宰衡，[2]位在諸侯王上，
百官統焉。光愈恐，固稱疾辭位。大后詔曰："大師
光，[3]聖人之後，先師之子，德行純淑，道術通明，居
四輔職，輔道于帝。[4]今年耆有疾，俊艾大臣，惟國之
重，其猶不可以闕焉。[5]《書》曰'無遺耆老'，[6]國
之將興，尊師而重傅。其令大師母朝，[7]十日一賜餐。
賜太師靈壽杖，[8]黄門令爲大師省中坐置几，[9]大師入
省中用杖，賜餐十七物，[10]然後歸老于弟，官屬按職
如故。"[11]

[1]【今注】風（fěng）：風勸。

[2]【今注】宰衡：西漢平帝時加王莽號。王莽因伊尹爲阿
衡，周公爲太宰，故采此二人稱號爲宰衡，加於安漢公之上以自
尊。宰衡位上公，在諸侯王上，掾史秩六百石。

[3]【今注】案，大師，蔡琪本、大德本、殿本作"太師"。
下同不注。

[4]【顔注】師古曰："道"讀曰"導"。

[5]【顔注】師古曰："艾"讀曰"乂"（艾讀曰乂，殿本作
"乂讀曰艾"）。

　　[6]【顏注】師古曰：《周書·召誥》之辭。言不遺老成之人也。【今注】耇（gǒu）：老年人。

　　[7]【今注】母："毋"的異體字。

　　[8]【顏注】孟康曰：扶老杖也。服虔曰：靈壽，木名。師古曰：木似竹（殿本無"似竹"二字），有枝節，長不過八九尺，圍三四寸，自然有合杖制，不須削治也（殿本"不"後有"似竹"二字）。【今注】靈壽杖：《藝文類聚》卷六九載王粲《靈壽杖頌》："茲杖靈木，以介眉壽，奇幹貞正，不待矯輮，據斯直杖，杖之爰茂。"宋周密《癸辛雜識》："靈壽杖出西域，自黃河隨流而出，不知爲何木。其輕如竹，而性極堅韌。又有頳柳，色如紅玉，亦可爲杖，能辟雷，每雷作時，杖頭皆有火光，殊不可曉。又有大桃核如升，可以破而爲碗，皆自黃河流下，不知何國物也。"

　　[9]【今注】黃門令：漢置，宦者，掌省中諸宦者。俸六百石。　几：矮桌子。

　　[10]【顏注】師古曰：食具有十七種物。

　　[11]【顏注】師古曰：言十日一入朝，受此寵禮。它日則常在家自養，而其屬官依常各行職務。

　　光凡爲御史大夫、丞相各再，壹爲大司徒、大傅、大師，[1]歷三世，[2]居公輔位前後十七年。自爲尚書，止不教授，後爲卿，時會門下大生講問疑難，[3]舉大義云。其弟子多成就爲博士大夫者，見師居大位，幾得其助力，[4]光終無所薦舉，至或怨之。其公如此。光年七十，元始五年薨。莽白大后，使九卿策贈以大師博山侯印綬，賜乘輿祕器，金錢雜帛，[5]少府供張，諫大夫持節與謁者二人使護喪事，博士護行禮。大后亦遣中謁者持節視喪。[6]公卿百官會弔送葬。載以乘輿輼輬及副各一乘，[7]羽林孤兒諸生合四百人輓送，[8]車萬餘兩，道路皆舉音以過喪。[9]將作穿復土，[10]可甲卒五百人，[11]起墳如大將軍王鳳制度。諡曰簡烈侯。

　　[1]【今注】案，大傅、大師，蔡琪本、大德本、殿本作“太傅、太師”。下同不注。

　　[2]【今注】三世：三代帝王。

　　[3]【今注】大生：王先謙《漢書補注》引蘇輿曰：“大生猶言高弟。”

　　[4]【顏注】師古曰：“幾”讀曰“冀”。

　　[5]【今注】雜帛：用色絲織就的絲織品。

　　[6]【今注】中謁者：掌賓贊受事。屬少府，秩六百石。

　　[7]【顏注】師古曰：輼輬車及副各一乘也。輼輬，解具在《霍光傳》。【今注】輼輬：本書卷六八《霍光傳》“載光尸柩以輼輬車”，文穎曰：“輼輬車，如今喪轜車也。”孟康曰：“如衣車有窗牖，閉之則溫，開之則涼，故名之輼輬車也。”臣瓚曰：“秦始皇道崩，祕其事，載以輼輬車，百官奏事如故，此不得是轜車類也。案杜延年奏，載霍光柩以輬車，駕大厩白虎駟，以輼車駕大厩白鹿駟爲倅。”顏師古曰：“輼輬本安車也，可以臥息。後因載喪，飾以柳翣，故遂爲喪車耳。輼者密閉，輬者旁開窗牖，各別一乘，隨事爲名。後人既專以載喪，又去其一，總爲藩飾，而合二名呼之耳。倅，副也，音千内反。”

　　[8]【今注】羽林孤兒：漢置禁軍，掌侍衞送從。本書《百官公卿表上》：“羽林掌送從，次期門，武帝太初元年初置，名曰建章營騎，後更名羽林騎。又取從軍死事之子孫養羽林，官教以五兵，號曰羽林孤兒。”　輓送：引喪車送葬。

　　[9]【顏注】師古曰：喪到之處，行道之人皆舉音哭，顯過迺止也（顯，蔡琪本、殿本作“須”；大德本“止”後無“也”

字）。

[10]【今注】將作：官署。秦有將作少府，漢景帝時改稱將作大匠。掌修作宗廟、路寢、宮室、陵園土木工程。　復土：謂掘穴下棺，以所出土覆於棺上爲墳，建陵墓。

[11]【今注】可甲卒：《漢書考正》劉奉世疑“可”字非。王念孫《讀書雜志・漢書十三》以爲“可甲”當爲“河東”之誤也。此謂將作穿復土，用河東卒五百人。本書卷六八《霍光傳》云“發三河卒，穿復土”，與此事同例。《太平御覽・禮儀部》引此正作“河東卒”。陳直《漢書新證》：“可疑以字之誤，王念孫疑可甲二字，爲河東之誤字，未可信也。”

初，光以丞相封，後益封，凡食邑萬一千户。疾甚，[1]上書讓還七千户，及還所賜一弟。子放嗣。[2]莽篡位後，以光兄子永爲大司馬，封侯。昆弟子至卿大夫四五人。始光父霸以初元元年爲關內侯食邑。霸上書求奉孔子祭祀，元帝下詔曰：“其令師褒成君關內侯霸以所食邑八百户祀孔子焉。”故霸還長子福名數於魯，[3]奉夫子祀。霸薨，子福嗣。福薨，子房嗣。房薨，子莽嗣。元始元年，封周公、孔子後爲列侯，食邑各二千户。莽更封爲褒成侯，後避王莽，更名均。

[1]【今注】案，疾，蔡琪本、大德本、殿本作“病”。

[2]【今注】子放：陳直《漢書新證》據隋煬帝大業八年（612）河陽都尉孔神通墓志云：“孔霸子光封博山侯，子收襲爵，漢平帝改封收男均爲博山侯。”以爲“放”“收”二字形近易誤，當以墓志作孔收爲是。

[3]【今注】案，蔡琪本、大德本、殿本“長”後有“安”

字。《漢書考正》宋祁曰："江南、淳化本作'長安'。浙本無'安'字。晏公論羨'安'字甚堅。浙本作'遷長子福名數於魯'。案，霸既詔許以八百户祀孔子，即是令長子福遷名數於魯，以千八百户爲祀矣。雖浙本作'遷'，'遷'與'還'小異而大同。言'長安'則後人妄添，且復終始無義。昔潁川陳彭年亦以'安'字爲衍。龔子曰：'長，如字。凡以"安"爲衍字者，誤以"長"爲長幼之長也。福雖霸之長子，然此傳前言霸於魯"徙名數於長安"，此言"還長安子福名數"，其義自明，無可疑者。當從江南本。'"王念孫《讀書雜志·漢書第十三》云："案，陳、晏、宋説皆是也。或引龔説，以此傳前言霸'徙名數於長安'，故此言'還長安子福名數'，其説殊謬，不足辯。景祐本及《御覽·禮儀部四》所引並作'長子福'，無'安'字。"王先謙校，殿本"長"下有"安"字。

　　馬宮字游卿，東海戚人也。[1]治《春秋》嚴氏，[2]以射策甲科爲郎，遷楚長史，[3]免官。後爲丞相史司直。[4]師丹薦宮行能高絜，[5]遷廷尉平，[6]青州刺史，[7]汝南、九江大守，[8]所在見稱。徵爲詹事，光禄勳，[9]右將軍，代孔光爲大司徒，[10]封扶德侯。光爲太師薨，宮復代光爲大師，兼司徒官。

　　[1]【今注】戚：縣名。秦置。治所在今山東臨沂市西南。
　　[2]【今注】治春秋嚴氏：周壽昌《漢書注校補》曰："《儒林傳》，眭孟弟子以嚴彭祖、顏安樂爲明。安樂授淮陽泠豐，豐授馬宮。《春秋》自分嚴氏、顏氏兩家學。此當云'治《春秋》顏氏'，不當云'嚴氏'也。"
　　[3]【今注】長史：王國長史。王國相置長史，爲相之佐官。
　　[4]【今注】丞相史司直：武帝時置，掌佐丞相舉不法。俸比

二千石。

[5]【今注】行能高絜：陳直《漢書新證》：“行能高絜與《馮野王傳》之屢言行能高妙，疑皆當時考績及公牘薦舉之習俗語。”

[6]【今注】廷尉平：王先謙《漢書補注》曰：“《百官表》，廷尉左右平，秩皆六百石，宣帝置。”

[7]【今注】青州：西漢武帝置“十三刺史部”之一。轄境相當今山東齊河縣以東，馬頰河以南，濟南、臨朐、安丘、高密、萊陽、棲霞、乳山等市縣以北、以東和河北吳橋縣地。

[8]【今注】汝南：西漢高帝時置，治上蔡縣（今河南上蔡縣西南）。　九江：秦置，治壽春縣（今安徽壽縣）。　案，大守，蔡琪本、大德本、殿本作“太守”。

[9]【今注】案，楊樹達《漢書窺管》：“宮爲光禄勳，議劾王嘉迷國罔上，見《嘉傳》。”

[10]【今注】案，楊樹達《漢書窺管》：“時宮與莽議定地祇名及五帝兆居，見《郊祀志》。優士薦陳遵，見《游俠傳》。辟胡剛，見《後書·胡廣傳》。”

初，宮哀帝時與丞相御史雜議帝祖母傅大后謚，及元始中，王莽發傅大后陵徙歸定陶，以民葬之，追誅前議者。宮爲莽所厚，獨不及，内慙懼，上書謝罪乞骸骨。莽以大皇大后詔賜宮策曰：“大師大司徒扶德侯上書言‘前以光禄勳議故定陶共王母謚，曰“婦人以夫爵尊爲號，謚宜曰孝元傅皇后，稱渭陵東園”’。[1]臣知妾不得體君，卑不得敵尊，而希指雷同，詭經辟説，[2]以惑誤上。爲臣不忠，當伏斧鉞之誅，幸蒙洒心自新，[3]又令得保首領。伏自惟念，入稱四輔，出備三公，爵爲列侯，誠無顔復望闕廷，[4]無心復居官府，無宜復食國邑。願上大師大司徒扶德侯印綬，避賢者路'。下君章有司，皆以爲四輔之職爲國維綱，[5]三公之任鼎足承君，不有鮮明固守，無以居位。如君言至誠可聽，惟君之惡在洒心前，不敢文過，朕甚多之，[6]不奪君之爵邑，以著'自古皆有死'之義。[7]其上大師大司徒印綬使者，以侯就弟。"王莽篡位，以宮爲太子師，卒官。本姓馬矢，宮仕學，稱馬氏云。[8]

[1]【今注】渭陵：漢元帝陵墓。在今陝西咸陽市北。

[2]【顏注】師古曰：詭，違。"辟"讀曰"僻"。

[3]【顏注】師古曰：洒，先禮反（蔡琪本、大德本、殿本"先"前有"音"字）。【今注】洒心：猶言"洗心"。蕩滌心中的雜念，徹底悔改。

[4]【今注】闕廷：朝廷。亦借指京城。

[5]【今注】維綱：綱紀，法度。

[6]【顏注】師古曰：多猶重也。

[7]【顏注】孟康曰：以宮上書不文過爲信，不奪其爵邑。師古曰：《論語》載孔子言曰："自古皆有死，民無信不立"，故引之。【今注】自古皆有死：語見今本《論語·顏淵》。

[8]【今注】馬矢：何焯《義門讀書記》卷一九曰："宮與平晏事莽，尤儒之賤者，著此以別於他馬。"沈欽韓《漢書疏證》以爲"漢有執金吾馬適建"，"矢"或爲"適"之音轉。楊樹達《漢書窺管》以爲宮正以馬糞爲嫌，故改稱馬氏。據本書卷七五《京房傳》："房本姓李，推律，自定爲京氏"，以爲自易姓氏，爲常見事，沈欽韓求之過深。陳直《漢書新證》據《十鐘山房印舉》有"馬矢喜"穿帶印，其一面文爲"臣喜"二字。又有"馬矢況""馬矢何""馬矢欸""馬矢莫如"等印。羅福頤《漢印文字徵》有"馬

矢恢"印。足證馬矢爲兩漢通常習見之姓。

　　贊曰：自孝武興學，公孫弘以儒相，[1]其後蔡義、韋賢、玄成、匡衡、張禹、翟方進、孔光、平當、馬宮及當子晏咸以儒宗居宰相位，[2]服儒衣冠，[3]傳先王語，其醞藉可也，[4]然皆持禄保位，被阿諛之譏。彼以古人之迹見繩，烏能勝其任乎！[5]

[1]【今注】公孫弘：傳見本書卷五八。

[2]【今注】蔡義：傳見本書卷六六。　韋賢玄成：韋賢及其子韋玄成。傳見本書卷七三。

[3]【顏注】師古曰：方領逢掖之衣（師古，蔡琪本、大德本、殿本作"孟康"）。

[4]【顏注】師古曰：醞藉，謂如醞釀及薦藉，道其寬博重厚也。醞，於問反（蔡琪本、大德本、殿本"於"前有"音"字）。藉，才夜反（蔡琪本、大德本、殿本"才"前有"音"字）。【今注】醞藉：寬和有涵容。本書卷七一《薛廣德傳》："廣德爲人温雅有醞藉。"顏師古注曰："醞，言如醞釀也。藉，有所薦藉也。"錢大昭《漢書辨疑》據《儀禮·聘禮》鄭玄注："藉，謂繅也。繅，所以縕藉也。"本書卷九〇《酷吏傳》稱義縱"少温藉"，師古曰："言無所含容也。"《史記》作"藴藉"。王念孫《讀書雜志·漢書第十六》以爲服説及顏注《酷吏傳》是。温藉者，含蓄有餘之意。或作"醞藉"，又作"藴藉"。不必分醞爲醞釀，藉爲薦藉也。《毛詩·小宛》"飲酒温克"，《鄭箋》："飲酒雖醉，猶能温藉自持以勝。"《禮記·禮器》"故禮有擯詔，樂有相步，温之至也"，鄭注："皆爲温藉重禮也。"含蓄謂之温藉，故和柔亦謂之温藉。《禮記·內則》"柔色以温之"，鄭注："温藉也。"音轉之則爲慰藉。

[5]【顏注】如淳曰：迹，謂既明且哲也。繩，謂抨彈之也。
師古曰：古人之迹，謂直道以事人也。烏，何也。抨，普耕反。
【今注】古人之迹：何焯《義門讀書記》卷一九曰："古人之迹，謂
以道事君，不可則止。"

漢書　卷八二

王商史丹傅喜傳第五十二

　　王商字子威，涿郡蠡吾人也，[1]徙杜陵。[2]商父武，武兄無故，皆以宣帝舅封。[3]無故爲平昌侯，[4]武爲樂昌侯。[5]語在《外戚傳》。

　　[1]【顏注】師古曰：蠡音禮。【今注】涿郡：郡名。治涿縣（今河北涿州市）。　蠡（ǐ）吾：縣名。治所在今河北博野縣西南。據本書卷九七《外戚傳上》，王商祖母姕人係涿郡蠡吾縣平鄉人，先嫁本鄉人王更得，後嫁涿郡廣望侯國（今河北清苑縣西南）人王迺始，生子王無故、王武（王商之父）及女王翁須（宣帝生母）。據此，王商籍貫似當從父祖，爲涿郡廣望。
　　[2]【今注】杜陵：此指杜陵縣，治所在今陝西西安市雁塔區曲江街道辦事處三兆村西北。杜陵爲漢宣帝劉詢陵墓，因陵置縣。
　　[3]【今注】宣帝：即漢宣帝劉恂。紀見本書卷八。
　　[4]【今注】平昌：侯國名。治所在今山東臨邑縣東北。
　　[5]【今注】樂昌：侯國名。治所在今河南南樂縣西北。

　　商少爲太子中庶子，[1]以肅敬敦厚稱。父薨，商嗣爲侯，推財以分異母諸弟，身無所受，居喪哀慽。[2]於是大臣薦商行可以屬群臣，義足以厚風俗，宜備近臣。

繇是擢爲諸曹侍中中郎將。[3]元帝時，[4]至右將軍、光禄大夫。[5]是時，定陶共王愛幸，幾代大子。[6]商爲外戚重臣輔政，擁佑太子，頗有力焉。[7]

[1]【今注】太子中庶子：官名。職如天子侍中，侍從太子，員五人。秩六百石。

[2]【今注】憾：同"戚"。悲傷。

[3]【顏注】師古曰：繇讀與由同。【今注】諸曹侍中中郎將：官名。中郎將爲郎中令（光禄勳）屬官，有五官中郎將、左中郎將、右中郎將三種，分管侍衛皇帝的諸郎，秩比二千石。諸曹、侍中皆爲加官。諸曹即左右曹，受尚書事。侍中得出入禁中，地位高於諸曹。中郎將加上諸曹、侍中之號，就成爲親近皇帝、參議政務的中朝官。王先謙《漢書補注》："爲中郎將而加諸曹、侍中也。加諸曹得受尚書事，加侍中得出入禁中。"

[4]【今注】元帝：即漢元帝劉奭。紀見本書卷九。

[5]【今注】右將軍：高級武官名號。漢代有前、後、左、右將軍，本爲大規模作戰時大將軍麾下裨將臨時名號，各統一軍，以方位命名，事訖即罷。武帝之後常置但不並置，或有前、後，或有左、右。職在典兵宿衛，亦任征伐之事。通過兼職或加官預聞政事，參與中朝決策。四將軍並位上卿，金印紫綬。位次在大將軍、驃騎將軍、車騎將軍、衛將軍之後。右將軍地位不及左將軍尊顯。

光禄大夫：官名。漢武帝時改中大夫置，掌顧問應對，常奉詔出使。屬光禄勳，秩比二千石。據本書《百官公卿表下》，成帝建始三年（前30）"右將軍王商爲左將軍"，可知"右將軍光禄大夫"是指王商以右將軍兼任光禄大夫，不是由右將軍遷光禄大夫。然又據《史記·漢興以來將相名臣年表》，元帝永光三年（前41）"侍中光禄大夫樂昌侯王商爲右將軍"，則似任光禄大夫在先，任右將軍在後。另，楊樹達《漢書窺管》據本書卷六四下《賈捐之傳》

"元帝初元元年，珠厓又反，發兵擊之。諸縣更叛，連年不定。……上使侍中駙馬都尉樂昌侯王商詰問捐之"，判斷王商爲右將軍前曾任侍中駙馬都尉。

[6]【顏注】師古曰：共讀曰恭。幾，鉅依反（中華本"鉅"前有"音"字）。【今注】定陶共（gōng）王：即劉康。漢元帝傅昭儀之子。傳見本書卷八〇。　大子：太子。

[7]【顏注】師古曰：佑，助也。

　　元帝崩，成帝即位，[1]甚敬重商，徙爲左將軍。[2]而帝元舅大司馬大將軍王鳳顓權，[3]行多驕僭。商論議不能平鳳，鳳知之，亦疏商。建始三年秋，[4]京師民無故相驚，言大水至，百姓奔走相蹂躪，[5]老弱號呼，[6]長安中大亂。天子親御前殿，[7]召公卿議。大將軍鳳以爲太后與上及後宫可御船，[8]令吏民上長安城以避水。群臣皆從鳳議。左將軍商獨曰："自古無道之國，水猶不冒城郭。[9]今政治和平，世無兵革，上下相安，何因當有大水一日暴至？此必訛言也，[10]不宜令上城，重驚百姓。"[11]上迺止。有頃，長安中稍定，問之，果訛言。上於是美壯商之固守，數稱其議。而鳳大慚，自恨失言。

[1]【今注】成帝：即漢成帝劉驁。紀見本書卷一〇。

[2]【今注】左將軍：高級武官名號。漢代有前、後、左、右將軍，爲大規模作戰時大將軍麾下裨將臨時名號，各統一軍，以方位命名，事訖即罷。武帝之後常置但不並置，或有前、後，或有左、右。職在典兵宿衛，亦任征伐之事。通過兼職或加官預聞政事，參與中朝決策。四將軍並位上卿，金印紫綬。位次在大將軍、

驃騎將軍、車騎將軍、衛將軍之後。左將軍尊於右將軍。

　　[3]【今注】元舅：大舅。　大司馬：官名。《周禮·夏官》有大司馬，掌邦政。漢承秦制，置太尉，掌武事，爲國家最高武官，與丞相、御史大夫並處三公之位，不常置。武帝罷太尉置大司馬，無印綬，無官屬，以大將軍衛青、驃騎將軍霍去病功多，特以大司馬冠將軍之號，以示尊崇。武帝之後，朝廷常以此職授予掌權的外戚，多與大將軍、驃騎將軍、車騎將軍、衛將軍等聯稱，權威漸重。所冠將軍往往領尚書事，既是中朝官領袖，也是掌握國家軍政大權的首席大臣，班在丞相之次，權在丞相之上。成帝、哀帝時期兩次改革官制，大司馬得賜印綬，開府置屬，俸禄增至與丞相同級，擺脱加官屬性，成爲具有獨立地位的“三公”要職。　大將軍：戰國秦至西漢前期本爲將軍的最高稱號，非常設，遇有戰事時負責統兵作戰，事畢即罷。武帝之後漸成常設性高級軍政官職，其前多冠以大司馬，領尚書事，秩萬石，位高權重，事實上成爲最高行政長官。多由貴戚擔任。　王鳳：字孝卿，西漢東平陵（今山東濟南市東）人。元帝皇后王政君兄。初爲衛尉，襲父爵陽平侯（侯國治所在今山東莘縣）。成帝即位，拜大司馬大將軍，領尚書事。專斷朝政十一年。事迹詳本書卷九八《元后傳》。

　　[4]【今注】建始：漢成帝年號（前32—前28）。

　　[5]【顏注】師古曰：踩，踐也。躪，轢也。踩，人九反。躪音蘭。

　　[6]【顏注】師古曰：呼，火故反（蔡琪本、大德本、殿本作“火”前有“音”字）。

　　[7]【今注】前殿：此指未央宮前殿，主要用於皇帝即位、大喪、立皇后、朝賀、拜大臣等重大禮儀活動及皇帝親御的重要議事會議。爲未央宮主體建築，《三輔黃圖》記其規模爲“東西五十丈，深十五丈，高三十五丈”。考古所見“未央宮第1號遺址”（詳見中國社會科學院考古研究所編著《漢長安城未央宮——

1980—1990 年考古發掘報告》，中國大百科全書出版社 1996 年版，第 15 頁）上有南北向排列的三座大型宮殿基址，中部基址面積最大，南部基址較小，北部基址最小。其與未央前殿的對應關係，衆説不一。或以爲前殿實由 1 號遺址上的南、中、北三座宮殿組成，其中南部宮殿當爲舉行大典之用，或者爲"外朝"之地；中部宮殿當爲"宣室"之故址，北部宮殿可能爲皇帝之"後寢"（詳見劉慶柱、李毓芳《漢長安城》，文物出版社 2003 年版，第 66 頁）。或以爲 1 號遺址面積最大的中部基址是前殿遺址，北部基址當爲宣室殿遺址，南部基址可能是一座門（詳見陳蘇鎮《未央宮四殿考》，《歷史研究》2016 年第 5 期）。或以爲南部宮殿是"前殿"，中部宮殿是"宣室殿"（路寢），北部宮殿是"後殿"（詳見楊鴻勛《建築考古學論文集（增訂版）》，清華大學出版社 2008 年版，第 240—241 頁）。

［8］【今注】太后：即元帝皇后王政君。傳見本書卷九八。

［9］【顔注】師古曰：冒，蒙覆也。

［10］【顔注】師古曰：訛，僞也。【今注】訛言：不實之言。漢代的"訛言"多爲民間流傳的未經證實的説法，往往具有怪誕妖異的色彩。（詳參吕宗力《漢代的流言與訛言》，《歷史研究》2003年第 2 期）

［11］【顔注】師古曰：重，直用反（蔡琪本、大德本、殿本作"直"前有"音"字）。

明年，商代匡衡爲丞相，[1]益封千户。天子甚尊任之。爲人多質有威重，[2]長八尺餘，[3]身體鴻大，容貌甚過絶人。河平四年，[4]單于來朝，引見白虎殿。[5]丞相商坐未央廷中，單于前，拜謁商。[6]商起，離席與言，單于仰視商貌，大畏之，遷延却退。[7]天子聞而歎曰："此真漢相矣！"

[1]【今注】匡衡：傳見本書卷八一。

[2]【顏注】師古曰：多質，言不爲文飾。

[3]【今注】八尺：漢一尺約當今 23 釐米，八尺約當今 184 釐米。

[4]【今注】河平：漢成帝年號（前 28—前 25）。

[5]【顏注】師古曰：在未央宮中。【今注】白虎殿：宮殿名。當在未央宮前殿西南漸臺附近。（詳參何清谷《三輔黃圖校釋》，中華書局 2005 年版，第 118 頁）

[6]【顏注】師古曰：單于將見天子，而經未央廷中過也。

[7]【今注】遷延：徘徊不前之狀。

　　初，大將軍鳳連昏楊肜爲琅邪太守，[1]其郡有災害十四已上，[2]商部屬按問。[3]鳳以曉商[4]曰：“災異天事，非人力所爲。肜素善吏，宜以爲後。”[5]商不聽，竟奏免肜，奏果寢不下。[6]鳳重以是怨商，[7]陰求其短，使人上書言商閨門内事。天子以爲暗昧之過，不足以傷大臣，鳳固爭，下其事司隸。[8]

　　[1]【顏注】如淳曰：連昏者，婚家之婚親也（婚，殿本作“昏”）。【今注】連昏：即連婚。有婚姻關係的兩家，彼此稱連婚。“昏”，同“婚”。　琅邪：郡名。治東武縣（今山東諸城市）。一說治琅邪縣（今山東青島市黃島區西南）。

　　[2]【今注】災害十四已上：十四，又作“什四”，意即十分之四。已上，即“以上”。漢制規定，郡縣受災農田達到十分之四即爲重災，應當免收租賦，如本書卷一〇《成紀》載成帝建始元年十二月“是日大風，拔甘泉畤中大木十韋以上。郡國被災什四以上，毋收田租”。師古曰：“什四，謂田畝所收，十損其四。”成帝鴻嘉四年春正月詔曰：“農民失業，怨恨者衆，傷害和氣，水旱爲

災。關東流冗者衆，青、幽、冀部尤劇……被災害什四以上，民貲不滿三萬，勿出租賦。逋貸未入，皆勿收。”卷一一《哀紀》載成帝綏和二年秋詔曰：“乃者河南、潁川郡水出，流殺人民，壞敗廬舍。……其令水所傷縣邑及他郡國災害什四以上，民貲不滿十萬，皆無出今年租賦。”皆是其例。又本書卷八六《何武傳》載何武爲清河太守，“數歲，坐郡中被災害什四以上免”，可證還要向地方長官問責。本文中華本點作“其郡有災害十四，已上。商部屬按問，鳳以曉商”云云，似將“已上”解爲“已經報上”，於文意未安。今將“已上”二字上屬，與“十四”相連，相應調整其中標點。

〔3〕【顏注】如淳曰：部屬猶差次。差次其屬令治之。【今注】部屬：安排屬下之人。

〔4〕【顏注】師古曰：告語也。

〔5〕【顏注】師古曰：且勿按問也。

〔6〕【今注】寢不下：天子奏疏未予批復，擱置不出。

〔7〕【顏注】師古曰：重，直用反（蔡琪本、大德本、殿本“直”前有“音”字）。【今注】重：更加。意謂程度加深。

〔8〕【今注】司隸：即司隸校尉。漢武帝時置。職掌糾察，內察京師權貴百僚，外及附近三輔（京兆、右扶風、左馮翊）、三河（河南、河內、河東）、弘農七郡之地。秩比二千石。案，隸，蔡琪本作“肄”。

先是，皇太后嘗詔問商女，欲以備後宮。時女病，商意亦難之，以病對，不入。及商以閨門事見考，自知爲鳳所中，[1]惶怖，更欲内女爲援，迺因新幸李婕妤家白見其女。[2]會日有蝕之，太中大夫蜀郡張匡，[3]其人佞巧，上書願對近臣陳日蝕咎。下朝者[4]左將軍丹等問匡，[5]對曰：“竊見丞相商作威作福，從外制中，取必於上。[6]性殘賊不仁，遣票輕吏微求人罪，[7]欲以立威，天下患苦之。前頻陽耿定上書言商與父傅通，及女弟淫亂，[8]奴殺其私夫，疑商教使。[9]章下有司，商私怨懟。[10]商子俊欲上書告商，俊妻左將軍丹女，持其書以示丹，丹惡其父子乖迕，[11]爲女求去。商不盡忠納善以輔至德，知聖主崇孝，遠別不親，[12]後庭之事皆受命皇太后，太后前聞商有女，欲以備後宮，商言有固疾，後有耿定事，更詭道因李貴人家内女。[13]執左道以亂政，[14]誣罔諝大臣節，[15]故應是而日蝕。《周書》曰：‘以左道事君者誅。’[16]《易》曰：‘日中見昧，則折其右肱。’[17]往者丞相周勃再建大功，[18]及孝文時纖介怨恨，而日爲之蝕，於是退勃使就國，卒無怵愁憂。[19]今商無尺寸之功，而有三世之寵，[20]身位三公，宗族爲列侯、吏二千石、侍中諸曹，給事禁門内，[21]連昏諸侯王，權寵至盛。審有内亂殺人怨懟之端，宜窮竟考問。臣聞秦丞相呂不韋見王無子，[22]意欲有秦國，即求好女以爲妻，陰知其有身而獻之王，産始皇帝。及楚相春申君亦見王無子，[23]心利楚國，即獻有身妻而産懷王。[24]自漢興，幾遭呂、霍之患，[25]今商有不仁之性，迺因怨以内女，其姦謀未可測度。前孝景世七國反，[26]將軍周亞夫以爲即得雒陽劇孟，[27]關東非漢之有。今商宗族權執，合貲鉅萬計，私奴以千數，非特劇孟匹夫之徒也。且失道之至，親戚畔之，閨門内亂，父子相訐，[28]而欲使之宣明聖化，調和海内，豈不繆哉！[29]商視事五年，官職陵夷，[30]而大惡著於百姓，甚虧損盛德，有鼎折足之

凶。[31]臣愚以爲聖主富於春秋，即位以來，未有懲姦
之威，加以繼嗣未立，大異並見，尤宜誅討不忠，以
遏未然。[32]行之一人，則海內震動，百姦之路塞矣。"

［1］【顏注】師古曰：中，傷也，音竹仲反。

［2］【今注】李婕妤：即李平。本爲宮中侍者，經班婕妤進薦
而得幸於漢成帝，立爲婕妤，並賜姓衛，故又稱衛婕妤。事詳本書
卷九七下《外戚傳下》。婕妤，西漢嬪妃名號，武帝時始置，位視
上卿，秩比列侯。

［3］【今注】太中大夫：官名。秦始置，居諸大夫之首。漢武
帝時次於光禄大夫，屬郎中令（光禄勳），無員額。侍從皇帝左右，
掌顧問應對，參謀議政，奉詔出使。秩比千石。多以寵臣貴戚充
任。　蜀郡：治成都縣（今四川成都市）。　張匡：本書卷七〇
《陳湯傳》記漢成帝時"弘農太守張匡坐臧百萬以上"，或即同
一人。

［4］【顏注】文穎曰：令下朝者平之也。孟康曰：中朝臣也。
師古曰：文說是也。下，胡稼反（蔡琪本、大德本、殿本"胡"
前有"音"字）。【今注】朝者：參與朝議決策的官員。案，顏師
古注將"下朝者"與"左將軍丹等問"斷開置注，劉攽、劉奉世、
齊召南、周壽昌諸家皆有疑義。詳見王先謙《漢書補注》。

［5］【顏注】師古曰：史丹也。

［6］【顏注】師古曰：意欲所行，必果之。【今注】從外制
中："外"指外朝，"中"指中朝。西漢自武帝時期開始出現中、外
朝之分，大司馬、大將軍、驃騎將軍、車騎將軍、衛將軍、左右前
後諸將軍及侍中、常侍、左右曹、諸吏、散騎、給事中等侍從近臣
屬中朝，或稱內朝，親近皇帝而有謀議決策之權；丞相、御史大夫
及九卿以下爲外朝，漸成政務執行機構。王商時爲丞相，屬外朝，
行爲有干預中朝決策之嫌，故謂"從外制中"。

[7]【顏注】師古曰：票，疾也。微謂私求之也。票，頻妙反（蔡琪本、大德本、殿本"頻"前有"音"字），又匹妙反（蔡琪本、大德本、殿本"匹"前有"音"字）。【今注】票輕：又作"勡輕"。勇悍敏捷。

[8]【顏注】師古曰：傅謂傅婢也。【今注】頻陽：縣名。治所在今陝西富平縣東北。　傅：傅婢，侍女。本書卷七二《王吉傳》"爲傅婢所毒"，師古曰："凡言傅婢者，謂傅相其衣服衽席之事。一說傅曰附，謂近幸也。"

[9]【顏注】師古曰：私夫，女弟之私與姦通者。

[10]【顏注】師古曰：懟，直類反（蔡琪本、大德本、殿本作"直"前有"音"字）。

[11]【顏注】師古曰：迕，逆也。

[12]【顏注】師古曰：遠離女色而分別之，故云不親也。

[13]【顏注】師古曰：詭，違也。【今注】詭道：違背正道。李貴人：即李婕妤。

[14]【顏注】師古曰：左道，僻左之道，謂不正。【今注】左道：邪僻之道，多指不爲官方或正統觀念認可的巫蠱、方術等。漢律，執左道亂政爲重罪，然察王商所爲，似與左道無涉，故沈家本《漢律摭疑》卷三《賊律一·大逆無道》"左道"條有云："若王商之事，與左道何涉？乃謬引經義以證其罪，而師丹等亦附和其詞，此又獄之不平者也。制曰'弗治'，而王鳳必欲去商，帝亦遂免商，此可以見鳳之顓權，而王氏篡漢已朕兆於此。"（沈家本撰，鄧經元、駢宇騫點校：《歷代刑法考》，中華書局 1985 年版，第 1430 頁）

[15]【顏注】師古曰：誖，乖也，音布内反。【今注】誣罔：言語不實，故意欺騙。漢律規定，誣罔行爲冒犯皇權，往往以"不道"罪論處，重者至腰斬、棄市。

[16]【顏注】師古曰：逸書也。

［17］【顏注】蘇林曰：日者君之象，中者明之盛，盛而昧，折去右肱之臣，用無咎也。師古曰：此《豐卦》九三爻辭也（蔡琪本、大德本、殿本無"也"字）。

［18］【今注】周勃：傳見本書卷四〇。　再建大功：周勃早年追隨劉邦，推翻秦王朝，又擊敗項羽，建立漢朝，有開國之功。後來又以太尉身份，與丞相陳平等鏟除呂氏勢力，擁立代王劉恒爲帝，有安漢之功，故稱"再建大功"。再，二，兩次。

［19］【顏注】師古曰：卒，終也。悴，古惓字。

［20］【顏注】師古曰：自宣帝至成帝凡三主。

［21］【今注】禁門：禁中之門。禁中又稱省中，是皇帝日常辦公和生活的區域。蔡邕《獨斷》："禁中者，門戶有禁，非侍御者不得入，故曰禁中。"士人無故不得進入省內，但近侍之臣則可受詔出入。

［22］【今注】呂不韋：戰國末衛國濮陽（今河南濮陽市西南）人。本爲巨賈，在邯鄲結識爲質於趙國的秦公子子楚，經苦心運作，送子楚歸秦爲太子，繼而嗣位爲王（秦莊襄王），己爲丞相，封文信侯。莊襄王死，又輔佐年幼的秦王嬴政，被尊爲相國，號稱"仲父"。嬴政親政，呂不韋遭免職，後自殺。世傳呂不韋曾將有孕在身的趙姬獻給子楚，生子即爲嬴政。事詳《史記》卷八五《呂不韋列傳》。

［23］【今注】春申君：即黃歇，戰國末期楚國權臣。楚考烈王時拜相，封以淮北十二縣之地，號爲"春申君"，與齊國孟嘗君田文、趙國平原君趙勝、魏國信陵君魏無忌齊名。史載考烈王無子，黃歇爲保富貴，將有孕在身之妾李氏獻上，後生一子，立爲太子，即後世之楚幽王。事詳《史記》卷七八《春申君列傳》。

［24］【今注】懷王：春申君獻妾所生子乃楚幽王，故此處"懷"當爲"幽"之誤。楚幽王，名熊悍，楚考烈王之子。

［25］【顏注】師古曰：幾，鉅依反（蔡琪本、大德本、殿本

作"鉅"前有"音"字)。【今注】吕霍之患：吕，指吕太后及吕氏外戚。吕太后執政時，將吕氏子弟吕産、吕禄等封侯拜官，掌控軍政，威脅到劉氏漢朝及軍功集團的利益，吕太后死，太尉周勃、丞相陳平等將相大臣聯合劉氏諸侯王，以吕氏謀亂爲由發動政變，誅滅諸吕。事詳本書卷三《高后紀》。霍，指霍光及霍氏外戚。霍光以外戚身份受命輔佐昭帝，又廢昌邑王，擁立宣帝，嫁女爲皇后，再獲外戚身份，前後執政二十餘年，權勢遮天，霍氏子弟親戚布列朝堂，宿衞宫禁。霍光死後，宣帝漸削霍氏勢力，霍禹、霍山、霍雲等謀亂被殺，誅連被滅者達數千家。事詳本書卷六八《霍光傳》。"吕、霍之患"被後人視爲外戚幹政的經典案例，文獻中常引用。

[26]【今注】孝景世七國反：即"七國之亂"，或稱"吴楚之亂"。漢景帝三年（前154），吴王劉濞、楚王劉戊等因不滿漢廷"削藩"，聯合趙、膠東、膠西、濟南、淄川等諸侯國發動叛亂，聯軍西進。景帝派太尉周亞夫、大將軍竇嬰等率軍平定叛亂，諸侯王或被殺，或自殺。漢廷乘勢推動削藩進程，將王國行政權、官吏任免權收歸中央，解除了王國對中央的威脅。

[27]【今注】周亞夫：傳見本書卷四〇。　劇孟：傳見本書卷九二。

[28]【顔注】師古曰：訐，告斥其罪也，音居謁反。

[29]【今注】繆（miù）：同"謬"。錯誤。

[30]【今注】陵夷：漸漸衰微，如同丘陵漸漸變平。陵，即丘陵。夷，平。

[31]【顔注】師古曰：《易·鼎卦》九四爻辭曰："鼎折足，覆公餗，其形渥，凶。"餗，鼎實也，謂所享之物也（享，蔡琪本、殿本作"亨"。底本誤）。渥，厚也。言鼎折其足，則覆喪其實，喻大臣非其任，則虧敗國典，故宜加以厚刑。

[32]【顔注】師古曰：過，止也。未然，謂未有其事，恐將

然也。

於是左將軍丹等奏：“商位三公，爵列侯，親受詔策爲天下師，不遵法度以翼國家，[1]而回辟下媚以進其私，[2]執左道以亂政，爲臣不忠，罔上不道，[3]《甫刑》之辟，[4]皆爲上戮，[5]罪名明白。臣請詔謁者召商詣若盧詔獄。”[6]

[1]【顔注】師古曰：翼，助也。

[2]【顔注】師古曰：回，衺也（衺，蔡琪本、殿本作“邪”）。辟讀曰僻。

[3]【今注】罔上：欺騙天子。意近“誣罔”而程度稍異。沈家本《漢律摭疑》卷三《賊律一·大逆無道》“罔上不道”條有云：“罔上與誣罔於義無大分別，而漢法似有輕重。誣罔腰斬，而罔上或止免官，或止城旦，加‘不道’二字者棄市，與誣罔不甚同也。”（沈家本：《歷代刑法考》，第1438頁）

[4]【今注】甫刑：周代法典。周穆王時，司寇呂侯受命制作刑法，謂之《呂刑》。後改封爲甫侯，故又稱《甫刑》。内容詳《尚書·呂刑》。

[5]【今注】上戮：最重的刑罰。

[6]【顔注】孟康曰：若盧，獄名，屬少府，黄門北寺是也。【今注】謁者：官名。掌賓贊受事，常充任皇帝使者。屬郎中令（光祿勳）。秩比六百石。　若盧詔獄：設於宮禁之内若盧官署中以拘繫犯罪官員爲主的專門監獄，屬於中都官監獄即朝廷列卿屬下監獄系統。若盧，本爲九卿之一少府屬官，内設作部，用於冶鑄製造、貯藏兵器。詔獄，指收繫皇帝指名收捕某種罪犯的監獄，亦指奉詔審理特殊罪犯的特別法庭和特別案件。

上素重商，知匡言多險，制曰"勿治"。鳳固爭之，於是制詔御史："蓋丞相以德輔翼國家，典領百寮，協和萬國，爲職任莫重焉。今樂昌侯商爲丞相，出入五年，未聞忠言嘉謀，而有不忠執左道之辜，陷于大辟。[1]前商女弟内行不脩，奴賊殺人，疑商教使，爲商重臣，故抑而不窮。今或言商不以自悔而反怨懟，朕甚傷之。惟商與先帝有外親，未忍致于理。[2]其赦商罪。使者收丞相印綬。"

[1]【今注】大辟：泛指死刑。本書《刑法志》："律令凡三百五十九章，大辟四百九條。"

[2]【今注】理：又作"大理"，上古主管刑獄之官。漢代稱廷尉。

商免相三日，發病歐血薨，謚曰戾侯。而商子弟親屬爲駙馬都尉、侍中、中常侍、諸曹大夫郎吏者，[1]皆出補吏，莫得留給事宿衛者。有司奏商罪過未決，請除國邑。有詔長子安嗣爵爲樂昌侯，[2]至長樂衛尉、光禄勳。[3]

[1]【今注】駙馬都尉：官名。西漢武帝始置。皇帝出行時掌副車，爲侍從近臣。秩比二千石。　中常侍：官名。初稱常侍，取經常侍從皇帝之意。宣、元之後或稱中常侍。有專任者，亦可作爲加官，郎官等加此職即可在禁中（省中）侍從皇帝，顧問應對，參與政事。宦官擔任者更可出入皇帝卧内及諸宫。與皇帝關係近密，須執行皇帝隨機指定的具體任務。選任者須德才兼備，在容貌體態、音聲表達方面也有較高的要求。（參見李炳泉《西漢中常侍新

考》,《史學月刊》2013 年第 4 期)

[2]【今注】安:據本書《百官公卿表下》,王安字惠公,漢成帝元延二年(前 11)任光禄勳,數月病免。哀帝建平四年(前3),由諸吏散騎光禄大夫拜右將軍,一年遷。

[3]【今注】長樂衛尉:官名。掌管長樂宮警衛,秩中二千石,位在九卿之上。長樂,即長樂宮,漢惠帝以後爲太后所居。光禄勳:秦置,稱郎中令。漢因之,武帝太初元年(前 104)後更名光禄勳。主要負責守衛宮殿門户,又總領宮内一切,機構龐雜,屬官衆多。位列九卿,秩中二千石。

商死後,連年日蝕地震,直臣京兆尹王章上封事召見,[1]訟商忠直無罪,言鳳顓權蔽主。鳳竟以法誅章,語在《元后傳》。至元始中,[2]王莽爲安漢公,[3]誅不附己者,樂昌侯安見被以罪,自殺,國除。[4]

[1]【今注】京兆尹:官名。漢武帝時改右内史置,掌治京師,職如郡太守,又得參與朝政。位列九卿,秩中二千石。　王章:傳見本書卷七六。　封事:直接上達皇帝的重要奏章,爲防止信息泄露而用黑色布袋密封,通常由皇帝本人或者指定人員拆封處理。《漢官儀》:“密奏以皂囊封之,不使人知,故曰封事。”官員上封事制度,始於宣帝時期。(參見廖伯源《漢“封事”雜考》,載《秦漢史論叢(增訂本)》,中華書局 2008 年版,第 199 頁)

[2]【今注】元始:漢平帝年號(1—5)。

[3]【今注】王莽:傳見本書卷九九。　安漢公:王莽封號。漢平帝元始元年(1)春正月,以大司馬王莽功德堪比周公,賜號安漢公。

[4]【顏注】師古曰:被,加也,音皮義反。

　　史丹字君仲，魯國人也，[1] 徙杜陵。祖父恭有女弟，[2] 武帝時爲衞太子良娣，[3] 産悼皇考。[4] 皇考者，孝宣帝父也。宣帝微時，依倚史氏，[5] 語在《史良娣傳》。[6] 及宣帝即位，[7] 恭已死，三子高、曾、玄。[8] 曾、玄皆以外屬舊恩封，曾爲將陵侯，[9] 玄平臺侯。[10] 高侍中貴幸，以發舉反者大司馬霍禹功封樂陵侯。[11] 宣帝疾病，拜高爲大司馬車騎將軍，[12] 領尚書事。[13] 帝崩，太子襲尊號，是爲孝元帝。高輔政五年，乞骸骨，[14] 賜安車駟馬黄金，[15] 罷就弟。[16] 薨，諡曰安侯。[17]

　　[1]【今注】魯國：王國名。治魯縣（今山東曲阜市）。

　　[2]【今注】恭：即史恭。漢宣帝祖母史良娣之兄。宣帝幼時遭“巫蠱之禍”，曾得史恭與母貞君收養照料。

　　[3]【今注】衞太子：漢武帝子劉據。又稱戾太子。傳見本書卷六三。　良娣：太子内官。太子妻妾有三等：妃、良娣、孺子。

　　[4]【今注】悼皇考：即劉進，衞太子與史良娣之子，漢宣帝之父。武帝時稱“史皇孫”，“巫蠱之禍”中遇害。宣帝即位後，追尊追諡爲悼皇考。

　　[5]【顏注】師古曰：倚，於綺反（蔡琪本、大德本“於”前有“音”字）。

　　[6]【今注】史良娣傳：詳本書卷九七上《外戚傳上》。

　　[7]【今注】案，及宣帝即位，中華本作“及宣帝即尊位”。

　　[8]【今注】案，玄，殿本作“元”。下同不注。

　　[9]【今注】曾：史曾，字子回。漢宣帝時先以外戚爲侍中中郎將、關内侯，後封將陵侯。將陵，在今山東德州市陵城區。

　　[10]【今注】玄：史玄，字子叔。漢宣帝時先以外戚爲侍中

中郎將、關内侯，後封平臺侯。平臺，屬常山郡（治所在元氏縣，今河北元氏縣西北），今地無考。宣帝元康二年（前64）封外戚史玄爲平臺侯。

[11]【今注】霍禹：霍光之子。事詳本書卷六八《霍光傳》。

樂陵侯：宣帝地節四年（前66）封史高爲樂陵侯。樂陵，屬臨淮郡（治所在徐縣，今江蘇泗洪縣南），今地無考。

[12]【今注】車騎將軍：漢初爲臨時將軍之號，因領車騎士得名，事訖即罷。武帝後常設，常典京城、皇宮禁衛軍隊，出征時常總領諸將軍。金印紫綬，地位次於大將軍、驃騎將軍。文官輔政者亦或加此銜，領尚書政務，成爲中朝重要官員。

[13]【今注】領尚書事：職銜名。即由皇帝親近的高級官員來兼管尚書事務。尚書，屬少府。秦及漢初，尚書在殿中負責收發文書、傳達、記録章奏，職任甚輕。武帝時國事漸多，公文陡增，始以尚書承擔納奏出令、參與決策的職能，又任用宮内近臣左右曹、諸吏分平尚書奏事，以親近大臣兼管尚書事務，以便於皇帝決策，遂有“領尚書事”一職。昭帝時輔政大臣霍光以大司馬大將軍領尚書事，受遺詔輔政者皆領尚書事成爲慣例，領尚書事權力擴大，以外戚領尚書事者往往成爲專權干政之臣。

[14]【今注】乞骸骨：向皇帝乞求骸骨歸葬故鄉。古代官員申請退休或引咎辭職的習用語。

[15]【今注】安車駟馬：安車，坐乘之車。常以四匹馬駕，舒適安坐，故稱駟馬安車。江陵鳳凰山168號漢墓出土的《遣册》記有“案車一乘，馬四匹”。案車即安車。

[16]【今注】弟：同“第”。府第。蔡琪本、大德本、殿本作“第”。

[17]【今注】案，據本書《外戚恩澤侯表》，史高封侯二十四年卒，時當元帝永光元年（前43）。

自元帝爲太子時，丹以父高任爲中庶子，侍從十餘年。元帝即位，爲駙馬都尉侍中，出常驂乘，[1]甚有寵。上以丹舊臣，皇考外屬，親信之，詔丹護太子家。[2]是時，傅昭儀子定陶共王有材藝，[3]子母俱愛幸，而太子頗有酒色之失，母王皇后無寵。[4]

[1]【今注】驂乘：古代乘車時，尊者居左，御者居中，隨從之人居車之右。又作"車右""陪乘"。也作"參乘"。

[2]【今注】護：監管。　太子：劉驁，即後之漢成帝。

[3]【今注】傅昭儀：河內郡溫縣（今河南溫縣東）人。事迹詳本書卷九七下《外戚傳下》。昭儀，嬪妃名號。漢元帝時置，位在皇后之下、婕妤之上，爵比諸侯王，位同丞相。

[4]【今注】王皇后：王政君。傳見本書卷九八。

建昭之後，[1]元帝被疾，不親政事，留好音樂。[2]或置鼙鼓殿下，[3]天子自臨軒檻上，隤銅丸以擿鼓，[4]聲中嚴鼓之節。[5]後宮及左右習知音者莫能爲，而定陶王亦能之，上數稱其材。丹進曰："凡所謂材者，敏而好學，溫故知新，[6]皇太子是也。若酒器人於絲竹鼓鼙之間，則是陳惠、李微高於匡衡，可相國也。"[7]於是上嘿然而咲。[8]其後，中山哀王薨，[9]太子前弔。哀王者，帝之少弟，與太子游學相長大。[10]上望見太子，感念哀王，悲不能自止。太子既至前，不哀。上大恨，曰："安有人不慈仁而可奉宗廟爲民父母者乎！"上以責謂丹。[11]丹免冠謝上曰："臣誠見陛下哀痛中山王，至以感損。向者太子當進見，臣竊戒屬毋涕泣感傷陛下。[12]罪迺在臣，當死。"上以爲然，意迺解。丹之輔相，皆此類也。

[1]【今注】建昭：漢元帝年號（前38—前34）。 案，後，蔡琪本、大德本、殿本作"間"。楊樹達《漢書窺管》以爲，通常兩個年號之間纔能稱"間"。應以底本爲是。

[2]【顏注】孟康曰：留意於音樂。

[3]【顏注】師古曰：鼙本騎上之鼓，音步迷反（音步迷反，蔡琪本作"音皮迷反"）。

[4]【顏注】師古曰：檻軒（蔡琪本、殿本無"軒"字），闌版也。隤，下也。摘，投也。隤音頹。摘，持益反（摘持益反，蔡琪本、大德本、殿本作"摘音持益反"）。一曰，摘，碰也（碰，蔡琪本作"摓"），音丁歷反（歷，蔡琪本作"力"）。碰，丁回反（碰丁回反，蔡琪本作"摓音丁回反"，大德本、殿本作"碰音丁回反"）。

[5]【顏注】李奇曰：莊嚴之鼓節也。晉灼曰：疾擊之鼓也。師古曰：李說是也。

[6]【顏注】師古曰：敏，速疾也。温，厚也。温故，厚蓄故事（厚蓄故事，蔡琪本、大德本、殿本作"厚蓄故事也"）。

[7]【顏注】如淳曰：器人，取人器能也。陳惠、李微，是時好音者也。服虔曰：二人皆黄門鼓吹也。

[8]【顏注】師古曰：咲，古笑字。【今注】嘿（mò）：同"默"。

[9]【今注】中山哀王：劉竟，漢宣帝少子。傳見本書卷八〇。

[10]【顏注】師古曰：同處長養以至於壯大。

[11]【顏注】師古曰：謂者，告語也。

[12]【顏注】師古曰：屬，之欲反（蔡琪本、大德本、殿本

"之"前有"音"字）。【今注】屬（zhǔ）：同"囑"。

竟寧元年，[1]上寢疾，傅昭儀及定陶王常在左右，而皇后、太子希得進見。[2]上疾稍侵，意忽忽不平，[3]數問尚書以景帝時立膠東王故事。[4]是時，太子長舅陽平侯王鳳爲衞尉侍中，[5]與皇后、太子皆憂，[6]不知所出。[7]丹以親密臣得侍視疾，候上間獨寢時，丹直入臥內，頓首伏青蒲上，[8]涕泣言曰："皇太子以適長立，積十餘年，[9]名號繫於百姓，天下莫不歸心臣子。[10]見定陶王雅素愛幸，今者道路流言，爲國生意，以爲太子有動搖之議。審若此，公卿以下必以死爭，不奉詔。臣願先賜死以示群臣！"天子素仁，不忍見丹涕泣，言又切至，上意大感，喟然太息曰："吾日困劣，而太子、兩王幼少，[11]意中戀戀，亦何不念乎！然無有此議。且皇后謹慎，先帝又愛太子，吾豈可違指！駙馬都尉安所受此語？"[12]丹即却，頓首曰："愚臣妄聞，罪當死！"[13]上因納，謂丹曰："吾病寖加，恐不能自還。[14]善輔道太子，毋違我意。"[15]丹噓唏而起。[16]太子由是遂爲嗣矣。

[1]【今注】竟寧：漢元帝年號（前33）。

[2]【今注】案，皇后太子希得進見，蔡琪本、殿本作"皇太子希得進見"。王念孫《讀書雜志·漢書第十三》："景祐本'皇'下有'后'字，是也。'皇后、大子希得進見'，正對上文'傅昭儀及定陶王常在左右'言之，下文'皇后、大子皆憂'又承此句言之，則當有'后'字明矣。若但言'大子希得進見'，則文偏而

不具。《太平御覽·人事部九十三》引此正作‘皇后大子’，《通鑑》同。《元后傳》亦云‘皇后自有子後，希復進見’。”

[3]【顏注】師古曰：稍侵，言漸篤也。平，和也。

[4]【今注】膠東王：即漢武帝劉徹。紀見本書卷六。

[5]【今注】衛尉：官名。掌管統率衛士，警衛宮門之内。位列九卿，秩中二千石。

[6]【今注】案，皇后太子，蔡琪本、殿本作“皇太子”。

[7]【顏注】師古曰：不知計所出。

[8]【顏注】服虔曰：青緣蒲席也。應劭曰：以青規地曰青蒲，自非皇后不得至此。孟康曰：以蒲青爲席，用蔽地也。師古曰：應説是也。【今注】青蒲：用蒲草編製的席子，以青絹包緣。長沙馬王堆一號漢墓所出《遣册》中記有“莞席二，其一青掾（緣），一錦掾（緣）”。墓中西邊箱内的兩條草席，以麻綫束爲經，蒲草爲緯，編法與現代草席相近。其中一條包青絹緣，一條包錦緣，與簡文及本書《史丹傳》均相合。（參見孫機《漢代物質文化資料圖説》，文物出版社 1990 年版，第 222 頁）

[9]【顏注】師古曰：適讀曰嫡。

[10]【顏注】師古曰：自託爲臣子。

[11]【今注】兩王：指定陶王劉康、中山王劉興。

[12]【顏注】師古曰：安，焉也。

[13]【顏注】師古曰：却，退也，離青蒲上。

[14]【顏注】師古曰：寖，漸也。不自還者，言當遂至崩亡也。還讀曰旋。

[15]【顏注】師古曰：道讀曰導。

[16]【顏注】師古曰：噓音虛。唏，許既反（蔡琪本、大德本、殿本“許”前有“音”字）。

元帝竟崩。成帝初即位，擢丹爲長樂衛尉，遷右將軍，賜爵關內侯，[1]食邑三百户，給事中，[2]後徙左將軍、光禄大夫。鴻嘉元年，[3]上遂下詔曰：“夫褒有德，賞元功，古今通義也。左將軍丹往時導朕以忠正，秉義醇壹，舊德茂焉。其封丹爲武陽侯，國東海郯之武彊聚，[4]户千一百。”

[1]【今注】關內侯：爵位名。秦漢二十等爵制之第十九等，僅低於列侯。有其號，無封國。一般是對立有軍功將領的獎勵，封有食邑數户，有按規定户數徵收租税之權（參見師彬彬《兩漢關內侯問題研究綜述》，《中國史研究動態》2015年第2期）。

[2]【今注】給事中：加官名。因給事殿中，備顧問應對，討論政事，故名。

[3]【今注】鴻嘉：漢成帝年號（前20—前17）。

[4]【顔注】如淳曰：聚，字喻反（蔡琪本“字”前有“音”字）。聚，邑居也。【今注】東海：郡名。治郯縣（今山東郯城縣西）。 武彊聚：郯縣鄉村名。

丹爲人足知，愷弟愛人，[1]貌若儻蕩不備，[2]然心甚謹密，故尤得信於上。丹兄嗣父爵爲侯，[3]讓不受分。丹盡得父財，身又食大國邑，重以舊恩，數見褒賞，[4]賞賜累千金，僮奴以百數，後房妻妾數十人，内奢淫，好飲酒，極滋味聲色之樂。爲將軍前後十六年，永始中病乞骸骨，[5]上賜策曰：“左將軍寢病不衰，[6]願歸治疾，朕愍以官職之事久留將軍，使躬不瘳。使光禄勳賜將軍黄金五十斤，安車駟馬，其上將軍印綬。宜專精神，務近醫藥，以輔不衰。”

［1］【顏注】師古曰：愷，樂也。弟，易也。言有和樂簡易之德。

［2］【顏注】師古曰：儻蕩，踈誕無檢也。

［3］【今注】丹兄嗣父爵爲侯：據本書《外戚恩澤侯表》，史丹兄史術於漢元帝永光二年（前 42）嗣樂陵侯爵。

［4］【顏注】師古曰：重，直用反（蔡琪本、大德本、殿本作“直”前有“音”字）。

［5］【今注】永始：漢成帝年號（前 16—前 13）。據本書《百官公卿表下》，史丹辭官及去世時間並在永始三年（前 14）。

［6］【顏注】師古曰：言病不損也。

　　丹歸第數月薨，謚曰頃侯。有子男女二十人，九男皆以丹任並爲侍中、諸曹，[1]親近在左右。史氏凡四人侯，至卿大夫二千石者十餘人，皆訖王莽迺絶，唯將陵侯曾無子，絶於身云。[2]

　　［1］【今注】任：保舉。漢代有“任子”制度，高級官吏具有保任其子弟爲官的特權。《漢儀注》規定，二千石以上官員，任職滿三年，即有資格保舉同父兄弟或兒子一人爲郎。

　　［2］【今注】案，據本書《外戚恩澤侯表》，將陵侯史曾卒於漢宣帝神爵四年（前 58），無後。

　　傅喜字稚游，河內溫人也，[1]哀帝祖母定陶傅太后從父弟。[2]少好學問，有志行。哀帝立爲太子，成帝選喜爲太子庶子。哀帝初即位，以喜爲衛尉，遷右將軍。是時，王莽爲大司馬，乞骸骨，避帝外家。上既聽莽退，衆庶歸望於喜。[3]喜從弟孔鄉侯晏親與喜等，[4]而女爲皇后。[5]又帝舅陽安侯丁明皆親，[6]以外屬封。喜執謙稱疾。傅太后始與政事，喜數諫之，[7]由是傅太后不欲令喜輔政。上於是用左將軍師丹代王莽爲大司馬，[8]賜喜黃金百斤，上將軍印綬，以光禄大夫養病。

[1]【今注】河内：郡名。治懷縣（今河南武陟縣西南）。溫：縣名。治所在今河南溫縣西。

[2]【今注】定陶傅太后：即漢元帝傅昭儀。子劉康封定陶王，故稱定陶太后。劉康子劉欣繼位爲哀帝，尊祖母傅氏爲帝太太后（後改爲皇太太后）。事迹詳本書卷九七下《外戚傳下》。

[3]【今注】望：怨望，責備。

[4]【顔注】如淳曰：俱傅大后從父弟也。【今注】孔鄉侯晏：即傅晏。河内溫縣（今河南溫縣西）人。漢哀帝祖母傅太后從父傅中叔之子，女爲哀帝皇后。成帝綏和二年（前7）封孔鄉侯，以外戚寵幸，附傅太后，任大司馬衛將軍。哀帝元壽二年（前1）坐亂妻妾免爵，徙合浦。孔鄉侯國在沛郡夏丘縣（今安徽泗縣東）。事詳本書《外戚傳下》。

[5]【今注】皇后：漢哀帝傅皇后。事見本書《外戚傳下》。

[6]【今注】陽安侯丁明：丁明，山陽瑕丘（今山東濟寧市兗州區北）人，西漢《易》學祖師丁寬之玄孫。妹爲定陶恭王姬，生子劉欣，繼天子位爲哀帝，成帝綏和二年以帝舅封陽安侯，以大司馬票騎將軍輔政。哀帝死後，爲王莽所殺。事詳本書《外戚傳下》。陽安侯國治所在今河南確山縣東北。

[7]【顔注】師古曰：與讀曰豫。

[8]【今注】師丹：傳見本書卷八六。

大司空何武、尚書令唐林皆上書言：[1]“喜行義修絜，忠誠憂國，内輔之臣也。今以寢病，一旦遣歸，衆庶失望，皆曰傅氏賢子，以論議不合於定陶太后故退，百寮莫不爲國恨之。忠臣，社稷之衛，魯以季友治亂，[2]楚以子玉輕重，[3]魏以無忌折衝，[4]項以范增存亡。[5]故楚跨有南土，帶甲百萬，鄰國不以爲難；子玉爲將，則文公側席而坐，及其死也，君臣相慶。[6]百萬之衆，不如一賢。故秦行千金以間廉頗，[7]漢散萬金以疏亞父。[8]喜立於朝，陛下之光輝，傅氏之廢興也。"[9]上亦自重之。明年正月，迺徙師丹爲大司空，而拜喜爲大司馬，封高武侯。[10]

[1]【今注】大司空：官名。秦置御史大夫，漢沿襲，受公卿奏事，舉劾按章，掌圖籍秘書，外督部刺史，銀印青綬，地位僅次於丞相。成帝綏和元年（前8）改御史大夫爲大司空，金印紫綬，禄比丞相。號爲三公之一，然職權漸移尚書，漸成虛位。　何武：傳見本書卷八六。　尚書令：官名。秦始置，漢沿置。職在總攬尚書諸事。屬少府，秩千石。　唐林：字子高，沛郡（治所在相縣，今安徽濉溪縣西北）人。以明經慎行顯名。漢哀帝時任尚書僕射、尚書令。新莽時爲胥附（太子"四友"之一），封建德侯，位特進。數上疏諫諍，忠直有清名。

[2]【顏注】師古曰：謂季氏亡，則魯不昌。【今注】季友：春秋時期魯桓公之季子（少子），名友，故稱季友。曾平定慶父之亂，立僖公，爲魯國上卿，秉持國政。

[3]【顏注】師古曰：謂楚殺子玉而晉侯喜可知。【今注】子玉：春秋時期楚國大臣。名得臣。公元前632年，統率楚軍與晉軍大戰於城濮，大敗而還。晉文公雖勝，知楚將子玉尚在，心有餘憂。後聞子玉畏罪自殺，文公方有喜色。

[4]【顏注】師古曰：信陵君。【今注】無忌：即魏無忌。戰

國末期魏昭王少子，魏安釐王異母弟，封信陵君。禮賢下士，養客三千，以信義著稱。後矯魏王之令而解趙國邯鄲之圍，事成之後留居趙國。秦國聞信陵君在趙，連年出兵攻魏。信陵君返回魏國，拜上將軍，聯合燕、趙、韓、楚、魏五國軍隊逐走秦軍。後魏王中秦反間之計，解除信陵君兵權。信陵君不得志而死，魏亦爲秦所滅。事詳《史記》卷七七《魏公子列傳》。

[5]【今注】范增：秦居巢縣（今安徽桐城市西南）人。參加項梁所部反秦義軍，數出奇謀，被項羽尊爲"亞父"。秦亡，屢勸項羽殺掉劉邦，以除後患。後因劉邦反間之計，爲項羽所猜疑，不被重用，遂忿然離去，病死途中。

[6]【顔注】師古曰：已解在上也（蔡琪本、殿本句末無"也"字）。

[7]【顔注】師古曰：趙孝成王七年，秦與趙兵相鉅長平（鉅，蔡琪本、大德本、殿本皆作"距"。底本誤）。趙將廉頗固壁不戰，秦迺使人反間於趙，曰："秦之所惡，獨畏趙奢之子趙括爲將耳。"趙王信之，因以括爲將，代廉頗，而括軍遂敗，數十萬之眾降秦，秦皆阬之。【今注】廉頗：戰國後期趙國名將，位上卿。傳見《史記》卷八一。

[8]【顔注】師古曰：事在《陳平傳》。

[9]【顔注】如淳曰：傅喜顯則傅氏興，其廢亦如之。晉灼曰：用喜於陛下有光明，而傅氏之廢復得興也。師古曰：如說是也。

[10]【今注】高武侯：侯國在南陽郡杜衍縣（今河南南陽市臥龍區西南）。

丁、傅驕奢，皆嫉喜之恭儉。又傅太后欲求稱尊號，與成帝母齊尊，[1]喜與丞相孔光、大司空師丹共執正議。[2]傅太后大怒，上不得已，先免師丹以感動喜，[3]喜終不順。後數月，遂策免喜曰："君輔政，出入三年，未有昭然匡朕不逮，而本朝大臣遂其姦心，[4]咎由君焉。其上大司馬印綬，就第。"傅太后又自詔丞相、御史大夫曰：[5]"高武侯喜無功而封，內懷不忠，附下罔上，與故大司空丹同心背畔，放命圮族，[6]虧損德化，罪惡雖在赦前，不宜奉朝請，[7]其遣就國。"後又欲奪喜侯，上亦不聽。

[1]【今注】成帝母：即元帝皇后王政君。

[2]【今注】孔光：傳見本書卷八一。

[3]【今注】感動：意謂感應。

[4]【顏注】師古曰：遂，成也，申也。

[5]【今注】案，御史大夫，蔡琪本、大德本、殿本皆作"御史"，無"大夫"二字。漢成帝綏和元年（前8）御史大夫更名爲大司空，至哀帝建平二年（前5）三月復稱御史大夫。據本書《百官公卿表》，大司馬傅喜免於哀帝建平二年二月丁丑，當時大司空尚未改稱御史大夫。故底本"御史大夫"誤。此處御史當指御史中丞。

[6]【顏注】應劭曰：放棄教令，毀其族類。【今注】圮（pǐ）：斷絕，毀害。班固《東京賦》"故宗緒中圮"。

[7]【今注】奉朝請：春季朝會稱"朝"，秋季朝見稱"請"。奉朝請爲兩漢朝廷給予退休大臣、列侯、宗室、外戚等的一種政治優待，授此者特許參加朝會。

喜在國三歲餘，哀帝崩，平帝即位，[1]王莽用事，免傅氏官爵歸故郡，晏將妻子徙合浦。[2]莽白太后下詔曰：[3]"高武侯喜姿性端愨，論議忠直，[4]雖與故定陶太后有屬，終不順指從邪，介然守節，以故斥逐就國。《傳》不云乎？'歲寒然後知松柏之後凋也。'[5] 其還喜長安，以故高安侯莫府賜喜，[6] 位特進，[7] 奉朝請。"喜雖外見褒賞，孤立憂懼，後復遣就國，以壽終。[8] 莽賜謚曰貞侯。子嗣，莽敗迺絕。[9].

[1]【今注】平帝：紀見本書卷一二。

[2]【今注】合浦：郡名。治合浦縣（今廣西合浦縣東北）。

[3]【今注】太后：此指太皇太后王政君。

[4]【顏注】師古曰：慤，謹也，音口角反（口，大德本、殿本作"乞"）。

[5]【顏注】師古曰：《論語》載孔子之言，以喻有節操之人也。【今注】案，語出《論語·子罕》。

[6]【今注】高安侯：指董賢。傳見本書卷九三。本書《外戚恩澤侯表》記高安侯國在"朱扶"，今地無考。　莫府：或作"幕府"。古代將帥出征，居處以幕帳爲官署，故以幕府代指將軍官署。漢代幕府皆有屬官，參贊軍務。錢大昕《三史拾遺》卷三曰："漢制，將軍出征有莫府，而列將軍在京師者亦有莫府之稱。……董賢嘗爲大司馬衞將軍，後雖去將軍號，而司馬亦典兵之官，故居弟稱莫府。"

[7]【今注】特進：榮寵性質的加官名稱。又名"特進侯"。最早出現於西漢宣帝時期，凡諸侯功德優盛、朝廷敬異者賜特進。列侯加位特進，可以不就封國，居於京師府第，便於參加朝會等重大活動。西漢規定，列侯奉朝請在長安者，位次近於三公；賜位特進者，位次近於三公，在列侯之上（詳見田延峰《論漢代特進》，《寶雞文理學院學報》2006年第2期）。

[8]【今注】案，據本書《外戚恩澤侯表》，傅喜於漢哀帝建平元年（前6）封侯，在位十五年，則當卒於新莽始建國元年

（9）。

　　[9]【顏注】師古曰：史不得其子名也。【今注】子嗣：據本書《外戚恩澤侯表》，"建國二年，侯勁嗣，王莽敗，絕"。知傅喜有子名傅勁，"子嗣"當爲"子勁嗣"。顏師古曰"史不得其子名也"，知唐代時"勁"即已脫漏。

　　贊曰：自宣、元、成、哀外戚興者，許、史、三王、丁、傅之家，[1]皆重侯累將，窮貴極富，見其位矣，未見其人也。[2]陽平之王多有材能，好事慕名，其埶尤盛，曠貴最久。[3]然至於莽，亦以覆國。王商有剛毅節，廢黜以憂死，非其罪也。史丹父子相繼，高以重厚，位至三公。丹之輔道副主，掩惡揚美，傅會善意，[4]雖宿儒達士無以加焉。及其歷房闥，[5]入臥內，推至誠，犯顏色，動寤萬乘，轉移大謀，卒成太子，安母后之位。"無言不讎"，終獲忠貞之報。[6]傅喜守節不傾，亦蒙後凋之賞。哀、平際會，禍福速哉！

　　[1]【顏注】師古曰：三王，謂卬成侯及商、鳳三家也（卬成，大德本作"印成"，殿本作"印成"，皆誤，當以底本爲是）。【今注】許：漢宣帝許皇后一族。　史：漢宣帝祖母史良娣一族。　三王：漢宣帝母王翁須一族，宣帝王皇后一族，元帝皇后王政君一族。　丁：漢哀帝母丁姬一族。　傅：漢哀帝祖母傅太后一族。俱詳見本書卷九七《外戚傳》。

　　[2]【顏注】師古曰：言無善人也。

　　[3]【顏注】師古曰：陽平謂王鳳之家也。言居非其位，是爲曠官，故云曠貴。

　　[4]【顏注】師古曰：道讀曰導。傅讀曰附。

[5]【今注】房闥：指宮闈寢室。闥，門、小門。《詩·齊風·東方之日》："彼姝者子，在我闥兮。"傳曰：闥，門內也。

[6]【顏注】師古曰：《大雅·抑》之詩曰："無言不讎，無德不報。"故贊引之以喻丹。

漢書　卷八三

薛宣朱博傳第五十三[1]

[1]【今注】案，以薛宣、朱博合爲一傳，或因其"皆起佐史，歷位以登宰相"。薛宣明達仁厚，歷仕郡縣，多有善治，爲世吏師，及居相位，以"苛察"失名；朱博廉儉練達，進取任俠，及居相位，以"行詐"自絕。本卷後班固所論，庶幾有偏頗處。非良吏不能任股肱之臣，君心難測故也。

薛宣字贛君，東海郯人也。[1]少爲廷尉書佐、都舡獄史，[2]後以大司農斗食屬察廉，補不其丞。[3]琅邪太守趙貢行縣，[4]見宣，甚説其能。[5]從宣歷行屬縣，[6]還至府，令妻子與相見，戒曰："贛君至丞相，我兩子亦中丞相史。"察宣廉，遷樂浪都尉丞。[7]幽州刺史舉茂材，[8]爲宛句令。[9]大將軍王鳳聞其能，[10]薦宣爲長安令，[11]治果有名，以明習文法詔補御史中丞。[12]

[1]【顏注】師古曰：贛音貢。郯音談。【今注】贛君：薛宣字。此處"贛"音 gòng，賜給。　東海：郡名。治郯縣（今山東郯城縣西）。

[2]【今注】廷尉書佐：廷尉府小吏，從事文書起草、抄寫之類事務。廷尉，九卿之一，主管刑獄，秩中二千石。　都舡獄史：

都船獄的小吏。都船爲中尉（執金吾）下屬機構，負責京師“非常水火之事”，主要職能是船隻管理及磚瓦燒造（詳見李超《秦漢都船考》，梁安和、徐衛民主編《秦漢研究》第11輯，陝西人民出版社2017年版，第143—151頁）。設有都船獄，長官爲都船獄令，下有丞。都船獄屬中都官監獄，或以爲可能是水牢性質的監獄。案，舩，蔡琪本、殿本作“船”。

[3]【顔注】師古曰：斗食者，禄少，一歲不滿百石，計日以斗爲數也。不其，縣名也。其音基（蔡琪本句末有“也”字）。【今注】大司農：秦及漢初稱治粟内史，景帝後元元年（前143）更名大農令，武帝太初元年（前104）更名大司農。掌國家錢穀租税等財政收支。位列九卿，秩中二千石。　斗食屬：俸禄斗食級別的小吏。本書《百官公卿表》：“百石以下有斗食、佐史之秩，是爲少吏。”可知斗食是秩百石以下的小吏，實領月俸十一斛（石），平均每月不足一斛，祇能以斗計，故稱斗食。　察廉：猶舉廉，漢代選用官吏的一種方法，由公卿、郡國守相薦舉廉潔之吏，經過考察，任以官職。　不其：縣名。治所在今山東即墨市西南。

[4]【顔注】師古曰：行，下更反（中華本“下”前有“音”字）。其下亦同。【今注】琅邪：郡名。治東武縣（今山東諸城市）。一説治琅邪縣（今山東青島市黄島區西南）。　行縣：巡視縣境。

[5]【顔注】師古曰：説讀曰悦。

[6]【顔注】師古曰：以宣自從也。

[7]【顔注】師古曰：趙貢察舉宣，故得遷也。樂音洛。浪音郎。【今注】樂浪：郡名。治朝鮮縣（今朝鮮平壤市南土城里土城遺址）。　都尉丞：都尉屬官，秩六百石。西漢時郡置都尉，佐助太守典掌一郡軍事，秩比二千石。漢武帝以後，新拓邊地往往設置二部或數部都尉以加強統治。當時樂浪郡有南部都尉（治昭明縣，在今朝鮮黄海南道信川郡北部面土城里），有東部都尉（治不

而縣，在今朝鮮江原道），不知薛宣爲哪一都尉府丞。

　　[8]【今注】幽州：漢武帝置十三州刺史部之一。轄境約當今北京、河北北部、遼寧大部、天津海河以北及朝鮮大同江流域。茂材：漢代察舉科目名。始置於漢武帝元封五年（前106），原作"秀才"，後避東漢光武帝劉秀諱，改爲"茂才"，又作"茂材"。

　　[9]【顏注】師古曰：樂浪屬幽州。故爲刺史所舉也。宛，於元反（大德本、中華本"於"前有"音"字）。句音劬。【今注】宛句（qú）：亦作"冤句"。縣名。治所在今山東曹縣西北。

　　[10]【今注】大將軍：戰國秦至西漢前期本爲將軍的最高稱號，非常設，遇有戰事時負責統兵作戰，事畢即罷。漢武帝之後漸成常設性高級軍政官職，其前多冠以大司馬，領尚書事，秩萬石，位高權重，事實上成爲最高行政長官。多由貴戚擔任。　王鳳：字孝卿，西漢東平陵（今山東濟南市東）人。元帝皇后王政君兄。初爲衛尉，襲父爵陽平侯（侯國治所在今山東莘縣）。成帝即位，拜大司馬大將軍，領尚書事。專斷朝政十一年。事迹詳本書卷九八《元后傳》。

　　[11]【今注】長安：縣名。治所在今陝西西安市西北漢城遺址。長安爲帝都所在，人口衆多，權貴雜居，民風不淳，向來以難治著稱，故需選調"能吏"爲長安縣令。

　　[12]【今注】明習文法：漢代選官察舉科目之一。亦稱"明法"，意謂通曉法律。據應劭《漢官儀》，漢代察舉大致有四科，"三曰明達法令，足以決疑，能按章覆問，文中御史"。文法即律令。　御史中丞：官名。漢武帝時始置，爲御史大夫副貳。外監察州部刺史，內領侍御史，受公卿奏事，舉劾按章，職權甚重。秩千石。（參見翟金明《漢代御史中丞的職能、設立時間、原因新探》，《首都師範大學學報》2017年第1期）

　　是時，成帝初即位，宣爲中丞，執法殿中，外總部刺史，上疏曰："陛下至德仁厚，哀閔元元，[1]躬有日仄之勞，而亡佚豫之樂，[2]允執聖道，刑罰惟中，[3]然而嘉氣尚凝，陰陽不和，[4]是臣下未稱，而聖化獨有不洽者也。臣竊伏思其一端，殆吏多苛政，政教煩碎，大率咎在部刺史，或不循守條職，[5]舉錯各以其意，多與郡縣事，[6]至開私門，聽讒佞，以求吏民過失，譴呵及細微，責義不量力。[7]郡縣相迫促，亦内相刻，流至衆庶。是故鄉黨闕於嘉賓之懽，[8]九族忘其親親之恩，飲食周急之厚彌衰，送往勞來之禮不行。[9]夫人道不通，[10]則陰陽否鬲，[11]和氣不興，未必不由此也。《詩》云：'民之失德，乾餱以愆。'[12]鄙語曰：[13]'苛政不親，煩苦傷恩。'方刺史奏事時，宜明申敕，[14]使昭然知本朝之要務。臣愚不知治道，唯明主察焉。"上嘉納之。

[1]【今注】元元：百姓，黎民。

[2]【顏注】師古曰：《周書》亡逸之篇稱文王之德曰"至于日中仄，弗皇暇食"（周，蔡琪本作"尚"），宣引比言也（比，蔡琪本、大德本、殿本皆作"此"）。仄，古側字也。佚與逸同。

[3]【顏注】師古曰：允，信也。中，竹仲反（中華本"竹"前有"音"字）。

[4]【顏注】師古曰：凝謂不通也。【今注】嘉氣：預兆吉祥的雲氣。

[5]【顏注】師古曰：刺史所察，本有六條，今則踰越故事，信意舉劾，妄爲苛刻也。六條解在《百官公卿表》。【今注】條職：漢武帝時頒行的關於刺史監察職責範圍的條例。據東漢蔡質《漢官典職儀式選用》，刺史"以六條問事，非條所問，即不省。

一條，强宗豪右田宅逾制，以强淩弱，以衆暴寡。二條，二千石不奉詔書、遵奉典制，倍公向私，旁詔守利，侵漁百姓，聚斂爲奸。三條，二千石不恤疑獄，風厲殺人，怒則任刑，喜則淫賞，煩擾苛暴，剝截黎元，爲百姓所疾，山崩石裂，妖祥訛言。四條，二千石選署不平，苟阿所愛，蔽賢寵頑。五條，二千石子弟恃怙榮勢，請託所監。六條，二千石違公下比，阿附豪强，通行貨賂，割損政令"。六條以外，刺史不得干預地方政務。楊樹達《漢書窺管》以爲，條即"六條"，專指武帝關於刺史以"六條"問事的詔條。

[6]【顏注】師古曰：錯，置也，音千故反。與讀曰豫。豫，干也。

[7]【顏注】師古曰：言求備於人。

[8]【今注】嘉賓之懽：典出《詩·小雅·鹿鳴》或《詩·小雅·彤弓》。

[9]【顏注】師古曰：勞，郎到反（大德本、中華本"郎"前有"音"字）。來，郎代反（大德本、中華本"郎"前有"音"字）。

[10]【今注】案，夫，大德本作"大"。

[11]【顏注】師古曰：否，閉也，音皮鄙反。鬲與隔同。

[12]【顏注】師古曰：《小雅·伐木》之詩也。餱，食也，解在《元紀》。餱音侯。【今注】案，語出《詩·小雅·伐木》。乾餱以愆：指用粗食待客，以致其錯。乾餱，粗糧。

[13]【今注】鄙語：民間諺語。

[14]【顏注】師古曰：申，束也，謂約束也。

宣數言政事便宜，舉奏部刺史郡國二千石，所貶退稱進，白黑分明，[1]繇是知名。[2]出爲臨淮太守，[3]政教大行。會陳留郡有大賊廢亂，[4]上徙宣爲陳留大守，盜賊禁止，吏民敬其威信。入守左馮翊，[5]滿歲稱職爲真。[6]

[1]【顏注】師古曰：稱，舉也。白黑猶言清濁也。

[2]【顏注】師古曰：繇讀與由同。

[3]【今注】臨淮：郡名。治徐縣（今江蘇泗洪縣南）。東漢應劭《風俗通義》記薛宣爲臨淮太守時行迹一條："臨淮有一人持一匹縑到市賣之，道遇雨而披戴，後人求共庇蔭，因與一頭之地。雨霽當別，因共爭鬬，各云'我縑'，詣府自言。太守丞相薛宣劾實，兩人莫肯首服。宣曰：'縑直數百錢耳，何足紛紛自致縣！'呼騎吏中斷縑，各與半。使追聽之。後人曰：'受恩。'前撮之。縑主稱冤不已。宣曰：'然，固知當爾也。'因結責之，具服，俾悉還本主。"

[4]【顏注】師古曰：廢亂者，政教不行也。【今注】陳留郡：治陳留縣（今河南開封市東南）。

[5]【今注】案，大守，蔡琪本、大德本、殿本作"太守"。左馮翊：政區名。據《三輔黃圖》，治所在長安城内太上皇廟西南。左馮翊與郡同級，但地處畿輔，地位特殊，故不稱郡，而以其長官左馮翊之名爲政區名。

[6]【今注】滿歲稱職爲真：真即真除實授。漢代任用官員，均有試守之制，試守一年稱職者，方可轉爲真。

始高陵令楊湛、櫟陽令謝游皆貪猾不遜，[1]持郡短長，前二千石數案不能竟。[2]及宣視事，詣府謁，宣設酒飯與相對，接待甚備。已而陰求其罪臧，具得所受取。宣察湛有改節敬宣之效，迺手自牒書，條其姦臧，[3]封與湛曰："吏民條言君如牒，或議以爲疑於主守盜。[4]馮翊敬重令，又念十金法重，不忍相暴章。[5]

故密以手書相曉，欲君自圖進退，可復伸眉於後。[6]即無其事，復封還記，得爲君分明之。"[7]湛自知罪臧皆應記，[8]而宣辭語溫潤，無傷害意。湛即時解印綬付吏，爲記謝宣，終無怨言。而櫟陽令游自以大儒有名，輕宣，宣獨移書顯責之曰："告櫟陽令：吏民言令治行煩苛，適罰作使千人以上；[9]賊取錢財數十萬，給爲非法；[10]賣買聽任富吏，賈數不可知。[11]證驗以明白，欲遣吏考案，恐負舉者，恥辱儒士，[12]故使掾平鐫令。[13]孔子曰：'陳力就列，不能者止。'[14]令詳思之，方調守。"[15]游得檄，亦解印綬去。

[1]【今注】高陵：縣名。治所在今陝西西安市高陵區西南。案，楊，大德本作"陽"。 櫟陽：縣名。治所在今陝西西安市閻良區。

[2]【顏注】師古曰：雖每案驗之，不能窮竟其事。

[3]【顏注】師古曰：牒書謂書於簡牒也。【今注】牒書：在竹木簡札上寫字。

[4]【顏注】孟康曰：法有主守盜，斷官錢自入（蔡琪本、大德本、殿本句末有"己也"二字）。【今注】主守盜：即監守自盜。漢代罪名，屬《盜律》。監臨官員侵占公有財物，即爲主守盜，其量刑處罰重於普通盜竊犯罪，而且不得以爵位來減免或贖罪。張家山漢簡《二年律令》殘簡 X2 "☐☐☐☐盜之罪完城旦舂鬼薪白粲以上，駕（加）其罪一等"，研究者據龍崗秦簡律文及《漢書·刑法志》復原爲"守縣官財物而即盜之，完城旦舂、鬼薪白粲以上，駕（加）其罪一等"。意即對主守盜者要加重懲罰，尋常盜者應判處徒刑城旦舂及附加肉刑罪，主守盜者要加罪一等（詳見周波《張家山漢簡〈二年律令〉與〈漢書〉詔令比較研究》，載《出土

《文獻》第 15 輯，中西書局 2019 年版，第 281—295 頁）。

[5]【顏注】師古曰：依當時律條，贓直十金，則至重罪。【今注】十金法重：金，漢代以黄金一斤（約合今 250 克）爲一金，一金值一萬錢，十金即十萬錢。漢律規定，官員監守自盜，贓物達到十金，處以棄市。

[6]【顏注】師古曰：伸眉，言無憂也。且令自去職不廢，其後更爲官。

[7]【顏注】師古曰：記謂所與湛書也。分明謂考問使知清白也。宣恐其距諱，即欲驗治之。

[8]【顏注】師古曰：與宣書記相當。

[9]【顏注】師古曰：適讀曰讁（讁，蔡琪本作“謫”）。

[10]【顏注】師古曰：言斂取錢財，以供給興造非法之用。

[11]【顏注】師古曰：貫讀曰價。

[12]【顏注】師古曰：游本因薦舉得官，而身又是儒者，故云然。【今注】負舉者：漢代選官制度規定，舉薦官員不得其人，舉主要負連帶責任，以“選舉不以實”罪論處。

[13]【顏注】如淳曰：平鑱，激切使之自知過也。晉灼曰：王常爲光武鑱説其將帥。此爲徐以微言鑱鑿遣之也。師古曰：平，掾之名。鑱謂琢鑿也。鑱，子全反（蔡琪本、大德本、殿本“子”前有“音”字）。【今注】鑱：規勸。

[14]【顏注】師古曰：《論語》載孔子之答冉有、季路之言也。列，次也。言自審己之力用而就官次，不能則退。

[15]【顏注】師古曰：言欲選人且代游守令職。

又頻陽縣北當上郡、西河，[1]爲數郡湊，多盜賊。其令平陵薛恭本縣孝者，[2]功次稍遷，[3]未嘗治民，職不辦。[4]而粟邑縣小，[5]辟在山中，[6]民謹樸易治。令鉅鹿尹賞久郡用事吏，[7]爲樓煩長，[8]舉茂材，遷在粟。宣即以令奏賞與恭換縣。[9]二人視事數月，而兩縣皆治。宣因移書勞免之曰：[10]"昔孟公綽優於趙魏而不宜滕薛，[11]故或以德顯，或以功舉，'君子之道，焉可憮也！'[12]屬縣各有賢君，馮翊垂拱蒙成。[13]願勉所職，卒功業。"[14]

[1]【今注】頻陽：左馮翊屬縣。治所在今陝西富平縣東北。上郡：治膚施縣（今陝西榆林市東南）。 西河：郡名。治平定縣（今內蒙古准格爾旗西南）。

[2]【今注】平陵：本爲昭帝陵園，因陵設縣，治所在今陝西咸陽市西北。 縣孝者：意謂薛恭有孝行，通過舉孝入仕。

[3]【今注】功次稍遷：以積功久次（功勞、資歷）而得緩慢升遷。

[4]【今注】職不辦：不能履行職責。

[5]【今注】粟邑：縣名。治所在今陝西白水縣西北。

[6]【顏注】師古曰：辟讀曰僻。

[7]【今注】鉅鹿：郡名。治鉅鹿縣（今河北平鄉縣南）。尹賞：傳見本書卷九〇。

[8]【今注】樓煩：縣名。治所在今山西寧武縣北。

[9]【顏注】師古曰：時令條有材不稱職得改之。【今注】換縣：互換監臨之縣。錢大昭《漢書辨疑》："《後漢》第五種拜高密侯相，以能換爲衛相。今縣令有人地兩不相宜者，上官奏請交易其任，爲對調；古人謂之換縣。"

[10]【今注】勞免：慰問勉勵。"免"同"勉"。案，免，蔡琪本、大德本、殿本皆作"勉"。

[11]【顏注】師古曰：孟公綽，魯大夫也。《論語》云"孔子曰：孟公綽爲趙魏老則優，不可以爲滕薛大夫"。言器能各有所施也。趙魏，晉之卿族。老謂家之長相也。滕薛，小國諸侯也。

[12]【顏注】蘇林曰：憮，同也，兼也。晉灼曰：憮音誣。師古曰：《論語》載子夏之言。謂行業不同，所守各異，唯聖人爲能體備之。【今注】案，語出《論語·子夏》，今本作"君子之道，焉可誣也？"王觀國《學林·憮憮》："憮有空義，可以借與'誣'字通用。"

[13]【顏注】師古曰：自言端拱無爲而受縣之成功。

[14]【顏注】師古曰：卒，終也。

宣得郡中吏民罪名，輒召告其縣長吏，[1]使自行罰。曉曰："府所以不自發舉者，[2]不欲代縣治，奪賢令長名也。"長吏莫不喜懼，免冠謝宣歸恩受戒者。

[1]【今注】縣長吏：通常指縣令長、丞、尉等地位較高的縣級官員，秩級皆在二百石以上。有時又專稱縣令長爲長吏。

[2]【今注】案，自，大德本作"白"。

宣爲吏賞罰明，用法平而必行，所居皆有條教可紀，[1]多仁恕愛利。[2]池陽令舉廉吏獄掾王立，[3]府未及召，聞立受囚家錢。宣責讓縣，縣案驗獄掾，迺其妻獨受繫者錢萬六千，受之再宿，[4]獄掾實不知。掾慙恐自殺。宣聞之，移書池陽曰："縣所舉廉吏獄掾王立，家私受賕，[5]而立不知，殺身以自明。立誠廉士，甚可閔惜！其以府決曹掾書立之枢，以顯其魂。[6]府掾史素與立相知者，皆予送葬。"

[1]【今注】條教：亦稱"教"。多指由地方長官發布的具有條理性、規範性、適用於本地方的規章制度。

[2]【顏注】師古曰：愛人而安利也。【今注】愛利：指愛護、加惠於他人。《莊子·徐無鬼》："愛利出乎仁義。"董仲舒《春秋繁露·王道通三》："天常以愛利爲意。"

[3]【今注】池陽：縣名。治所在今陝西涇陽縣西北。　舉廉吏獄掾王立：獄掾，秦漢時各縣主罪法之吏。正職稱獄掾，副職稱獄史。廉吏，陳直《漢書新證》以爲，"廉吏謂察事之吏，見昌邑王及黃霸傳。《續漢書·百官志》河南尹屬吏有'治獄仁恕掾'，當與本文廉吏獄掾相似"。今案，陳説值得商榷。從下文來看，王立爲池陽縣獄掾，有廉潔之行，故被縣令舉爲廉吏，得到被郡府召見任職的機會，後由於有貪受嫌疑而被立案處理。故此處之"廉吏"當指被察舉之廉吏，而非"察事之吏"。本書卷八《宣紀》載元帝黃龍元年（前49）夏四月詔曰："舉廉吏，誠欲得其真也。"可參。

[4]【今注】再宿：兩天兩夜。意謂時間較短。

[5]【今注】賕：奉送貨財，求人枉法辦事。

[6]【顏注】師古曰：以此職追贈。【今注】府決曹掾：郡太守屬吏。決曹爲郡守諸曹之一，職掌主要是用法決獄、行縣錄囚徒，主者有決曹掾、決曹史，多以曉習文法者充任。

及日至休吏，[1]賊曹掾張扶獨不肯休，[2]坐曹治事。宣出教曰：[3]"蓋禮貴和，人道尚通。日至，吏以令休，所繇來久。[4]曹雖有公職事，家亦望私恩意。掾宜從衆，歸對妻子，設酒肴，請鄰里，壹笑相樂，[5]斯亦可矣！"扶慙愧。官屬善之。

[1]【顏注】師古曰：冬夏至之日不省官事，故休吏。【今注】休吏：指官吏休假不省官事。時人稱之爲"告"或"寧"。（參見張艷玲《漢代官吏休假制度研究綜述》，《甘肅社會科學》

2007 年第 5 期）

[2]【今注】賊曹掾：郡守屬吏。賊曹爲郡守諸曹之一，職掌主要是逐捕盜賊，主者有賊曹掾、賊曹史。

[3]【今注】教：條教。

[4]【顔注】師古曰：繇讀與由同。由，從也。

[5]【顔注】應劭曰：以壺矢相樂也。晉灼曰：書篆形“壹”关字象壺矢（关，蔡琪本作“矦”，殿本作“關”），因曰壹矢。此説非也。師古曰：晉説是也。壹关（关，蔡琪本、殿本作“關”），謂一爲歡关耳（关，殿本作“關”）。关（关，蔡琪本、殿本作“關”），古笑字也。【今注】关：笑。案，关，蔡琪本、殿本作“關”。

　　宣爲人好威儀，進止雍容，甚可觀也。性密静有思，[1]思省吏職，求其便安。[2]下至財用筆研，[3]皆爲設方略，利用而省費。[4]吏民稱之，郡中清静。遷爲少府，[5]共張職辦。[6]

[1]【顔注】師古曰：有智思也，音先寺反。

[2]【顔注】師古曰：省，視也。

[3]【今注】研：文具名。即硯。漢代的硯通常附有石製或木製的研子，用以壓磨墨錠，研出墨汁，供毛筆蘸寫。

[4]【顔注】師古曰：利，便也。省，減也。便於用而減於費也。省，所領反（蔡琪本、大德本作“所”前有“音”字）。

[5]【今注】少府：官名。掌山海池澤之税及皇帝飲食起居等，爲皇帝私府。位列九卿，秩中二千石。據本書《百官公卿表》，薛宣於成帝陽朔四年（前21）任少府，二月遷。

[6]【顔注】師古曰：共讀曰供，居用反（蔡琪本、大德本、殿本“居”前有“音”字）。張，竹亮反（蔡琪本、大德本、殿

本作"竹"前有"音"字)。【今注】共張：特指爲皇帝提供後勤保障。共，同"供"。張，同"帳"。 職辦：分内之事辦理妥當。

月餘，御史大夫于永卒，[1]谷永上疏曰：[2]"帝王之德莫大於知人，知人則百僚任職，天工不曠。[3]故《皋陶》曰：'知人則哲，能官人。'[4]御史大夫内承本朝之風化，外佐丞相統理天下，任重職大，非庸材所能堪。今當選於群卿，以充其缺。得其人則萬姓欣喜，百僚説服；[5]不得其人則大職墮斁，王功不興。[6]虞帝之明，[7]在兹壹舉，可不致詳。竊見少府宣，材茂行絜，達於從政，前爲御史中丞，執憲轂下，[8]不吐剛茹柔，[9]舉錯時當；[10]出守臨淮、陳留，二郡稱治；爲左馮翊，崇教養善，威德並行，衆職脩理，姦軌絶息，辭訟者歷年不至丞相府，赦後餘盜賊什分三輔之一。[11]功效卓爾，自左内史初置以來未嘗有也。[12]孔子曰：'如有所譽，其有所試。'[13]宣考績功課，[14]簡在兩府，[15]不敢過稱以奸欺誣之皋。[16]臣聞賢材莫大於治人，宣已有效。其法律任廷尉有餘，經術文雅足以謀王體，[17]斷國論；身兼數器，有'退食自公'之節。[18]宣無私黨游説之助，臣恐陛下忽於《羔羊》之詩，舍公實之臣，任華虛之譽，是用越職，陳宣行能，唯陛下留神考察。"上然之，遂以宣爲御史大夫。[19]

[1]【今注】御史大夫：官名。秦置，漢沿襲。受公卿奏事，舉劾按章，掌圖籍秘書，外督部刺史，銀印青綬，地位僅次於丞相。成帝綏和元年（前8）改御史大夫爲大司空，金印紫綬，禄比

丞相。號爲三公之一，然職權漸移尚書，漸成虛位。　于永：東海郡郯縣（今山東郯城縣西南）人。丞相于定國子。少嗜酒，多過失，年三十折節修行，歷任侍中、中郎將、長水校尉、御史大夫。尚宣帝長女館陶公主。

[2]【今注】谷永：傳見本書卷八五。

[3]【顏注】師古曰：工，官也。曠，空也。

[4]【顏注】師古曰：《虞書·皋陶謨》之辭也（謨，蔡琪本、大德本、殿本作“謨”）。哲，智也。無所不知，故能官人也。

[5]【顏注】師古曰：說讀曰悅。

[6]【顏注】師古曰：墮，毀也。斁，壞也。墮，火規反（蔡琪本、大德本、殿本“火”前有“音”字）。斁，丁固反（蔡琪本、大德本、殿本“丁”前有“音”字）。

[7]【今注】虞帝：即虞舜。

[8]【顏注】師古曰：言在天子輦轂之下。

[9]【顏注】師古曰：《大雅·烝人》之詩云（人，殿本作“民”）：“惟仲山甫，剛亦不吐，柔亦不茹。”言其平正也。茹，食也，音人庶反。【今注】案，此爲《大雅·烝民》之詩。顏師古注避唐太宗李世民之名諱，改“烝民”爲“烝人”。

[10]【顏注】師古曰：言其合時而當理也。當，丁浪反（蔡琪本、大德本、殿本“丁”前有“音”字）。

[11]【顏注】文穎曰：減三輔之賊什九也。【今注】三輔：京師長安周邊的三個郡級行政區，即京兆尹、左馮翊、右扶風。

[12]【顏注】師古曰：馮翊本左内史之地，故云然。【今注】左内史：郡級行政區劃名，亦爲官名。漢初承秦制，置内史以統轄以都城長安爲中心的關中核心地區。文、景之際分内史爲左、右内史。至武帝太初元年（前104），以左内史之地爲左馮翊。據《三輔黃圖》，治所設在長安城内太上皇廟西南。

[13]【顏注】師古曰：《論語》載孔子之言也。所以言譽人者，必當試之以事。【今注】案，語出《論語·衛靈公》，今本作"如有所譽者，其有所試矣"。《漢書·藝文志》、卷八五《谷永傳》、《三國志》卷二七《魏書·胡質傳》、卷二九《魏書·杜襲傳》注引俱無"者""矣"二字，"其"或作"必"。

[14]【今注】考績功課：西漢考課制度規定，郡國每年年終派遣計吏攜計簿到京師，接受丞相、御史大夫二府的考核。董仲舒《春秋繁露·考功名》有計功量罪論述。近年出土漢簡"功勞案"中反映的考績專案是按官、爵、功、勞、能書會計、治官民頗知律令、文或武等，與董仲舒《考功名》所說大體相同（參見于振波《簡牘與秦漢社會》，湖南大學出版社 2012 年版，第 221—222 頁）。

[15]【顏注】師古曰：簡，大也，一曰明也（一，大德本、殿本作"亦"）。兩府，丞相、御史府也。【今注】簡：當指計簿。楊樹達《漢書窺管》："《說文》五篇上《竹部》云：簡，牒也。此與《論語·堯曰篇》'簡在帝心'文同而義異。"

[16]【顏注】師古曰：過稱，謂踰其實而妄稱譽之也。奸，犯也，音干。

[17]【今注】王體：朝廷的大政方針。

[18]【顏注】師古曰：自，從也。《召南·羔羊》之詩，美在位皆節儉正直。其詩曰："退食自公，委蛇委蛇。"言卿大夫履行清絜，減退膳食，率從公道也。

[19]【今注】案，據本書《百官公卿表》，薛宣於漢成帝鴻嘉元年（前20）正月拜御史大夫。

數月，代張禹爲丞相，[1]封高陽侯，[2]食邑千户。宣除趙貢兩子爲史。[3]貢者，趙廣漢之兄子也，[4]爲吏亦有能名。宣爲相，府辭訟例不滿萬錢不爲移書，後皆遵用薛侯故事。[5]然官屬譏其煩碎無大體，不稱賢也。時天子好儒雅，宣經術又淺，上亦輕焉。

[1]【今注】張禹：傳見本書卷八一。據本書《百官公卿表》，薛宣於漢成帝鴻嘉元年（前20）四月任丞相。

[2]【今注】高陽侯：侯國治所在今山東莒縣東南。

[3]【今注】史：指丞相史。丞相屬吏，員二十人，秩四百石。漢制，丞相可自行辟除諸曹掾史。

[4]【今注】趙廣漢：傳見本書卷七六。

[5]【今注】故事：成例。

久之，廣漢郡盜賊群起，[1]丞相御史遣掾史逐捕不能克。上迺拜河東都尉趙護爲廣漢大守，[2]以軍法從事。數月，斬其渠帥鄭躬，[3]降者數千人，迺平。會邛成太后崩，喪事倉卒，吏賦斂以趨辦。[4]其後上聞之，以過丞相御史，遂册免宣曰：「君爲丞相，出入六年，忠孝之行，率先百僚，朕無聞焉。[5]朕既不明，變異數見，歲比不登，倉廩空虛，[6]百姓飢饉，流離道路，疾疫死者以萬數，人至相食，盜賊並興，群職曠廢，是朕之不德而股肱不良也。迺者廣漢群盜橫恣，殘賊吏民，朕惻然傷之，數以問君，君對輒不如其實。西州鬲絕，幾不爲郡。[7]三輔賦斂無度，酷吏並緣爲姦，[8]侵擾百姓，詔君案驗，復無欲得事實之意。九卿以下，咸承風指，同時陷于謾欺之辜，[9]咎繇君焉。[10]有司法君領職解嫚，[11]開謾欺之路，傷薄風化，無以帥示四方。不忍致君于理，[12]其上丞相高陽侯印綬，罷歸。」

　　[1]【今注】廣漢郡盜賊群起：據本書卷一〇《成紀》，成帝鴻嘉三年（前18），"廣漢男子鄭躬等六十餘人攻官寺，篡囚徒，盜庫兵，自稱山君"。次年冬，鄭躬等"黨與寖廣，犯歷四縣，衆且萬人"。廣漢郡，治梓潼縣（今四川梓潼縣）。

　　[2]【今注】河東：郡名。治安邑縣（今山西夏縣西北）。趙護：字子夏。本爲河東都尉。漢成帝鴻嘉四年拜廣漢太守，旬月之間平定以鄭躬爲首的群盜之亂，遷爲執金吾。　案，大守，蔡琪本、大德本、殿本作"太守"。

　　[3]【顏注】師古曰：渠，大也。【今注】渠帥：首領。又作"渠率"。

　　[4]【顏注】師古曰：邛成太后，宣帝王皇后也。趨讀曰趣。言苟取辦。【今注】邛成太后：王氏。漢宣帝第三任皇后。邛成侯王奉光之女。元帝繼位，尊王氏爲皇太后。竟寧元年（前33），成帝繼位，又尊王氏爲太皇太后。因成帝生母皇太后王政君亦姓王，故世人稱王氏爲邛成太后，以別於王政君。成帝永始元年（前16），邛成太后居后位四十九年去世，終年七十餘歲。本書卷九七下《外戚傳下》班固嘆："序自漢興，終于孝平，外戚後庭色寵著聞二十有餘人，然其保位全家者，唯文、景、武帝太后及邛成后四人而已。"

　　[5]【顏注】師古曰：不聞其有此行也。

　　[6]【顏注】師古曰：比，頻也。登，成也。年穀不成。

　　[7]【顏注】師古曰：鬲與隔同。幾，鉅依反（蔡琪本、大德本、殿本"鉅"前有"音"字）。【今注】西州：此指益州。廣漢郡屬益州，位置偏西，故稱西州。

　　[8]【顏注】師古曰：並，步浪反（蔡琪本"並音步永反"，大德本、殿本作"並音步浪反"）。【今注】緣：乘機。

　　[9]【今注】謾欺：亦作"欺謾"，專指隱瞞事實以欺騙皇帝的行爲。《晉書·刑法志》引張斐《律表》："違忠欺上，謂之謾。"

通常依據故意或者過失來定罪量刑。張家山漢簡《二年律令·賊律》："諸上書及有言也而謾，完爲城旦舂。其誤不審，罰金四兩。"

[10]【顏注】師古曰：謾，詆也，音慢，又音莫干反。繇讀與由同。

[11]【顏注】師古曰：法謂據法以劾也。解讀曰懈。嫚與慢同。

[12]【今注】理：又作"大理"，代指治獄官。

初，宣爲丞相，而翟方進爲司直。[1]宣知方進名儒，有宰相器，深結厚焉。後方進竟代爲丞相，思宣舊恩，宣免後二歲，薦宣明習文法，練國制度，[2]前所坐過薄，可復進用。上徵宣，復爵高陽侯，加寵特進，[3]位次師安昌侯，[4]給事中，[5]視尚書事。[6]宣復尊重，任政數年，後坐善定陵侯淳于長，罷就第。[7]

[1]【今注】翟方進：傳見本書卷八四。　司直：漢武帝時置。掌佐丞相舉不法。秩比二千石。

[2]【顏注】師古曰：練猶熟也。言其詳熟。

[3]【今注】特進：榮寵性質的加官名稱。又名"特進侯"。最早出現於西漢宣帝時期，凡諸侯功德優盛、朝廷敬異者賜特進。列侯加位特進，可以不就封國，居於京師府第，便於參加朝會等重大活動。西漢規定，列侯奉朝請在長安者，位次近於三公；賜位特進者，位次近於三公，在列侯之上（詳見田延峰《論漢代特進》，《寶雞文理學院學報》2006年第2期）。

[4]【今注】師：指張禹。漢成帝爲太子時，曾師從張禹習《論語》。　安昌侯：侯國治所在今河南確山縣西。漢成帝河平四年（前25）封丞相張禹爲安昌侯。

[5]【今注】給事中：加官名。因給事殿中，備顧問應對故

名。大夫、博士、議郎等加"給事中"，方得參與中朝議事。

[6]【今注】視：官制術語。與"平""領"近似，也有兼官之意。

[7]【今注】定陵侯：侯國治所在今河南漯河市郾城區西北。漢成帝元延三年（前10）封侍中衞尉淳于長爲定陵侯。 淳于長：傳見本書卷九三。

初，宣有兩弟明、脩。明至南陽太守。[1]脩歷郡守、京兆尹、少府，[2]善交接，得州里之稱。後母常從脩居官。宣爲丞相時，脩爲臨菑令，[3]宣迎後母，脩不遣。後母病死，脩去官持服。[4]宣謂脩三年服少能行之者，[5]兄弟相駁不可，[6]脩遂竟服，繇是兄弟不和。[7]

[1]【今注】南陽：郡名。治宛縣（今河南南陽市宛城區）。

[2]【今注】京兆尹：漢武帝時改右内史置，掌治京師，又得參與朝政。位列九卿，秩中二千石。據本書卷七二《鮑宣傳》，薛修爲京兆尹，被丞相司直郭欽奏免。

[3]【今注】臨菑：又作"臨淄"。縣名。治所在今山東淄博市臨淄區齊都鎮。

[4]【今注】持服：遵從服制，居喪守孝。

[5]【今注】三年服：《周禮·喪服》有爲父母服喪三年之制。然西漢喪服尚無定制，《周禮》所謂"三年服"祇停留在經學家的討論和個別人的孝義實踐上，官方與法律尚無强制約束，官員服喪往往三十六日即除服起視事。

[6]【顏注】師古曰：駁者，執意不同，猶如色之間雜。

[7]【顏注】師古曰：繇讀與由同。

久之，哀帝初即位，博士申咸給事中，[1]亦東海人也，毀宣不供養行喪服，薄於骨肉，前以不忠孝免，不宜復列封侯在朝省。[2]宣子況爲右曹侍郎，[3]數聞其語，賕客楊明，欲令創咸面目，使不居位。[4]會司隸缺，[5]況恐咸爲之，遂令明遮斫咸宮門外，斷鼻脣，身八創。

[1]【今注】博士：官名。秦置，漢因之，隸屬九卿之一奉常（太常）。掌古今史事待問及書籍典守。秩比六百石，設僕射一人管理。　申咸：事迹又見本書卷八六《師丹傳》。漢哀帝時曾與博士炔欽上書，爲大司空師丹求情，被貶秩二等。

[2]【今注】朝省：朝，朝廷，天子與群臣議政之所。省，省中，又稱禁中，是皇帝日常辦公和生活的區域。蔡邕《獨斷》：“禁中者，門户有禁，非侍御者不得入，故曰禁中。”士人無故不得進入省内，但近侍之臣則可受詔出入。薛宣時任給事中，屬中朝親近之臣，有出入資格。

[3]【今注】右曹侍郎：右曹，加官名。與左曹合稱“左右曹”或“諸曹”。《漢舊儀》：“右曹，日上朝謁，秩二千石。”普通官員加上左右曹之號，即可享受二千石秩級待遇，並且與聞政事，參與決策。侍郎，郎官的一種。郎中滿一年（一説爲三年）即可升爲侍郎。屬光禄勳，秩四百石。

[4]【顔注】師古曰：創謂傷之也，音初良反。其下並同。【今注】欲令創咸面目使不居位：漢制，博士及博士弟子等需儀狀端正，面部有嚴重創痕者類不得應舉。《漢官儀》載博士祭酒舉狀，《通典》卷二七引《督郵板狀》文，並有“身無金痍錮疾”之語。又《後漢書》卷四五《張酺傳》載東郡太守府吏王青咽喉部曾中箭矢，“身有金夷，竟不能舉”（詳參楊樹達《漢書窺管》卷九）。

[5]【今注】司隸：司隸校尉的省稱。漢武帝時置，掌糾察京師百官及附近京兆尹、左馮翊、右扶風、河内、河東、河南、弘農

諸郡，相當於州刺史。秩二千石。成帝元延四年（前9）罷司隸校尉官。哀帝綏和二年（前7）復置，但稱司隸，屬大司空。

事下有司，御史中丞衆等奏：「況朝臣，父故宰相，再封列侯，不相敕丞化，而骨肉相疑，疑咸受脩言以謗毀宣。咸所言皆宣行迹，衆人所共見，公家所宜聞。況知咸給事中，恐爲司隸舉奏宣，而公令明等迫切宮闕，要遮創戮近臣於大道人衆中，欲以鬲塞聰明，杜絕論議之端。[1]桀黠無所畏忌，萬衆讙譁，[2]流聞四方，不與凡民忿怒爭鬭者同。臣聞敬近臣，爲近主也。禮，下公門，式路馬，[3]君畜產且猶敬之。《春秋》之義，意惡功遂，不免於誅，[4]上浸之源不可長也。[5]況首爲惡，明手傷，功意俱惡，[6]皆大不敬。[7]明當以重論，及況皆棄市。」[8]廷尉直以爲，[9]「律曰：『鬭以刃傷人，完爲城旦，其賊加罪一等，與謀者同罪，』[10]詔書無以詆欺成罪。[11]傳曰：『遇人不以義而見疻者，與痏人之罪鈞，惡不直也。』[12]咸厚善脩，而數稱宣惡，流聞不誼，不可謂直。[13]況以故傷咸，計謀已定，後聞置司隸，因前謀而趣明，[14]非以恐咸爲司隸故造謀也。[15]本爭私變，[16]雖於掖門外傷咸道中，[17]與凡民爭鬭無異。殺人者死，傷人者刑，古今之通道，三代所不易也。孔子曰：『必也正名。名不正，則至於刑罰不中；刑罰不中，而民無所錯手足。』[18]今以況爲首惡，[19]明手傷爲大不敬，公私無差。《春秋》之義，原心定罪。[20]原況以父見謗發忿怒，無它大惡。加詆欺，輯小過成大辟，[21]陷死刑，違明詔，恐非法意，不可施行。聖王不以怒增刑。明當以賊傷人不直，[22]況與謀者，皆爵減完爲城旦”。[23]上以問公卿議臣。丞相孔光、大司空師丹以中丞議是，[24]自將軍以下至博士、議郎皆是廷尉。[25]況竟減罪一等，徙敦煌。[26]宣坐免爲庶人，歸故郡，卒於家。

[1]【顏注】師古曰：鬲與隔同。杜，塞也。

[2]【今注】讙（huān）譁：大聲喧嘩，議論紛紛。

[3]【顏注】師古曰：過公門則下車，見路馬則撫式，蓋崇敬也。式，車前橫木。【今注】路馬：挽拉路車之馬。亦作“輅馬”。古代天子所乘之車曰“路車”，亦作“輅車”。

[4]【顏注】師古曰：遂，成也。言舉意不善，雖有成功猶加誅。

[5]【顏注】師古曰：浸，近也。言傷戮大臣，有所逼近也。浸字或作侵。侵，犯也，其義兩通。長，竹兩反（蔡琪本、大德本、殿本“竹”前有“音”字）。

[6]【顏注】孟康曰：手傷人爲功，使人行傷人者爲意。

[7]【今注】大不敬：漢代罪名。凡對皇帝不敬重、冒犯皇帝權威的言行，皆可冠以“不敬”之名論處，重者則爲大不敬。律無正條，入罪條件模糊，論處量刑時往往引例比附。

[8]【今注】棄市：死刑的一種。行刑於市，以示衆所棄。

[9]【今注】直：即龐直。據本書《百官公卿表下》，漢成帝綏和元年（前8），少府龐真任廷尉，爲官二年。龐真即龐直，“真”“直”形近而誤缺筆。

[10]【今注】律：據張家山漢簡《二年律令》，“賊殺傷人”“鬬殺傷人”的相關法令皆屬《賊律》。 完爲城旦：徒刑的一種。男子犯死罪以下的重罪，須承擔築城等苦役，故稱“城旦”，屬徒刑之最重者。據衞宏《漢舊儀》，城旦附加髠（剃髮爲髠）鉗（以

鐵圈束項）者爲髡鉗城旦，刑期五年；不加肉刑而保持肌體完整者爲完城旦，刑期四年。張家山漢簡《二年律令·賊律》中有"鬬而以釰及金鐵銳、錘、椎傷人，皆完爲城旦舂"，與本文正同。賊加罪一等：賊，意近"故意"。漢律中所謂"賊殺""賊害"，皆指有殺害或傷害之歹意而爲之。《晉書·刑法志》引張斐《律表》："無變斬擊，謂之賊。"《二年律令·賊律》中有"賊傷人……黥爲城旦舂"，黥謂刺額並以墨填充，屬肉刑，黥城旦舂較完城旦舂爲重。　與謀者同罪：與謀者，謂同謀之人。《二年律令·賊律》："謀賊殺、傷人，未殺，黥爲城旦舂。……謀賊殺、傷人，與賊同法。"與，楊樹達《漢書窺管》以爲當讀爲"豫"。

[11]【顏注】師古曰：詆，毀也，音丁禮反。【今注】詔書無以詆欺成罪：詆欺，指詆毀、陷害他人的行爲。詆欺之行細碎害小，又不易執行，故漢成帝時即下詔不以詆欺入罪。本書卷一一《哀紀》記成帝綏和二年六月下詔廢除"誹謗詆欺之法"，正與成帝之詔承接。案，欺，大德本作"於"。

[12]【顏注】應劭曰：以杖手毆擊人，剝其皮膚，腫起青黑而無創瘢者，律謂疻痏。遇人不以義爲不直，雖見毆與毆人罪同也。師古曰：疻音侈。痏音鮪（王念孫《讀書雜志·漢書第十三》云："案，正文之'痏人'，本作'疻人'。'遇人不以義而見疻者，與疻人之罪鈞'，兩'疻'字上下相應。應注云'雖見毆與毆人罪同'，兩'毆'字亦上下相應。若下句變'疻'言'痏'，則與上句不相應矣。應云'律謂之疻痏'，此是引律以釋正文'疻'字，非釋'痏'字也。師古曰'痏，音鮪'，自爲應注'痏'字作音，非爲正文作音也。後人不察，遂謂正文內有'痏'字，而改'疻人'爲'痏人'，斯爲謬矣。師古注《急就篇》云'毆人皮膚腫起曰疻，毆傷曰痏'，是'疻''痏'大同而小異，又不得徑改'疻人'爲'痏人'也。《白帖·四十八》、《九十二》並作'遇人不以義而見疻者，與疻人之罪鈞'，《通

典·刑四》同。"）。【今注】案，疻（zhǐ）痏（wěi），毆擊致皮膚青腫而無創傷爲疻，有創傷稱痏。

［13］【顏注】師古曰：言成爲脩而毀宣，是不誼而不直。

［14］【顏注】師古曰：趣讀曰促。

［15］【今注】造謀：法律術語。意猶起意謀劃。

［16］【今注】私變：發生在私人之間的突發事件，未經預謀。

［17］【今注】掖門：皇宮正門兩側之小門，猶人臂下兩掖。

［18］【顏注】師古曰：《論語》載孔子之言也。錯，置也，音千故反。【今注】案，語出《論語·子路》。

［19］【今注】首惡：罪魁禍首。

［20］【顏注】師古曰：原謂尋其本也。【今注】原心定罪：根據心理的動機確定有無罪過。漢儒以此爲司法審判的基本原則，是對秦法據客觀歸罪事實裁判的糾正。《春秋繁露·精華》說："《春秋》之聽獄也，必本其事而原其志。志邪者，不待成；首惡者，罪特重；本直者，其論輕。"本書卷八六《王嘉傳》亦說："聖王斷獄，必先原心定罪。探意立情，故死者不抱恨而入地，生者不銜怨而受罪。"

［21］【顏注】師古曰：輯與集同。集，合也。

［22］【顏注】師古曰：以其受賕也。

［23］【顏注】師古曰：以其身有爵級，故得減罪而爲完也。況身及同謀之人，皆從此科（科，大德本作"利"）。

［24］【今注】孔光：傳見本書卷八一。　大司空：漢成帝時改御史大夫爲大司空，爲三公之一。金印紫綬，秩萬石。　師丹：傳見本書卷八六。

［25］【今注】議郎：郎官的一種，職掌顧問應對，參與議政，不入直宿衛。隸光禄勳，秩比六百石。

［26］【今注】敦煌：郡名。治敦煌縣（今甘肅敦煌市七里區白馬塔村）。

宣子惠亦至二千石。始惠爲彭城令，[1]宣從臨淮遷至陳留，過其縣，橋梁郵亭不脩。[2]宣心知惠不能，留彭城數日，案行舍中，處置什器，[3]觀視園菜，終不問惠以吏事。惠自知治縣不稱宣意，遣門下掾送宣至陳留，[4]令掾進見，自從其所問宣不教戒惠吏職之意。[5]宣笑曰："吏道以法令爲師，可問而知。及能與不能，自有資材，何可學也？"衆人傳稱，以宣言爲然。

[1]【今注】彭城：縣名。治所在今江蘇徐州市。

[2]【顏注】師古曰：郵，行書之舍，亦如今之驛及行道館舍也，音尤。【今注】郵亭：郵爲傳遞文書的機構，同時爲過往公務人員提供簡單食宿服務。亭是追捕盜賊、維護社會治安的機構，也參與文書傳遞，建有廳堂、居室、倉、厩等房舍，爲路人提供飲食停宿。亦有闕樓之類的設施供瞭望守禦（參見蘇衛國《秦漢鄉亭制度研究——以鄉亭格局的重釋爲中心》，黑龍江人民出版社 2010 年版，第 46—47 頁）。漢代規定，地方官要及時修繕公共服務設施。長沙走馬樓出土的一枚西漢簡，記録了公元前 96 年（武帝太始元年）長沙國對屬縣傳舍的一份調查報告："牒書傳舍屋橋（牆）垣壞敗，門内户、扇、瓦、竹不見者十三牒。吏主者不智（知）數循行，稍繕治，使壞敗物不見，毋辯護，不勝傷。……"意謂經檢查該傳舍存在多種問題，有的是屋牆或院牆垮塌，有的是屋瓦缺損，有的是門扇不見了，有的是水井轆轤壞了，有的是磨糧食的石磨壞了，有的是竹製的距馬不知去向，等等，是明顯的"不勝任"，不必辯護，需要追究主管官員的責任。（詳見胡平生《走馬樓漢簡"牒書傳舍屋牆垣壞敗"考釋》，見黎明釗編《漢帝國的制度與社會秩序》，牛津大學出版社 2012 年版，第 425—430 頁）

[3]【顏注】師古曰：處，安也。什器，爲生之具也，解在

《平紀》。【今注】什器：生産工具、生活用具的泛稱。

[4]【今注】門下掾：此指縣屬吏中縣令較親近者。

[5]【顏注】師古曰：若自出其意，不云惠使之言。

初，宣後封爲侯時，妻死，而敬武長公主寡居，[1] 上令宣尚焉。及宣免歸故郡，公主留京師。後宣卒，主上書願還宣葬延陵，[2] 奏可。況私從敦煌歸長安，會赦，因留與主私亂。[3] 哀帝外家丁、傅貴，[4] 主附事之，而疏王氏。[5] 元始中，[6] 莽自尊爲安漢公，[7] 主又出言非莽。而況與呂寬相善，[8] 及寬事覺時，莽并治況，發揚其罪，使使者以大皇大后詔賜主藥。[9] 主怒曰：“劉氏孤弱，王氏擅朝，排擠宗室，[10] 且嫂何與取妹披抉其閨門而殺之？”[11] 使者迫守，[12] 主遂飲藥死。況梟首於市。白大后云主暴病薨。[13] 大后欲臨其喪，莽固爭，乃止。

[1]【今注】敬武長公主：漢宣帝之女，元帝之妹。初嫁張安世曾孫張臨；張臨死，再嫁趙充國之孫趙欽；趙欽死後，又嫁薛宣。後因得罪安漢公王莽而被迫自殺。事迹另見本書卷五九《張湯傳》、卷六九《趙充國傳》、卷九九《王莽傳上》等處。

[2]【今注】延陵：漢成帝劉驁的陵園。在今陝西咸陽市渭城區周陵鄉嚴家窯村。文意謂公主申請陪葬延陵。

[3]【今注】與主私亂：與長公主亂倫。周壽昌《漢書注校補》以爲此事絕無可能，案曰：“敬武長公主爲宣帝女。考《外戚傳》，宣帝有一館陶主，爲華倢伃所生，其敬武之姊耶？即敬武爲宣帝末年所生，至平帝初元已五十三四歲，若元始中將六十，主雖少寡，不聞有佚行，再降薛宣，年已不小，至暮歲而留子與亂乎？

漢末政雖不綱，而清議尚嚴，舛與莽不協，必遭劾治，乃主薨後，太后猶欲親臨其喪，主之無失德，亦可證矣。此皆因主平日出言非莽，莽恨而畏之，造此誣讒。觀《莽傳》云‘窮治呂寬獄，內及敬武公主’，故欲致主死，並死其子薛況也。史氏襲莽舊聞，不將年事審正以辨其非，不得謂非巨戾也。”

[4]【今注】丁傅：丁指漢哀帝母丁太后一族。哀帝即位，丁氏外戚封侯者二人，二千石以上凡七人，其中帝舅丁明爲陽安侯，先後以大司馬衞將軍、大司馬驃騎將軍輔政。傅指哀帝祖母傅太皇太后一族，其外家傅氏、鄭氏封侯者六人，九卿侍中諸曹十餘人。二家外戚在哀帝朝權勢顯赫，時稱“丁傅”。

[5]【今注】王氏：漢元帝皇后王政君一族。

[6]【今注】元始：漢平帝年號（1—5）。

[7]【今注】莽自尊爲安漢公：莽即王莽。傳見本書卷九九。漢平帝元始元年（1）春正月，詔使三公以薦宗廟，群臣奏言大司馬王莽功德比周公，賜號安漢公。

[8]【今注】呂寬：王莽長子王宇妻兄。與王宇合謀勸誡王莽移權於平帝外戚衞氏家族，弄鬼使詐，夜用狗血灑王莽府邸門，事發遭誅。事迹見本書卷九二《游俠傳》。

[9]【今注】大皇大后：即太皇太后，此指王政君。傳見本書卷九八。大，蔡琪本、大德本、殿本皆作“太”。

[10]【顏注】師古曰：擠，墜也，音子詣反。

[11]【顏注】師古曰：敬武公主，宣帝女也，故謂元后爲嫂。披，發也。抉，挑也。與讀曰豫。豫，干也。言此事不干於嫂也。抉，一穴反（蔡琪本作“抉音古穴反”；大德本、殿本“一”前有“音”字）。挑，它凋反（蔡琪本、大德本、殿本“它”前有“音”字）。【今注】披抉：撥開挑剔。案，本句意爲敬武公主埋怨王氏披露其閨房穢事而殺之。

[12]【顏注】師古曰：守而逼之。

[13]【今注】大后：即太后。案，大，蔡琪本、大德本、殿本皆作"太"。下同。

朱博字子元，杜陵人也。[1]家貧，少時給事縣爲亭長，[2]好客少年，捕搏敢行。[3]稍遷爲功曹，[4]伉俠好交，[5]隨從士大夫，[6]不避風雨。是時，前將軍望之子蕭育、御史大夫萬年子陳咸以公卿子著材知名，[7]博皆友之矣。時諸陵縣屬大常，[8]博以大常掾察廉，補安陵丞。[9]後去官入京兆，歷曹史列掾，[10]出爲督郵書掾，[11]所部職辦，郡中稱之。

[1]【今注】杜陵：漢宣帝劉恂陵園。因陵設縣，治所在今陝西西安市雁塔區曲江街道辦事處三兆村西北。

[2]【今注】亭長：官名。秦漢時期鄉里設亭，亭有亭長，主追捕盜賊，維持治安，兼及民事，聽理詞訟。亭長直屬於縣，多選少壯有勇力者或有從軍經驗者擔任。

[3]【顏注】師古曰：好賓客及少年而追捕擊搏無所避也（楊樹達《漢書窺管》以爲："好客少年謂好結納少年以爲賓客。顏云'好賓客及少年'，非也。蒲博敢行意不貫，顏說是也。"）【今注】好客少年捕搏敢行：少年，約當現在的青年。秦漢文獻中的"少年"與"惡少年"，是城邑中持與政府不合作態度的社會力量，一般都表現出反正統的傾向，是游俠社會的基礎（詳見王子今《說秦漢"少年"與"惡少年"》，《中國史研究》1991年第4期）。捕搏，追捕搏擊。錢大昕《三史拾遺》卷三以爲"捕搏"當爲"蒲博"之誤。

[4]【今注】功曹：此當指杜陵縣功曹。縣功曹是縣令長屬吏，職總內外，在屬吏中地位最高，權力最大，故秦及漢初又稱

主吏。

[5]【顔注】師古曰：伉，健也，音口浪反。【今注】伉俠：豪爽仗義。

[6]【今注】士大夫：古時對於官吏和士人的統稱。《周禮·考工記》：“坐而論道謂之王公。作而行之謂之士大夫。”或參見侯外盧《漢代士大夫與漢代思想的總傾向》（《史學史研究》1990 年第 4 期）。

[7]【今注】望之：蕭望之。傳見本書卷七八。案，望，大德本作“盛”。　蕭育：事迹見本書卷七八《蕭望之傳》。　萬年：陳萬年。傳見本書卷六六。　陳咸：傳見本書卷六六。

[8]【今注】陵縣：又稱陵邑，是西漢時期以帝陵、后陵爲中心徙募吏民形成的縣級政區。主要包括高祖長陵縣、惠帝安陵縣、文帝霸陵縣、景帝陽陵縣、武帝茂陵縣、昭帝平陵縣、宣帝杜陵縣、薄太后南陵縣、趙婕妤雲陵縣等。陵邑初歸太常（奉常）管轄，元帝永光三年（前 41）轉屬三輔京兆尹、左馮翊、右扶風。

大常：即太常。漢初名奉常，景帝時改稱太常，掌宗廟禮儀。位列九卿之首，秩中二千石。案，大，蔡琪本、大德本、殿本作“太”。下同。

[9]【今注】安陵丞：安陵縣屬吏。安陵是漢惠帝劉盈的陵園，因陵置縣，治所在今陝西咸陽市東北。

[10]【今注】曹史列掾：郡府屬吏。西漢郡府分曹辦公，包括戶曹、比曹、時曹、田曹、水曹、倉曹、金曹、賊曹等，各曹主管之吏稱掾，或稱史。

[11]【今注】督郵書掾：又稱督郵曹掾、督郵掾，簡稱督郵。爲太守耳目之官，巡行郡境，監察屬縣長吏及豪強，捕繫盜賊，録送囚徒，督催租賦。

而陳咸爲御史中丞，坐漏泄省中語下獄。[1] 博去吏，間步至廷尉下，[2]候司咸事。[3]咸掠治困篤，[4]博詐得爲醫入獄，得見咸，具知其所坐罪。博出獄，又變姓名，爲咸驗治數百，[5]卒免咸死罪。咸得論出，而博以此顯名，爲郡功曹。[6]

[1]【今注】漏泄省中語：近侍之臣擅自泄漏與皇帝相關或其他應保密的宮省信息的行爲。漢法，"漏泄省中語"通常爲大罪。（詳參黨超《兩漢"漏泄省中語"考論》，《史學月刊》2016年第12期）

[2]【顏注】師古曰：去吏，自解職也。間步，謂步行而伺間隙以去（伺，蔡琪本作"同"）。【今注】間：私下。王念孫《讀書雜志·漢書第十三》曰："案，'候司'在下文，則此非伺間隙之謂也。間者，私也。謂私步至廷尉中也。古謂私爲間。" 案，下，蔡琪本、大德本、殿本作"中"。

[3]【今注】司：同"伺"。打探。蔡琪本、大德本、殿本皆作"伺"。

[4]【今注】掠治：拷打訊問。

[5]【顏注】師古曰：謂被掠笞也。

[6]【今注】郡功曹：太守屬吏。主要負責郡府人事管理，職總內外，比於朝廷丞相，爲郡府衆吏之率。

久之，成帝即位，大將軍王鳳秉政，奏請陳咸爲長史。[1]咸薦蕭育、朱博除莫府屬。[2]鳳甚奇之，舉博櫟陽令，徙雲陽、平陵三縣，[3]以高弟入爲長安令。[4]京師治理，遷冀州刺史。[5]

[1]【今注】長史：官名。爲將軍幕府諸掾史之長，秩千石。

［2］【今注】莫府屬：莫府即幕府，爲將軍府的代稱。大將軍幕府屬吏職在參贊軍務，員額甚多，包括大將軍長史、大將軍校尉、大將軍軍司馬、大將軍軍司空、大將軍從事中郎、大將軍史、大將軍軍監、大將軍軍武庫令等。

［3］【今注】雲陽：縣名。治所在今陝西淳化縣西北。　三縣：楊樹達《漢書窺管》以爲“三“當作“二”。中華本據改，可從。

［4］【今注】高弟：即高第。考課名列第一。弟，蔡琪本、大德本、殿本作“第”。

［5］【今注】冀州：漢武帝所置十三刺史部之一，監察趙國、廣平、真定、中山國、河間、信都、魏郡、常山、鉅鹿、清河等郡國，相當今河北中、南部，山東西端及河南北端。

博本武吏，不更文法，[1]及爲刺史行部，[2]吏民數百人遮道自言，[3]官寺盡滿。從事白請且留此縣，[4]録見諸自言者，事畢迺發，欲以觀試博。博心知之，告外趣駕。[5]既白駕辦，博出就車，見自言者，使從事明敕告吏民：“欲言縣丞尉者，刺史不察黃綬，各自詣郡。[6]欲言二千石墨綬長吏者，[7]行部還，[8]詣治所。[9]其民爲吏所冤，及言盜賊辭訟事，各使屬其部從事。”[10]博駐車決遣，四五百人皆罷去，如神。吏民大驚，不意博應事變迺至於此。後博徐問，果老從事教民聚會。博殺此吏，州郡畏博威嚴。徙爲并州刺史，[11]護漕都尉，[12]遷琅邪大守。[13]

［1］【顏注】師古曰：更，歷也，音工衡反。【今注】不更：未經歷。不懂。

[2]【顏注】師古曰：行，下更反（蔡琪本、大德本、殿本"下"前有"音"字）。

[3]【今注】自言：吏民向官府揭發、言事、告白、申請某事。（詳見卜憲群、劉楊《秦漢日常秩序中的社會與行政關係初探——關於"自言"一詞的解讀》，《文史哲》2013年第4期）

[4]【今注】從事：官名。刺史屬吏有治中從事、別駕從事、簿曹從事、兵曹從事、部從事等，統稱從事，亦稱從事史。《宋書·百官志》載漢代刺史僚屬有"別駕從事史一人，從刺史行部"。本文所言"從事"，或即指別駕從事。

[5]【顏注】師古曰：趣讀曰促。

[6]【顏注】師古曰：丞尉職卑皆黃綬。【今注】黃綬：綬，官印的綬帶。漢代以印綬的材質、顏色來標識官階級別。據本書《百官公卿表》，秩比二百石以上至比六百石以下皆銅印黃綬。縣尉、縣丞及小縣縣長秩居此間，故印用黃綬。

[7]【今注】二千石：此指郡太守、郡都尉、王國傅、相、內史等郡國長官，秩皆二千石或比二千石，銀印青綬。 墨綬：黑色綬帶。秩比六百石以上至比二千石以下皆銅印墨綬。郡丞、郡都尉丞、王國長史、王國內史丞等郡國高級佐官及縣令皆屬墨綬。漢武帝朝初設刺史時，所監察官吏主要是二千石以上地方官，至西漢後期已察及二千石以下至縣令長一級，權限漸擴。

[8]【今注】案，行部還，蔡琪本、大德本、殿本於"行"前皆有"使者"二字。刺史本由漢初丞相史、御史及皇帝特使巡察地方之制演變而來，屬皇帝特派性質，故亦稱使者。

[9]【顏注】師古曰：治所，刺史所止理事處（刺史在州部的固定辦公場所。周壽昌《漢書注校補》："治所，平時刺史所居之治也，非行部時所止，故必俟其行部還始令詣之也。下云'各使屬其部從事'，方是行部時所治。"）【今注】案，西漢後期冀州刺史治所或在鄗縣（今河北柏鄉縣北固城店鎮）。城邑遺址尚存。

[10]【顏注】師古曰：屬，委也，音之欲反。【今注】部從事：刺史屬吏。部郡國從事的省稱。所部郡國各置一人，掌督促文書，察舉非法。

[11]【今注】并州：漢武帝所置十三刺史部之一，監察太原、上黨、雲中、定襄、雁門、代郡，相當於今山西大部和河北、內蒙古的一部分。

[12]【今注】護漕都尉：官名。掌護漕運。西漢建都關中，每年需用卒數萬人，從東方漕運數百萬石糧食以給京師，因置護漕都尉以督運。秩比二千石。不常置。

[13]【今注】案，大守，蔡琪本、大德本、殿本均作"太守"。

齊部舒緩養名，[1]博新視事，右曹掾史皆移病臥。[2]博問其故，對言"惶恐！[3]故事二千石新到，輒遣吏存問致意，迺敢起就職。"博奮髯抵几曰：[4]"觀齊兒欲以此爲俗邪！"迺召見諸曹史書佐及縣大吏，[5]選視其可用者，出教置之。[6]皆斥罷諸病吏，白巾走出府門。[7]郡中大驚。

[1]【顏注】師古曰：言齊人之俗，其性遲緩，多自高大以養名聲。【今注】齊部：琅邪郡於戰國及漢初皆爲齊國之地，故稱齊部。今案，齊部，中華本作"齊郡"，蔡琪本、大德本、殿本皆作"齊部"，郡、部二字形近易譌，似當以底本爲是。舒緩：閑雅遲緩。《禮記·玉藻》："君子之容舒遲。"孔穎達疏："舒遲，閑雅也。"本書《地理志》記齊地之俗："其土多好經術，矜功名，舒緩闊達而足智。其失夸奢朋黨，言與行繆，虛詐不情，急之則離散，緩之則放縱。"齊人"舒緩"或"緩遲"，也是當地儒學風格的體現。（詳王子今《秦漢區域文化研究》，四川人民出版社1998

　　[2]【顏注】師古曰：右曹，上曹也。移病，謂移書言病也，一曰以病而移居也。【今注】右曹掾史：郡守屬吏分曹辦公，主持各曹之吏或稱掾，或稱史。漢代以右爲尊，諸曹之中職掌較爲重要或位置親近太守者如功曹、五官掾、督郵等，俗稱右曹或右職，地位高於列曹。　移病：“移病書”的省稱。即提交病假請示報告。

　　[3]【顏注】師古曰：言懼新太守之威。【今注】惶恐：發語敬謝之辭，意猶恕罪。周壽昌《漢書注校補》曰：“慚於下欲太守存問始起，故以‘惶恐’二字先之，猶奏記之先言主臣，皆發語辭也。顏註云‘懼新太守之威’，非是。若誠懼，則無以下云云。”

　　[4]【顏注】師古曰：鬐，頰毛也。抵，擊也，音紙。【今注】奮鬐：激憤以致鬍鬚抖動。

　　[5]【今注】書佐：此指郡書佐。郡府諸曹皆置，承擔文書、會計諸事。尹灣漢簡《東海郡吏員簿》記西漢成帝時東海郡太守吏員名額：“太守吏員廿七人。太守一人，秩□□□。太守丞一人，秩六百石。卒史九人，屬五人，書佐九人，用算佐一人，小府嗇夫一人。凡廿七人。”書佐地位低於掾史，秩在百石之下。　縣大吏：縣令長、丞以下地位、職權較高的屬吏，如功曹、廷掾等。

　　[6]【顏注】師古曰：皆新補置，以代移病者。

　　[7]【今注】白巾：平民服飾。巾即幘，庶人無冠，以幘束髮。官員以幘束髮，上面加冠。本文右曹掾史被辭退之後，不得戴冠，故白巾出府。

　　頃之，門下掾贛遂耆老大儒，教授數百人，拜起舒遲。博出教主簿：[1]“贛老生，不習吏禮，主簿且教拜起，閑習迺止。”又敕功曹：“官屬多褒衣大袑，[2]不中節度，自今掾史衣皆令去地三寸。”博尤不愛諸生，[3]所至郡輒罷去議曹，[4]曰：“豈可復置謀曹邪！"[5]文學儒吏時有奏記稱説云云，[6]博見謂曰："如太守漢吏，奉三尺律令以從事耳，[7]亡奈生所言聖人道何也！[8]且持此道歸，堯舜君出，爲陳説之。"其折逆人如此。視事數年，大改其俗，掾史禮節如楚、趙吏。[9]

[1]【顏注】師古曰：以此教告主簿。【今注】主簿：郡守屬吏。居太守左右，職在拾遺補闕。

[2]【顏注】孟康曰（大德本、殿本、中華本作"師古曰"）：袑音紹，謂大袴也。【今注】褒衣：寬大的上衣。 大袑（shào）：肥大的褲子。

[3]【今注】諸生：儒生。

[4]【今注】議曹：漢朝郡府屬吏。不領具體職司，參與謀議，地位較尊。

[5]【今注】謀曹：此爲朱博戲謔之語。漢代郡府並無此曹。

[6]【今注】文學：官名。負責在郡國學官教授學生。多由明經通儒充任。 奏記：公文術語。漢制，下官言事於上級的文書，稱奏記。

[7]【今注】三尺律令：法律條文通常寫在三尺長的簡牘上，故"三尺"往往代指律令。漢代一尺約合今 23 釐米，三尺則爲 69 釐米。從出土實物來看，寫有詔令目録的居延漢簡長 67.5 釐米，近合漢尺三尺之數（詳林澐《古代的簡牘》，《中國典籍與文化》1994 年第 1 期），但是多數漢代律令簡牘長度約 27 釐米左右，僅合漢制一尺二寸左右，遠不及三尺。或以爲周制一尺爲八寸，漢制一尺爲十寸，周三尺合漢之二尺四寸，漢代人所謂律令"三尺"之制其實是沿用周代陳説，桓寬《鹽鐵論·詔聖》所謂"二尺四寸之律，古今一也"，正是此意。或以爲武帝時期儒學上升至官學地位之後，書寫儒家典籍的簡牘長度標準定爲二尺四寸，法律條文寫在

二尺四寸長的簡牘上，意味著律條被賦予與儒經同等的地位和權威（參見［日］富谷至著，劉恒武、孔李波譯《文書行政的漢帝國》，江蘇人民出版社 2013 年版，第 38—42 頁）。

[8]【顏注】師古曰：言不能用。

[9]【今注】掾史禮節如楚趙吏：戰國秦漢時期，吳楚風俗以“剽疾”著稱，燕趙地區以“精急”聞名，都呈現出迅急、激烈、勇悍的特點，與齊地的“舒緩”風格形成強烈對比。王充《論衡·率性》：“楚、越之人，處莊嶽之間，經歷歲月，變爲舒緩，風俗移也。故曰：‘齊舒緩，秦慢易，楚促急，燕戇投。’以莊、嶽言之，四國之民，更相出入，久居單處，性必變易。”

　　博治郡，常令屬縣各用其豪桀以爲大吏，文武從宜。[1]縣有劇賊及它非常，博輒移書以詭責之。其盡力有效，必加厚賞；懷詐不稱，誅罰輒行。[2]以是豪強慹服。[3]姑幕縣有群輩八人報仇廷中，皆不得。[4]長吏自繫書言府，[5]賊曹掾史自白請至姑幕，[6]事留不出。功曹諸掾即皆自白，復不出。於是府丞詣閤，[7]博迺見丞掾曰：“以爲縣自有長吏，府未嘗與也，丞掾謂府當與之邪？”[8]閤下書佐入，[9]博口占檄文曰：[10]“府告姑幕令丞：言賊發不得，有書。[11]檄到，[12]令丞就職，游徼王卿力有餘，如律令。”[13]王卿得敕惶怖，親屬失色，晝夜馳騖，十餘日間捕得五人。博復移書曰：“王卿憂公甚效。檄到，齎伐閱詣府。[14]部掾以下亦可用，漸盡其餘矣。”[15]其操持下皆此類也。

[1]【顏注】師古曰：各因其材而任之。

[2]【顏注】師古曰：稱，副也。

[3]【顏注】師古曰：慹，之涉反（蔡琪本、大德本、殿本“之”前有“音”字）。【今注】慹（zhí）：恐懼。

[4]【顏注】師古曰：於縣廷之中報仇殺人，而其賊亡（亡，殿本作“皆亡”），捕不得也（殿本“捕”後有“之”字）。【今注】姑幕：縣名。治所在今山東安丘市東南。

[5]【今注】長吏自繫書言府：姑幕縣令、縣尉、縣丞自繫待罪，向太守府上書報告。

[6]【今注】自白：主動上書。王先謙《漢書補注》曰：“以書上白。”

[7]【今注】府丞：郡守之佐官。有代太守行事的權力。秩六百石。　閤：漢代官府通常有兩重庭院，長官在内院辦公，僚屬在外院辦公，外院之門稱“門”，内院之門多稱“閤”（詳見陳蘇鎮《漢代殿式建築的布局》，《中國史研究》2016 年第 3 期）。

[8]【顏注】師古曰：與讀曰豫（蔡琪本、大德本、殿本“曰”前有“皆”字）。

[9]【今注】閤下書佐：閤下即門下。《續漢書·百官志》：“閤下及諸曹各有書佐，幹主文書。”

[10]【顏注】師古曰：隱度其言口授之。占，之贍反（蔡琪本、大德本、殿本“之”前有“音”字）。

[11]【顏注】師古曰：言己得縣之文書如此。

[12]【今注】檄：官文書的一種，多用於急事。文氣急切，説理透徹，具有較强的勸説、訓誡與警示作用。（參見李均明《簡牘文書學》，廣西教育出版社 1999 年版，第 260 頁）

[13]【顏注】師古曰：游徼職主捕盜賊，故云如律令。【今注】如律令：漢代官文書中常用語，意謂依照律令規定。

[14]【顏注】師古曰：伐，功勞也。閲，所經歷也。【今注】齎：同“賷”。帶著。　伐閲：本指官吏的政績惠利和任職時間的長短。此處指記錄官吏政績和歷職年月的官簿。

[15]【顏注】師古曰：部掾，所部之掾也。

以高弟入守左馮翊，[1]滿歲爲真。其治左馮翊，文理聰明殊不及薛宣，[2]而多武譎，[3]網絡張設，少愛利，敢誅殺。[4]然亦縱舍，時有大貸，[5]下吏以此爲盡力。

[1]【今注】案，弟，蔡琪本、大德本、殿本作“第”。

[2]【今注】文理：禮義情理。

[3]【今注】武譎：武猛多變詐。

[4]【顏注】師古曰：言少仁愛而不能便利於人。

[5]【顏注】師古曰：縱，放也。舍，置也。貸謂寬假於下也，音吐戴反。

長陵大姓尚方禁[1]少時嘗盜人妻見斫，創著其頰。府功曹受賂，白除禁調守尉。[2]博聞知，以它事召見，視其面，果有瘢。[3]博辟左右問禁：[4]“是何等創也？”禁自知情得，[5]叩頭服狀。博咲曰：[6]“丈夫固時有是。[7]馮翊欲洒卿恥，攠拭用禁，[8]能自效不？”禁且喜且懼，對曰：“必死！”[9]博因敕禁：“毋得泄語，有便宜，輒記言。”[10]因親信之，以爲耳目。禁晨夜發起部中盜賊及它伏姦，有功效。博擢禁連守縣令。久之，召見功曹，閉閤數責以禁等事，[11]與筆札使自記，“積受取一錢以上，無得有所匿。[12]欺謾半言，斷頭矣！”[13]功曹惶怖，具自疏姦臧，大小不敢隱。博知其對以實，廼令就席受敕，自改而已。投刀使削所記，遣出就職。功曹後常戰栗，不敢蹉跌，[14]博遂成就之。[15]

[1]、【顏注】師古曰：姓尚方，名禁。【今注】長陵：本爲漢高祖劉邦陵園，因陵置縣，治所在今陝西咸陽市渭城區韓家灣鄉怡魏村。

[2]【今注】守：官制術語。試署爲守，試用期通常爲一年。尉：此指縣尉。

[3]【顏注】師古曰：瘢，創痕也，音盤。痕，胡恩反（蔡琪本、大德本、殿本“胡”前有“音”字）。

[4]【顏注】師古曰：辟讀曰闢。

[5]【顏注】師古曰：言其得被斫之情狀。

[6]【今注】咲（xiào）：同“笑”。殿本作“笑”。

[7]【顏注】師古曰：言情欲之事，人所不免。【今注】案，丈夫，蔡琪本、大德本、殿本作“大丈夫”。王念孫《讀書雜志·漢書第十三》：“‘大’字後人所加。尚方禁以盜人妻見斫，面有瘢，故博笑謂之曰‘丈夫固時有是’。據顏注云‘言情欲之事人所不免’，則不得言‘大丈夫’明矣。景祐本及《白帖·四十一》引此皆無‘大’字。”

[8]【顏注】師古曰：扞拭，摩也。洒，先礼反（蔡琪本、大德本、殿本作“洒音先禮反”）。扞，文粉反（蔡琪本、大德本、殿本“文”前有“音”字）。【今注】洒（xǐ）：同“洗”。扞（wěn）：擦。禁：王先謙《漢書補注》謂“禁”乃“卿”之誤。

[9]【顏注】師古曰：言盡死力也。

[10]【顏注】師古曰：不令泄扞拭之言，而外有便宜之事，爲書記以言於博。

[11]【今注】閤：漢代官府通常有兩重庭院，長官在内院辦

公，僚屬在外院辦公，外院之門稱"門"，內院之門多稱"閤"（詳見陳蘇鎮《漢代殿式建築的布局》，《中國史研究》2016 年第 3 期）。"閉閤數責"意謂保密，不欲談話內容外泄。

[12]【顏注】師古曰：積累前後受取之事。

[13]【顏注】師古曰：謾，詑也，音慢，又莫連反（蔡琪本、大德本、殿本作"莫"前有"音"字）。

[14]【顏注】師古曰：蹉，千何反（蔡琪本、大德本、殿本"千"前有"音"字）。跌，徒結反（蔡琪本、大德本、殿本作"徒"前有"音"字）。【今注】蹉（cuō）跌（diē）：失足跌倒。喻指失誤。

[15]【顏注】師古曰：言進達也。

遷爲大司農。歲餘，坐小法，左遷犍爲太守。[1]先是南蠻若兒數爲寇盜，[2]博厚結其昆弟，使爲反間，襲殺之，[3]郡中清。

[1]【今注】犍爲：郡名。治僰道（今四川宜賓市西南），後移至武陽縣（今四川眉山市彭山區東）。

[2]【顏注】師古曰：若兒，其豪長之名。

[3]【顏注】師古曰：間，居莧反（蔡琪本、大德本、殿本作"間音居莧反"）。

徙爲山陽太守，[1]病免官。復徵爲光禄大夫，[2]遷廷尉，職典決疑當讞，平天下獄。[3]博恐爲官屬所誣，視事，召見正、監、典法掾史，[4]謂曰："廷尉本起於武吏，不通法律，幸有衆賢，亦何憂！然廷尉治郡斷獄以來且二十年，亦獨耳剽日久，[5]三尺律令，人事出其中。[6]掾史試與正監共撰前世決事吏議難知者數十事，持以問廷尉，得爲諸君覆意之。"[7]正監以爲博苟强，意未必能然，即共條白焉。博皆召掾史，並坐而問，爲平處其輕重，十中八九。[8]官屬咸服博之疏略，[9]材過人也。每遷徙易官，所到輒出奇譎如此，以明示下爲不可欺者。

［1］【今注】山陽：郡名。治昌邑縣（今山東巨野縣東南昌邑故城）。

［2］【今注】光禄大夫：漢武帝時改中大夫置，掌顧問應對。屬光禄勳。秩比二千石。

［3］【今注】職典決疑當讞平天下獄：漢制，廷尉爲地方司法的上訴機關，地方官解決不了的疑難案件，上報廷尉。廷尉所不能決者，要上報皇帝。本書《刑法志》："縣道官獄疑者，各讞所屬二千石官，二千石官以其罪名當報之。所不能決者，皆移廷尉，廷尉亦當報之。廷尉所不能決，謹具爲奏，傅所當比律令以聞。"中華本斷爲"職典決疑，當讞平天下獄"，似未安。

［4］【今注】正監典法掾史：皆爲廷尉屬官。正即廷尉正，地位相當於諸卿之丞，可代表廷尉參與雜治詔獄，也可單獨審斷疑難案件，秩千石。監即廷尉監，分爲廷尉右監、廷尉左監，秩千石，地位略低於廷尉正。典法掾史，指廷尉史、奏讞掾、奏曹掾屬吏。

［5］【顏注】師古曰：剽，劫也，猶言行聽也。剽，頻妙反（蔡琪本、殿本作"剽音平妙反"；大德本"頻"前有"音"字）。

［6］【顏注】師古曰：言可以人情知之。

［7］【顏注】如淳曰：但欲用意覆之，不近法律事故也。師古曰：覆，芳目反（蔡琪本、大德本、殿本"芳"前有"音"字）。

［8］【顏注】師古曰：中，竹仲反（蔡琪本、大德本、殿本

"竹"前有"音"字)。

　　[9]【今注】疏略：亦作"踈略""疎略"。韜略宏大。

　　久之，遷後將軍，[1]與紅陽侯立相善。[2]立有罪就國，有司奏立黨友，博坐免。後歲餘，哀帝即位，以博名臣，召見，起家復爲光禄大夫，遷爲京兆尹，數月超爲大司空。

　　[1]【今注】後將軍：高級武官名號。漢代有前、後、左、右將軍，爲大規模作戰時大將軍麾下裨將臨時名號，各統一軍，以方位命名，事訖即罷。武帝之後常置但不並置，或有前、後，或有左、右。職在典兵宿衛，亦任征伐之事。通過兼職或加官預聞政事，參與中朝決策。四將軍並位上卿，金印紫綬。位次在大將軍、驃騎將軍、車騎將軍、衛將軍之後。

　　[2]【今注】紅陽侯立：立即王立，字子叔，漢元帝皇后王政君之弟。成帝河平二年（前27）以帝舅封紅陽侯，侯國治所在今河南葉縣南。

　　初，漢興襲秦官，置丞相、御史大夫、太尉。至武帝罷太尉，始置大司馬以冠將軍之號，非有印綬官屬也。及成帝時，何武爲九卿，[1]建言"古者民樸事約，[2]國之輔佐必得賢聖，然猶則天三光，備三公官，各有分職。[3]今末俗之弊，[4]政事煩多，宰相之材不能及古，而丞相獨兼三公之事，所以久廢而不治也。宜建三公官，定卿大夫之任，分職授政，以考功效"。其後上以問師安昌侯張禹，禹以爲然。時曲陽侯王根爲大司馬票騎將軍，[5]而何武爲御史大夫，於是上賜曲陽侯根大司馬印綬，置官屬，罷票騎將軍官；以御史大夫何武爲大司空，封列侯，皆增奉如丞相，[6]以備三公官焉。議者多以爲古今異制，漢自天子之號下至佐史皆不同於古，而獨改三公，職事難分明，無益於治亂。是時御史府吏舍百餘區井水皆竭，又其府中列柏樹常有野烏數千棲宿其上，晨去暮來，號曰"朝夕烏"，烏去不來者數月，長老異之。[7]後二歲餘，朱博爲大司空，奏言"帝王之道不必相襲，各繇時務。[8]高皇帝以聖德受命，建立鴻業，置御史大夫，位次丞相，典正法度，以職相參，總領百官，上下相監臨，歷載二百年，天下安寧。今更爲大司空，與丞相同位，未獲嘉祐。故事，選郡國守相高第爲中二千石，選中二千石爲御史大夫，任職者爲丞相，位次有序，所以尊聖德，重國相也。今中二千石未更御史大夫而爲丞相，[9]權輕，非所以重國政也。臣愚以爲大司空官可罷，復置御史大夫，遵奉舊制。臣願盡力，以御史大夫爲百僚率"。哀帝從之，迺更拜博爲御史大夫。會大司馬喜免，[10]以陽安侯丁明爲大司馬衞將軍，[11]置官屬，大司馬冠號如故事。後四歲，哀帝遂改丞相爲大司徒，[12]復置大司空、大司馬焉。

[1]【今注】何武：傳見本書卷八六。

[2]【顏注】師古曰：立此議而奏之也。約，少也。

[3]【顏注】師古曰：則，法也。三光，日、月、星也。分，扶問反（蔡琪本、大德本、殿本"扶"前有"音"字）。

[4]【今注】案，末俗之弊，"之"字蔡琪本作"文"。

[5]【今注】王根：字稚卿，漢元帝皇后王政君之弟。成帝河平二年（前27）以帝舅封曲陽侯，後以大司馬驃騎將軍輔政。曲陽侯國治所在安徽淮南市東。

[6]【顏注】師古曰：奉，扶用反（蔡琪本、大德本、殿本"扶"前有"音"字。案，殿本師古注在"以備三公官焉"之後）。【今注】增奉：御史大夫舊雖稱三公之一，但品秩爲二千石，遠不及丞相、太尉之秩一萬石。故此言"增俸"。

[7]【顏注】師古曰：史言此者，著御史大夫之職當休廢也。【今注】長老：年高德劭之人。

[8]【顏注】師古曰：繇讀與由同。

[9]【顏注】師古曰：更，經也，音工衡反。

[10]【今注】喜：傅喜。傳見本書卷八二。

[11]【今注】丁明：西漢外戚。瑕丘（今山東濟寧市兗州區北）人。哀帝時以帝舅封陽安侯，建平二年（前5）拜大司馬大將軍、元壽元年（前2）以大司馬驃騎將軍衛將軍輔政。　衛將軍：西漢高級武官名。始置於文帝即位之初。掌京師屯兵及宮禁護衛。位在大將軍、驃騎將軍、車騎將軍之後，加大司馬號則爲中朝官首領，預政定策，進而成爲最有權勢的軍政大臣。金印紫綬。

[12]【今注】大司徒：三公之一。漢哀帝時以丞相之名不見於經書，改名大司徒，位列大司馬之下。錢大昭《漢書辨疑》引《漢官儀》："王莽時，議以漢無司徒官，故定三公之號曰大司馬、大司徒、大司空。"周壽昌《漢書注校補》曰："《史記·將相表》'孝景元年，置司徒官'，是漢初故有司徒，至哀帝始加'大'字。"

初，何武爲大司空，又與丞相方進共奏言："古選諸侯賢者以爲州伯，《書》曰'咨十有二牧'，[1]所以廣聰明，燭幽隱也。今部刺史居牧伯之位，秉一州之統，選弟大吏，[2]所薦位高至九卿，所惡立退，任重職大。《春秋》之義，用貴治賤，[3]不以卑臨尊。[4]刺史位下大夫，[5]而臨二千石，輕重不相準，失位次之序。臣請罷刺史，更置州牧，以應古制。"奏可，及博奏復御史大夫官，又奏言："漢家至德溥大，宇內萬里，[6]立置郡縣。部刺史奉使典州，督察郡國吏民安寧，故事居部九歲舉爲守相，其有異材功效著者輒登擢，秩卑而賞厚，咸勸功樂進。[7]前丞相方進奏罷刺史，更置州牧，秩真二千石，[8]位次九卿。九卿缺，以高弟補，其中材則苟自守而已，恐功效陵夷，[9]姦軌不禁。臣請罷州牧，置刺史如故。"奏可。

[1]【顏注】師古曰：《虞書·舜典》之辭也。

[2]【今注】案，蔡琪本、大德本、殿本作"第"。本段下同。

[3]【今注】案，《穀梁傳》昭公六年："《春秋》之義，用貴治賤，用賢治不肖，不以亂治亂也。"

[4]【今注】案，《禮記·大傳》："既事而退，柴於上帝，祈於社，設奠於牧室，遂率天下諸侯，執豆籩，逡奔走，追王大王亶父、王季歷、文王昌，不以卑臨尊也。"

[5]【今注】刺史位下大夫：漢代"公卿大夫士"爵位系統中，大夫的起始禄秩爲六百石，二千石者爲上大夫，六百石者爲下大夫。刺史秩六百石，處下大夫之位。

[6]【顏注】師古曰：溥與普同。

[7]【顏注】師古曰：勸功，自勸勉而立功也。

[8]【今注】真二千石：漢代從朝廷九卿、郎將到諸侯王國的傅、相以及郡守、尉，均爲兩千石。其中又分中二千石、真二千石、二千石、比二千石四個等級。真二千石每月禄米一百五十斛。

[9]【顔注】師古曰：陵夷，漸廢替。

博爲人廉儉，不好酒色游宴。自微賤至富貴，食不重味，案上不過三桮。[1]夜寢早起，妻希見其面。有一女，無男。然好樂士大夫，爲郡守九卿，賓客滿門，欲仕宦者薦舉之，欲報仇怨者解劍以帶之，其趨事待士如是。博以此自立，然終用敗。

[1]【今注】桮：同“杯”。飲食用具。

初，哀帝祖母定陶太后欲求稱尊號，[1]太后從弟高武侯傅喜爲大司馬，與丞相孔光、大司空師丹共持正議。孔鄉侯傅晏亦太后從弟，[2]諂諛欲順指，會博新徵用爲京兆尹，與交結，謀成尊號，以廣孝道。繇是師丹先免，[3]博代爲大司空，數燕見，奏封事言“丞相光志在自守，[4]不能憂國；大司馬喜至尊至親，阿黨大臣，無益政治”。上遂罷喜遣就國，免光爲庶人，以博代光爲丞相，封陽鄉侯，食邑二千户。[5]博上書讓曰：“故事封丞相不滿千户，而獨臣過制，誠惶懼，願還千户。”許焉。[6]傅太后怨傅喜不已，使孔鄉侯晏風丞相，令奏免喜侯。[7]博受詔，與御史大夫趙玄議，[8]玄言“事已前決，得無不宜？”[9]博曰：“已許孔鄉侯有指。匹夫相要，尚相得死，何況至尊？博唯有死耳！”玄即許可。博惡獨斥奏喜，以故大司空氾鄉侯何武前亦坐過免就國，[10]事與喜相似，即并奏：“喜、武前在位，皆無益於治，雖已退免，爵土之封非所當也。請皆免爲庶人。"上知傅太后素常怨喜，疑博、玄承指，即召玄詣尚書問狀。玄辭服，有詔左將軍彭宣與中朝者雜問。[11]宣等劾奏："博宰相，玄上卿，晏以外親封位特進，股肱大臣，上所信任，不思竭誠奉公，務廣恩化，爲百寮先，皆知喜、武前已蒙恩詔決，事更三赦，[12]博執左道，[13]虧損上恩，以結信貴戚，背君鄉臣，[14]傾亂政治，姦人之雄，附下罔上，爲臣不忠，不道；[15]玄知博所言非法，枉義附從，大不敬。晏與博議免喜，失禮，不敬。[16]臣請詔謁者召博、玄、晏詣廷尉詔獄。"[17]制曰："將軍、中二千石、二千石、諸大夫、博士、議郎議。"右將軍蟜望等四十四人[18]以爲"如宣等言，可許"。諫大夫龔勝等十四人以爲：[19]"《春秋》之義，姦以事君，常刑不舍。[20]魯大夫叔孫僑如欲顓公室，譖其族兄季孫行父於晉，晉執囚行父以亂魯國，《春秋》重而書之。[21]今晏放命圮族，[22]干亂朝政，要大臣以罔上，本造計謀，職爲亂階，[23]宜與博、玄同罪，罪皆不道。"上減玄死罪三等，削晏户四分之一，假謁者節召丞相詣廷尉詔獄。博自殺，國除。

[1]【今注】定陶太后：即漢元帝傅昭儀，定陶恭王劉康之母，哀帝劉欣之祖母。事迹見本書卷九七《外戚傳下》。

[2]【今注】傅晏：西漢外戚。哀帝祖母傅太后從父傅中叔之子，女爲哀帝皇后。成帝綏和二年（前7）封孔鄉侯，侯國治所在今安徽宿州市泗縣東。

[3]【顏注】師古曰：縣讀與由同。

[4]【今注】封事：直接上達皇帝的重要奏章，爲防止信息泄露而用黑色布袋密封，通常由皇帝本人或者指定人員拆封處理。《漢官儀》："密奏以皂囊封之，不使人知，故曰封事。"官員上封事制度，始於漢宣帝時期。（參見廖伯源《漢"封事"雜考》，載《秦漢史論叢（增訂本）》，中華書局 2008 年版，第 199 頁）

[5]【今注】陽鄉侯：本書《外戚恩澤侯表》作"楊鄉侯"。食邑二千户：本書《外戚恩澤侯表》記云，初封二千五十户，朱博"上書以故事不過千户，還千五十户"。

[6]【今注】案，許焉，蔡琪本、大德本、殿本皆作"上許焉"。

[7]【顏注】師古曰：風讀曰諷。

[8]【今注】趙玄：東郡（今河南濮陽市華龍區西南）人。師從鄭寬中受《尚書》。漢哀帝時任侍中、光禄大夫、大司農、衛尉、少府等職，建平二年（前 5）拜御史大夫，不久下獄，以減死二等論罪。

[9]【顏注】師古曰：得無猶言無乃也。

[10]【顏注】師古曰：氾音凡。【今注】氾鄉：屬瑯邪郡不其縣（今山東即墨市西南）。

[11]【今注】左將軍：高級武官名號。漢代有前、後、左、右將軍，爲大規模作戰時大將軍麾下裨將臨時名號，各統一軍，以方位命名，事訖即罷。武帝之後常置但不並置，或有前、後，或有左、右。職在典兵宿衛，亦任征伐之事。通過兼職或加官預聞政事，參與中朝決策。四將軍並位上卿，金印紫綬。位次在大將軍、驃騎將軍、車騎將軍、衛將軍之後。左將軍尊於右將軍。　彭宣：傳見本書卷七一。

[12]【顏注】師古曰：詔已罷官，事又經三赦（蔡琪本、大德本、殿本"赦"字後有"也"字）。更，工衡反（蔡琪本、大德本、殿本"工"前有"音"字）。

[13]【今注】左道：邪僻不正之舉。與“正道”相對。漢律以“左道”入罪，處以重刑。

[14]【顏注】師古曰：鄉讀曰嚮。

[15]【今注】不道：漢代罪名。背叛爲臣或爲人之道的反國家、反社會及違反家族倫理的犯罪行爲，如誣罔（欺騙天子）、附下罔上（結附臣下共同欺騙天子）、誹謗與妖言（對皇帝及執政大臣的非難和攻擊）等，皆可視爲“不道”。漢律中對“不道”的罪行內容和刑罰沒有明確的規定，即所謂“不道無正法”。“不道”比“不敬”更重，犯“不道”之罪者往往處以棄市之刑，重者腰斬。（詳參任仲爀《漢代的“不道”罪》，載《漢晉時期國家與社會論集》，廣西師範大學出版社 2016 年版）

[16]【今注】不敬：漢代罪名。侵犯皇帝權威、虧禮廢節的行爲皆可歸爲“不敬”，如奏疏切直，言辭不遜；奉詔奉使失職，等等。重者即爲“大不敬”。

[17]【今注】謁者：官名。掌賓贊受事，常充任皇帝使者。屬郎中令（光禄勳）。秩比六百石。　廷尉詔獄：由廷尉具體管理、由皇帝直接掌握的監獄。主要囚禁犯罪的公卿外戚。

[18]【顏注】師古曰：蟜音矯。【今注】蟜（jiǎo）望：字王君。東海郡（今山東郯城縣西）人。曾任將作大匠、執金吾，漢哀帝建平三年（前 4）遷爲右將軍。

[19]【今注】諫大夫：官名。漢武帝時置。掌諫爭、顧問應對，議論朝政。屬光禄勳，無定員，秩比八百石。　龔勝：傳見本書卷七二。

[20]【顏注】師古曰：舍，置也。

[21]【顏注】師古曰：僑如，叔孫宣伯也。行父，季文子也。宣伯通於成公之母穆姜，欲去季孟而取其室，使告晉曰：“魯之有季孟，猶晉之有欒范也，政令於是乎成。今其謀曰晉政多門，不可從也。若欲得志於魯，請止行父而殺之。不然，歸必畔矣。”

晉人執文子于苕丘。事在成十六年。

[22]【今注】放命圮族：毀害族類。"放"通"方"。圮，毀壞。《書·堯典》："帝曰：'吁，咈哉！方命圮族。'"

[23]【顏注】師古曰：此引《詩·小雅·巧言》之章也。職，主也。階者，基之漸也。

初，博以御史爲丞相，封陽鄉侯；玄以少府爲御史大夫，並拜於前殿，[1]延登受策，有音如鍾聲。語在《五行志》。

[1]【今注】前殿：此指未央宮前殿，主要用於皇帝即位、大喪、立皇后、朝賀、拜大臣等重大禮儀活動，皇帝親御的重要議事會議。前殿爲未央宮主體建築，《三輔黃圖》記其規模爲"東西五十丈，深十五丈，高三十五丈"。考古所見"未央宮第1號遺址"（詳中國社會科學院考古研究所編著《漢長安城未央宮——1980—1990年考古發掘報告》，中國大百科全書出版社1996年版，第15頁）上有南北向排列的三座大型宮殿基址，中部基址面積最大，南部基址較小，北部基址最小。研究者或以爲前殿實由1號遺址上的南、中、北三座宮殿組成，其中南部宮殿當爲舉行大典之用，或爲"外朝"之地；中部宮殿當爲"宣室"之故址；北部宮殿可能爲皇帝之"後寢"（詳見劉慶柱、李毓芳《漢長安城》，文物出版社2003年版，第66頁）。或以爲1號遺址面積最大的中部基址是前殿遺址，北部基址當爲宣室殿遺址，南部基址可能是一座門（詳見陳蘇鎮《未央宮四殿考》，《歷史研究》2016年第5期）。或以爲南部宮殿是"前殿"，中部宮殿是"宣室殿（路寢）"，北部宮殿是"後殿"（詳見楊鴻勳《建築考古學論文集（增訂版）》，清華大學出版社2008年版，第240、241頁）。

贊曰：薛宣、朱博皆起佐史，歷位以登宰相。宣所在而治，爲世吏師，及居大位，以苛察失名，[1]器誠有極也。博馳騁進取，不師道德，[2]已亡可言，[3]又見孝成之世委任大臣，假借用權。[4]世主已更，好惡異前，[5]復附丁、傅，稱順孔鄉。[6]事發見詰，遂陷誣罔，[7]辭窮情得，仰藥飲鴆。[8]孔子曰："久矣哉，由之行詐也！"博亦然哉！[9]

[1]【顏注】師古曰：苛，細也。

[2]【今注】案，師，殿本、中華本作"思"。

[3]【顏注】師古曰：言其事行不足可道也。

[4]【顏注】鄧展曰：假音休假。借音以物借人。

[5]【顏注】師古曰：更，改也。

[6]【顏注】師古曰：稱，副也。副其所求而順其意也。稱，尺孕反（蔡琪本、大德本、殿本"尺"前有"音"字）。

[7]【今注】誣罔：言語不實，故意欺騙。漢律規定，誣罔行爲冒犯皇權，往往以"不道"罪論處，重者至棄市、腰斬。

[8]【顏注】師古曰：仰藥謂仰頭而飲藥也。

[9]【顏注】師古曰：《論語》云子疾病，子路欲使門人爲臣。子曰："久矣哉，由之行詐也！無臣而爲有臣，吾誰欺？欺天乎？"故贊引之。【今注】案，語出《論語·子罕》。

漢書　卷八四

翟方進傳第五十四

　　翟方進字子威，汝南上蔡人也。[1]家世微賤，至方進父翟公，好學，爲郡文學。[2]方進年十二三，失父孤學，[3]給事大守府爲小史，[4]號遲頓不及事，[5]數爲掾史所詈辱。[6]

　　[1]【今注】汝南：郡名。治上蔡縣（今河南上蔡縣西南）。
　　[2]【今注】文學：郡文學掾史。西漢置。掌郡置學校，教授諸生等。俸百石。
　　[3]【今注】孤學：周壽昌《漢書注校補》有二解，一是無父教之，獨學無所成。二是棄學。《國語·吳語》“以心孤句踐”，韋昭注：“孤，棄也。”
　　[4]【今注】小史：郡縣屬吏中最卑微的職吏。處理諸雜務。員數、名目較多，如亭長、騎吏等皆是，無具體職務的稱小史。
　　[5]【顏注】師古曰：“頓”讀曰“鈍”。【今注】號：號令。
　　[6]【今注】掾史：中央及地方官署屬吏的泛稱。一般以掾爲正職，史爲副職。此處指太守府掾史。

　　方進自傷，迺從汝南蔡父相問已能所宜。[1]蔡父大奇其形兒，[2]謂曰：“小史有封侯骨，當以經術進，努力爲諸生學問。"[3]方進既厭爲小史，聞蔡父言，心喜，因病歸家，辭其後母，欲西至京師受經。母憐其幼，隨之長安，織屨以給方進讀經博士，[4]受《春秋》。[5]積十餘年，經學明習，徒衆日廣，諸儒稱之。以射策甲科爲郎。[6]二三歲，舉明經，遷議郎。[7]

[1]【顏注】師古曰：言從何術藝可以自達。

[2]【今注】案，皃，大德本、殿本作"貌"，同。

[3]【今注】案，此句底本漫漶，剩"奴"字，據蔡琪本、大德本、殿本補。

[4]【今注】讀經博士：楊樹達《漢書窺管》以爲即讀經於博士。博士，指五經博士。漢武帝始置。參與議政、制禮、顧問應對等，掌策試官吏，在太學中教授五經之學，各置弟子員。初秩比四百石，後升比六百石。

[5]【今注】受春秋：據本書卷八八《儒林傳》，翟方進從尹更始受《穀梁》及《左氏》。

[6]【今注】射策：漢代一種考試法。本書卷七八《蕭望之傳》："望之以射策甲科爲郎。"顏師古注："射策者，謂爲難問疑義書之於策，量其大小署爲甲乙之科，列而置之，不使彰顯。有欲射者，隨其所取得而釋之，以知優劣。射之，言投射也。"

[7]【今注】明經：漢選官科目之一。始於武帝。明經即通曉經學，故以"明經"爲名。明經由郡國或公卿推舉，舉後須通過射策以確定等第而得官。　議郎：爲高級郎官，不入直宿衛，職掌顧問應對，參與議政。秩比六百石。

是時宿儒有清河胡常，[1]與方進同經。[2]常爲先進，名譽出方進下，[3]心害其能，論議不右方進。[4]方進知

之，候伺常大都授時，[5] 遣門下諸生至常所問大義疑
難，因記其説。如是者久之，常知方進之宗讓己，[6] 內
不自得，[7] 其後居士大夫之閒未嘗不稱述方進，遂相
親友。

[1]【顏注】師古曰：宿，久舊也。【今注】清河：郡名。治
清陽縣（今河北清河縣東南）。　胡常：據本書卷八八《儒林傳》，
胡常從庸生受《古文尚書》，從江博士受《穀梁》，從尹更始受
《左傳》。

[2]【今注】同經：謂同傳《穀梁》。

[3]【顏注】師古曰：常官學雖在前（官，蔡琪本、殿本作
“宦”），而名譽不及方進。

[4]【顏注】師古曰：毀短也。

[5]【顏注】師古曰：都授，謂總集諸生大講授也。【今注】
大都授：王念孫《讀書雜志·漢書第十三》載王引之説，以爲
“大”字涉注文“大講授”而衍。都即大也，不當復有“大”字。
如《廣雅》：“都，大也。”本書《五行志中之下》“豕出圂，壞都
竈”，顏師古注：“都竈，烝炊之大竈也。”卷六三《武五子傳》
“將軍都郎羽林”，顏師古注：“都，大也。謂大會試之。”卷七〇
《鄭吉傳》“故號都護”，顏師古注：“都，猶大也，總也。”據師古
注云“都授，謂總集諸生大講授”，則正文本無“大”字。

[6]【顏注】師古曰：宗，尊也。

[7]【今注】內不自得：王先謙《漢書補注》曰：“猶言不
自安。”

河平中，[1] 方進轉爲博士。數年，遷朔方刺史，[2]
居官不煩苛，所察應條輒舉，[3] 甚有威名。再三奏

事，[4]遷爲丞相司直。[5]從上甘泉，[6]行馳道中，司隸校尉陳慶劾奏方進，[7]沒入車馬。既至甘泉宮，會殿中，慶與廷尉范延壽語，[8]時慶有章劾，自道："行事以贖論，[9]今尚書持我事來，[10]當於此決。前我爲尚書時，嘗有所奏事，忽忘之，留月餘。"[11]方進於是舉劾慶曰："案慶奉使刺舉大臣，故爲尚書，知機事周密壹統，明主躬親不解。[12]慶有罪未伏誅，無恐懼心，豫自設不坐之比。[13]又暴揚尚書事，言遲疾無所在，[14]虧損聖德之聰明，奉詔不謹，皆不敬，[15]臣謹以劾。"慶坐免官。

[1]【今注】河平：漢成帝年號（前28—前25）。

[2]【今注】朔方：西漢武帝元朔二年（前127）置，治朔方縣（今内蒙古杭錦旗東北）。轄境相當今内蒙古鄂爾多斯市西北部及巴彦淖爾市後套地區。　刺史：漢武帝時始置，分全國爲十三部州，州置刺史一人。奉詔巡行諸郡，以六條問事，省察治政，黜陟能否，斷理冤獄。無治所，秩六百石。

[3]【今注】應條：王先謙《漢書補注》引蘇輿曰："謂應科條。吏有無狀如科條所禁者，察出輒舉奏也。"楊樹達《漢書窺管》以爲"條"謂詔條，所謂刺史以六條問事者。本書卷七二《鮑宣傳》所謂所察過詔條，是其證。本書卷八三《薛宣傳》所謂剖刺史不循守條職，亦指詔條言。

[4]【顏注】師古曰：刺史歲盡輒奏事京師也。

[5]【今注】丞相司直：漢武帝時置，掌佐丞相舉不法。俸比二千石。

[6]【今注】甘泉：甘泉宮。在今陝西淳化縣西北甘泉山。一名雲陽宮。

[7]【今注】司隸校尉：西漢武帝時始置，掌察舉京師及京師近郡犯法者，並領京師所在之州。秩二千石。　陳慶：《漢書考證》據本書《百官公卿表下》指出，慶字君卿。後方進爲丞相時，慶以琅邪太守入爲廷尉，一年徙爲長樂少府。

[8]【今注】廷尉：戰國秦始置，秦、西漢沿置。主管詔獄。列位九卿，秩中二千石。　范延壽：《漢書考證》據本書《百官公卿表下》指出，延壽字子路，安成人。武帝河平二年（前27）以北海太守入爲廷尉，八年卒。

[9]【顏注】師古曰：當祭泰畤時，行事有闕失，罪合贖。

[10]【今注】尚書：始於戰國，秦時爲少府屬官，掌殿内文書，漢承秦制。漢武帝時漸成爲重要宮廷政治機構，參與國家機密，常以中朝大臣兼領、平、視，以左右曹諸吏平尚書奏事，參與議政決策，宣示詔命。百官奏事先呈尚書，皆爲正、副二封，由領尚書者拆閱副封，加以裁決，可屏抑不奏。百官選舉任用考察詰責彈劾之責亦歸之。漢成帝時設尚書五人，開始分曹辦事，群臣章奏都經尚書。

[11]【顏注】師古曰：言此者，冀尚書忘己之事不奏（忘，大德本誤作“志”）。【今注】案，《漢書考正》劉敞以爲並非如顏師古説，期望尚書忘己不奏，而是希望及時裁斷脱罪。

[12]【顏注】師古曰：“解”讀曰“懈”。

[13]【顏注】師古曰：比，例也，音必寐反。【今注】案，王先謙《漢書補注》引蘇輿以爲，謂慶自云當論贖，但慶自設比例，非皇帝之意。

[14]【今注】案，王先謙《漢書補注》引蘇輿以爲言尚書辦事遲疾無定。

[15]【顏注】師古曰：既自云不上（上，蔡琪本、大德本、殿本作“坐”，是），又言遲疾無所在，此之二條於法皆爲不敬。

　　會北地浩商爲義渠長所捕，亡，[1]長取其母，與猴豭連繫都亭下。[2]商兄弟會賓客，自稱司隸掾、長安縣尉，[3]殺義渠長妻子六人，亡。丞相、御史請遣掾史與司隸校尉、部刺史并力逐捕，察無狀者，[4]奏可。司隸校尉涓勳奏言：“《春秋》之義，[5]王人微者序乎諸侯之上，尊王命也。臣幸得奉使，以督察公卿以下爲職，[6]今丞相宣請遣掾史，[7]以宰士督察天子奉使命大夫，[8]甚詩逆順之理。[9]宣本不師受經術，[10]因事以立姦威。案浩商所犯，一家之禍耳，而宣欲專權作威，乃害于國，不可之大者。[11]願下中朝特進列侯、將軍以下，[12]正國法度。”議者以爲丞相掾不宜移書督趣司隸。[13]會浩商捕得伏誅，家屬徙合浦。[14]

[1]【顏注】師古曰：義渠，北地之縣也。商被縣長捕而逃亡。【今注】北地：郡名。治馬領縣（今甘肅慶陽市西北）。　義渠：治所在今甘肅西峰市東。　長：縣令。縣不滿萬户長官曰“長”。

[2]【顏注】師古曰：以深辱之。豭，牡豕也，音家。【今注】都亭：都邑中的傳舍。秦漢時十里一亭。郡縣治所則置都亭。

[3]【今注】司隸掾：司隸校尉屬官。　縣尉：掌一縣軍事，逐捕盜賊。大縣設左、右尉，小縣多爲一人，都城所在縣或設多人。秩四百石至二百石。

[4]【顏注】師古曰：無狀，謂商及義渠長本狀之違曲也。【今注】無狀：王先謙《漢書補注》以爲是遣掾史督催司隸，逐捕亡賊，察義渠長無狀之情實。

[5]【今注】涓勳：錢大昭《漢書辨疑》引《廣韻》：“涓，姓。《列仙傳》有齊人涓子。”

［6］【顏注】師古曰：督，視也。

［7］【今注】丞相宣：薛宣。傳見本書卷八三。

［8］【顏注】師古曰：謂丞相掾史爲宰士者，言其宰相之屬官，而位爲士也。奉使命大夫，謂司隸也。

［9］【顏注】師古曰：誖，乖也，音布内反。

［10］【今注】案，本書《薛宣傳》：“時天子好儒雅，宣經術又淺，上亦輕焉。”

［11］【顏注】師古曰：《周書·洪範》云“臣之有作福作威，乃凶于乃國，害于厥躬”，故引之。【今注】案，蔡琪本、殿本“國”前有“乃”字。

［12］【今注】中朝：中朝官。又稱内朝官，指在宮中接近皇帝的官員，如侍中、常侍、給事中、尚書等。周壽昌《漢書注校補》曰：“案《漢舊儀》，丞相爲外朝。此劾丞相，故請下中朝議也。” 特進：西漢置，凡諸侯功德優盛、朝廷敬異者賜特進，位在三公下，得自辟僚屬。

［13］【顏注】師古曰：“趣”讀曰“促”。

［14］【今注】合浦：郡名。治合浦縣（今廣西浦北縣南）。

故事，司隸校尉位在司直下，初除，謁兩府，[1]其有所會，居中二千石前，與司直並迎丞相、御史。[2]初，方進新視事，而涓勳亦初拜爲司隸，不肯謁丞相、御史大夫，後朝會相見，禮節又倨。[3]方進陰察之，勳私過光禄勳辛慶忌，[4]又出逢帝舅成都侯商道路，[5]下車立，頫過，迺就車。[6]於是方進舉奏其狀，因曰：“臣聞國家之興，尊尊而敬長，爵位上下之禮，王道綱紀。[7]《春秋》之義，尊上公謂之宰，海内無不統焉。[8]丞相進見聖主，御坐爲起，在輿爲下。[9]群臣宜皆承順聖化，以視四方。[10]勳吏二千石，幸得奉使，不遵禮儀，輕謾宰相，賤易上卿，[11]而又詘節失度，邪謟無常，[12]色屬內荏。[13]墮國體，[14]亂朝廷之序，不宜處位。臣請下丞相免勳。”

[1]【顏注】師古曰：丞相及御史也。

[2]【今注】御史：指御史大夫。

[3]【顏注】師古曰：倨，傲也。

[4]【今注】光祿勳：秦時稱郎中令，漢因之，武帝時更名光祿勳，掌宮殿掖門戶。秩中二千石，位列九卿。　辛慶忌：傳見本書卷六九。

[5]【今注】商：王商，字子夏。西漢東平陵（今山東濟南市東）人。元帝皇后王政君弟。以外戚於成帝時封成都侯。位特進，領城門兵。後代王音爲大司馬衛將軍輔政。驕奢淫逸，爭爲奢侈。病死，子況嗣。

[6]【顏注】師古曰：顒，待也。【今注】顒：音 xū。

[7]【顏注】師古曰：言王道綱紀以尊卑上下之禮爲大（蔡琪本、大德本、殿本“大”後有“也”字）。

[8]【今注】案，王先謙《漢書補注》引蘇輿引《穀梁傳》僖公九年：“天子之宰，通于四海。”以爲方進習《穀梁》，故用其義。

[9]【顏注】師古曰：《漢舊儀》云，皇帝見丞相起，謁者贊稱曰“皇帝爲丞相起”。起立乃坐。皇帝在道，丞相迎謁，謁者贊稱曰“皇帝爲丞相下輿”。立乃升車。

[10]【顏注】師古曰：“視”讀曰“示”。

[11]【顏注】師古曰：“謾”讀與“慢”同。易，弋豉反（蔡琪本、大德本、殿本“弋”前有“音”字）。

[12]【顏注】師古曰：謟，古“諂”字也。私過辛慶忌，見王商而下車，是邪諂（諂，殿本作“謟”；蔡琪本、大德本、殿

本句末有"也"字)。

[13]【顏注】應劭曰：茬，屈撓也。師古曰：《論語》稱孔
子曰："色厲而内茬，譬諸小人，其猶穿窬之盜也與！"言外色莊
厲而内懷茬弱，故方進引以爲言。

[14]【顏注】師古曰：墮，毀也，音火規反。

　　時大中大夫平當給事中，[1]奏言"方進國之司直，
不自敕正以先群下，前親犯令行馳道中，司隸慶平心
舉劾，方進不自責悔而内挾私恨，伺記慶之從容語
言，[2]以詆欺成罪。[3]後丞相宣以一不道賊，[4]請遣掾
督趣司隸校尉，司隸校尉勳自奏暴於朝廷，今方進復
舉奏勳。議者以爲方進不以道德輔正丞相，苟阿助大
臣，欲必勝立威，[5]宜抑絕其原。[6]勳素行公直，姦人
所惡，可少寬假，使遂其功名"。上以方進所舉應科，
不得用逆詐廢正法，[7]遂貶勳爲昌陵令。[8]方進旬歲閒
免兩司隸，[9]朝廷由是憚之。丞相宣甚器重焉，常誡掾
史："謹事司直，翟君必在相位，不久。"

[1]【今注】大中大夫：秦始置。侍從皇帝左右，掌顧問應
對，參謀議政，奉詔出使，多以寵臣貴戚充任。秩比千石，無員
額。　平當：傳見本書卷七一。　給事中：秦置。西漢因之。爲加
官，加此號得給事宮禁中，常侍皇帝左右，備顧問應對，每日上朝
謁見，分平尚書奏事，負責實際政務，爲中朝要職，多以名儒國親
充任。位次中常侍，無定員。

[2]【顏注】師古曰：從，七容反（蔡琪本、大德本、殿本
"七"前有"音"字）。

[3]【顏注】師古曰：詆，毀也，音丁禮反。

［4］【顏注】如淳曰：律，殺不辜一家三人爲不道。

［5］【顏注】師古曰：必勝，必取勝。

［6］【今注】抑絕其原：王先謙《漢書補注》引蘇輿曰："言互劾取勝之風不可長。"

［7］【顏注】師古曰：逆詐者，謂以詐意逆猜人也。逆，迎也。《論語》曰子"不逆詐"（曰子，殿本作"子曰"）。

［8］【今注】昌陵：漢成帝鴻嘉元年（前20）以新豐縣戲鄉置昌陵縣，在此營建陵墓，治所在今陝西西安市臨潼區東。永始元年（前16）廢。

［9］【顏注】師古曰：旬，徧也，滿也。旬歲猶言滿歲也，若十日之一周。

是時起昌陵，營作陵邑，貴戚近臣子弟賓客多辜推爲姦利者，[1]方進部掾史覆案，發大姦臧數千萬。上以爲任公卿，[2]欲試以治民，徙方進爲京兆尹，[3]搏擊豪彊，[4]京師畏之。時胡常爲青州刺史，[5]聞之，與方進書曰："竊聞政令甚明，爲京兆能，則恐有所不宜。"[6]方進心知所謂，其後少弛威嚴。[7]

［1］【顏注】師古曰：推，專也。辜推者，言己自專之，它人耻者輒有辜罪（耻，蔡琪本、大德本、殿本作"取"）。【今注】辜推：辜榷。壟斷財利。《漢書考正》宋祁引王觀國《學林》卷三以爲即"阻障而獨阻其利"。《後漢書》卷八《孝靈帝紀》"豪右辜推，馬一匹至二百萬"，李賢注引《前書音義》曰："辜，障也。推，專也。謂障餘人賣買而自取其利。"訓是。顏師古以謂"它人耻者輒有辜罪"，則訓迂。案，推，蔡琪本、大德本、殿本作"榷"。本注下同。

[2]【顏注】師古曰：任，堪也。

[3]【今注】京兆尹：漢武帝時改右內史置，掌治京師，又得參與朝政。位列九卿，秩中二千石。

[4]【今注】搏擊：懲處打擊。

[5]【今注】青州：西漢武帝置十三刺史部之一。轄境相當今山東齊河縣以東，馬頰河以南、濟南、臨朐、安丘、高密、萊陽、棲霞、乳山等市以北、以東和河北吳橋縣地。

[6]【顏注】師古曰：言當犯迕貴戚而見毀（蔡琪本、殿本“毀”後有“也”字）。

[7]【顏注】師古曰：弛（弛，蔡琪本、殿本作“弛”，正文同），解也。

　　居官三歲，永始二年遷御史大夫。[1]數月，會丞相薛宣坐廣漢盜賊群起及太皇太后喪時三輔吏並徵發爲姦，[2]免爲庶人。方進亦坐爲京兆尹時奉喪事煩擾百姓，左遷執金吾。[3]二十餘日，丞相官缺，群臣多舉方進，上亦器其能，遂擢方進爲丞相，封高陵侯，食邑千戶。身既富貴，而後母尚在，方進內行脩飭，供養甚篤。[4]及後母終，既葬三十六日，除服起視事，以爲身備漢相，不敢踰國家之制。[5]爲相公絜，請託不行郡國。[6]持法刻深，舉奏牧守九卿，峻文深詆，[7]中傷者尤多。如陳咸、朱博、蕭育、逢信、孫閎之屬，[8]皆京師世家，以材能少歷牧守列卿，知名當世，而方進特立後起，十餘年閒至宰相，據法以彈咸等，皆罷退之。

[1]【今注】永始：漢成帝年號（前16—前13）。

[2]【顏注】師古曰：並，步浪反（蔡琪本、大德本、殿本

"步"前有"音"字）。【今注】廣漢：郡名。初治乘鄉縣，亦作"繩鄉"（今四川金堂縣東），後徙治梓潼縣（今四川梓潼縣）。三輔：長安及周邊的三個郡級區劃，即京兆尹、左馮翊、右扶風。在十三州之外，由司隸校尉部負責監察。　徵發：徵調募集人力和物資。

[3]【今注】執金吾：西漢武帝時由中尉改名，掌徼循京師。秩中二千石。

[4]【顏注】師古曰：飭，謹也。篤，厚也。

[5]【顏注】師古曰：漢制自文帝遺詔之後，國家遵以爲常。大功十五日，小功十四日，緦麻七日。方進自以大臣，故云"不敢踰制"。【今注】案，何焯《義門讀書記》卷一九補證引《後漢書》卷五《孝安帝紀》載東漢安帝元初三年（116），"初聽大臣、二千石、刺史行三年喪"，李賢注云："文帝遺詔以日易月，於後大臣遂以爲常，至此復遵古制。"方進之事是其徵也。沈欽韓《漢書疏證》指出三十六日，既葬後，不計未葬前月日。

[6]【顏注】師古曰：言不以私事託於四方郡國。

[7]【顏注】師古曰：詆，毀也，音丁禮反。

[8]【今注】陳咸：事迹見本書卷六六《陳萬年傳》。　朱博：傳見本書卷八三。　蕭育：事迹見本書卷七八《蕭望之傳》。　逢信：周壽昌《漢書注校補》曰："逢信字少子，平陵人。"

初咸最先進，自元帝初爲御史中丞顯名朝廷矣。[1]成帝初即位，擢爲部刺史，歷楚國、北海、東郡太守。[2]陽朔中，[3]京兆尹王章譏切大臣，[4]而薦琅邪太守馮野王可代大將軍王鳳輔政，[5]東郡太守陳咸可御史大夫。是時方進甫從博士爲刺史云。[6]後方進爲京兆尹，咸從南陽太守入爲少府，[7]與方進厚善。先是逢信已從高弟郡守歷京兆、大僕爲衛尉矣，[8]官簿皆在方進之右。[9]及御史大夫缺，三人皆名卿，俱在選中，而方進得之。會丞相宣有事與方進相連，上使五二千石雜問丞相、御史，[10]咸詰責方進，冀得其處，方進心恨。初大將軍鳳奏除陳湯爲中郎，[11]與從事。[12]鳳薨後，從弟車騎將軍音代鳳輔政，[13]亦厚湯。逢信、陳咸皆與湯善，湯數稱之於鳳、音所。久之，音薨，鳳弟成都侯商復爲大司馬衞將軍輔政。商素憎陳湯，白其罪過，下有司案驗，遂免湯，徙敦煌。[14]時方進新爲丞相，陳咸內懼不安，迺令小冠杜子夏往觀其意，[15]微自解説。[16]子夏既過方進，揣知其指，不敢發言。[17]居亡何，[18]方進奏咸與逢信“邪枉貪汙，營私多欲。皆知陳湯姦佞傾覆，利口不軌，[19]而親交賂遺，以求薦舉。後爲少府，數饋遺湯。信、咸幸得備九卿，不思盡忠正身，內自知行辟亡功效，[20]而官媚邪臣，欲以徼幸，苟得亡恥。孔子曰：‘鄙夫可與事君也與哉！’[21]咸、信之謂也。過惡暴見，不宜處位，臣請免以示天下。”奏可。

[1]【今注】御史中丞：西漢始置，爲御史大夫副貳，主掌監察、執法；兼管蘭臺所藏圖籍秘書、文書檔案；外則督諸監郡御史，監察考核郡國行政；內領侍御史，監督殿庭、典禮威儀，受公卿奏事，關通中外朝；考核四方文書計簿，劾按公卿章奏，監察、糾劾百官；參治刑獄，收捕罪犯等。秩千石。

[2]【今注】楚國：諸侯王國名。治彭城縣（今江蘇徐州市）。錢大昕《三史拾遺》卷三以爲當從本書卷六六《陳咸傳》作“楚內史”。　北海：郡名。治營陵縣（今山東昌樂縣東南）。　東郡：

治濮陽縣（今河南濮陽市西南）。

［3］【今注】陽朔：漢成帝年號（前24—前21）。

［4］【今注】王章：傳見本書卷七六。　譏切：勸諫。

［5］【今注】琅邪：郡名。秦置，西漢治東武縣（今山東諸城市）。　馮野王：事迹見本書卷七九《馮奉世傳》。　王鳳：字孝卿，西漢東平陵（今山東濟南市東）人。爲元帝皇后王政君兄。初爲衞尉，襲父爵陽平侯。成帝即位，以外戚爲大司馬大將軍，領尚書事。專斷朝政十一年。

［6］【顏注】師古曰：甫，始也。

［7］【今注】南陽：郡名。治宛縣（今河南南陽市宛城區）。少府：秦、西漢置。掌山海池澤之税，帝室財政。列位九卿，秩中二千石。

［8］【今注】高弟：高第。考核優異。　大僕：即太僕。周置，秦、漢沿置。掌皇帝專用車馬，兼管官府畜牧業。列位九卿，秩中二千石。　衞尉：戰國秦置，西漢沿置。掌宮門屯衞兵。列位九卿，秩中二千石。

［9］【顏注】師古曰：簿，謂伐閲也。簿，音主簿之簿。【今注】官簿：猶言做官資歷。《漢書考正》宋祁指出“官簿”，一作“薄”。王念孫《讀書雜志·漢書第十三》以爲《説文》無“簿”字，則“薄”是。今《漢書》中“簿”字無作“薄”者，此一本作“薄”，乃古字之僅存者。《漢郎陽令曹全碑》“諸國禮遺且二百萬，悉以薄官”，其字正作“薄”。又各碑中“主簿”字作“薄”者不可枚舉，是古字以“薄”爲“簿”。朱一新《漢書管見》指出，觀顏師古云“音主簿之簿”，則所見本“簿”作“薄”無疑。

［10］【顏注】晉灼曰：大臣獄重，故以秩二千石五人詰責之。

［11］【今注】陳湯：傳見本書卷七〇。　中郎：秦漢皆置。掌守衞宮殿門户，出充車騎。屬郎中令，秩比六百石。

［12］【顏注】師古曰：每有政事皆與謀之而行（蔡琪本、大

德本、殿本句末有"也"字）。

　　[13]【今注】車騎將軍：西漢置，初掌領車騎士。武帝後常典京城、皇宮禁衛軍隊，出征時常總領諸將軍。文官輔政者亦或加此銜，領尚書政務，成爲中朝重要官員。　音：王音。西漢東平陵人。元帝皇后王政君從弟。親附兄王鳳。鳳死代爲大司馬車騎將軍輔政，封安陽侯。輔政八年死。

　　[14]【今注】敦煌：郡名。治敦煌縣（今甘肅敦煌市七里鎮白馬塔村）。

　　[15]【今注】小冠杜子夏：本書卷六〇《杜欽傳》："欽惡以疾見詆，乃爲小冠，高廣財二寸，由是京師更謂欽爲'小冠杜子夏'。"

　　[16]【顔注】師古曰：解説，猶今言分疏。

　　[17]【顔注】師古曰：揣，謂探求之，音初委反。【今注】揣：殿本《漢書考證》引蕭該曰："揣，案《集解》音曰'揣，音喘'。《説文》曰'喘，疾息也'，尺兑反。《説文》'揣，量也'，初委反，又丁果反。《方言》曰'揣，試也'，郭璞曰：'揣，度試之也。'該謂，今讀揣音初委反。"

　　[18]【顔注】師古曰：無何猶言無幾，謂少時。

　　[19]【今注】利口：能言善辯。

　　[20]【顔注】師古曰："辟"讀曰"僻"。

　　[21]【顔注】師古曰：《論語》載孔子之言也，謂鄙夫不可與事君也（殿本無"不"字）。"與哉"，"與"讀曰"歟"。【今注】案，語見《論語·陽貨》。

　　後二歲餘，詔舉方正直言之士，紅陽侯立舉咸對策，[1]拜爲光禄大夫給事中。[2]方進復奏："咸前爲九卿，坐爲貪邪免，自知罪惡暴陳，依託紅陽侯立徼幸，有司莫敢舉奏。冒濁苟容，[3]不顧恥辱，不當蒙方正舉，備內朝臣。"并劾紅陽侯立選舉故不以實。有詔免咸，勿劾立。後數年，皇太后姊子侍中衛尉定陵侯淳于長有罪，[4]上以太后故，免官勿治罪。有司奏請遣長就國，長以金錢與立，立上封事爲長求留曰："陛下既託文以皇太后故，[5]誠不可更有它計。"[6]後長陰事，遂發下獄。[7]方進劾立"懷姦邪，亂朝政，欲傾誤要主上，狡猾不道，請下獄。"上曰："紅陽侯，朕之舅，不忍致法，遣就國。"於是方進復奏立黨友曰："立素行積爲不善，衆人所共知。邪臣自結，附託爲黨，庶幾立與政事，欲獲其利。[8]今立斥逐就國，所交結尤著者，不宜備大臣，爲郡守。案後將軍朱博、鉅鹿太守孫閎、故光祿大夫陳咸與立交通厚善，[9]相與爲腹心，有背公死黨之信，[10]欲相攀援，死而後已；[11]皆內有不仁之性，而外有儁材，[12]過絕人倫，[13]勇猛果敢，處事不疑，所居皆尚殘賊酷虐，苛刻慘毒以立威，而亡纖介愛利之風。[14]天下所共知，愚者猶惑。孔子曰：'人而不仁如禮何！人而不仁如樂何！'[15]言不仁之人，亡所施用；不仁而多材，國之患也。此三人皆內懷姦猾，國之所患，而深相與結，信於貴戚姦臣，此國家大憂，大臣所宜没身而爭也。[16]昔季孫行父有言曰：'見有善於君者愛之，若孝子之養父母也；見不善者誅之，若鷹鸇之逐鳥爵也。'[17]翅翼雖傷，不避也。貴戚彊黨之衆誠難犯，犯之，衆敵並怨，善惡相冒。[18]臣幸得備宰相，不敢不盡死。請免博、閎、咸歸故郡，以銷姦雄之黨，絕群邪之望。"奏可。咸知廢錮，[19]復徙故郡，以憂死。[20]

[1]【今注】對策：就政事、經義等設問，由應試者對答，稱
爲對策。

[2]【今注】光禄大夫：西漢武帝時改中大夫置，掌論議。屬
光禄勳，秩比二千石。

[3]【顏注】師古曰：冒，貪蔽也。【今注】案，苟容，屈從
附和以取容。

[4]【今注】侍中：秦置，即丞相史。西漢時爲加官，與聞朝
政，贊導衆事，顧問應對，與公卿大臣論辯，平議尚書奏事，爲中
朝要職。　淳于長：傳見本書卷九三。

[5]【顏注】蘇林曰：託於詔文（蔡琪本、大德本、殿本
“文”後有“也”字）。

[6]【顏注】師古曰：言不宜遣長就國。

[7]【今注】《漢書考正》宋祁曰：浙本云“陰事發，遂下
獄”。

[8]【顏注】師古曰：“與”讀曰“豫”。【今注】庶幾：或許
可以。

[9]【今注】後將軍：武官名。與前、左、右將軍並爲上卿。
金印紫綬，職掌爲典京師兵衛，或屯兵邊境。不常置。　鉅鹿：郡
名。治鉅鹿縣（今河北平鄉縣西南）。

[10]【顏注】師古曰：死黨，盡死力於朋黨也。

[11]【顏注】師古曰：援，引也。已，止也。援，音爰。

[12]【今注】案，儁，蔡琪本、殿本作“儁”。

[13]【今注】案，蔡琪本、大德本、殿本“人”前有“於”
字；大德本無“倫”字。《漢書考正》宋祁曰：“一作‘於人’，無
‘倫’字；監本有‘倫’字。”

[14]【顏注】師古曰：愛利，謂仁愛而欲安利人也。

［15］【顏注】師古曰：《論語》載孔子之言也。言用不仁之人，則禮樂廢壞。【今注】案，語見《論語·八佾》。

［16］【顏注】師古曰：没，盡也。

［17］【顏注】師古曰：事見《左氏傳》。行父，魯卿季文子也。鷃似鷂而小，今謂之土鸇（殿本無“土”字）。音之然反（蔡琪本、殿本“音”前有“鸇”字）。【今注】季孫行父：春秋時魯國大夫。歷魯宣公、成公、襄公三君，繼襄仲執政。相傳家無衣帛之妾，厩無食粟之馬，府無金玉重器，人稱其廉且忠。孔子亦稱其“敏而好學，不恥下問”。卒謚文。　爵：通“雀”。

［18］【顏注】師古曰：冒，覆蔽也。

［19］【今注】案，知，蔡琪本、大德本、殿本作“既”。

［20］【今注】案，蔡琪本、大德本、殿本“憂”後有“發疾而”三字。《漢書考正》宋祁曰：監本、楊本云“以憂發疾而死”，别本、越本云“以憂死”。

方進知能有餘，[1]兼通文法吏事，以儒雅緣飭法律，[2]號爲通明相，天子甚器重之，奏事亡不當意，内求人主微指以固其位。初，定陵侯淳于長雖外戚，然以能謀議爲九卿，新用事，方進獨與長交，稱薦之。及長坐大逆誅，諸所厚善皆坐長免，上以方進大臣，又素重之，爲隱諱。方進内慙，上疏謝罪乞骸骨。上報曰：“定陵侯長已伏其辜，君雖交通，《傳》不云乎，朝過夕改，君子與之，[3]君何疑焉？其專心壹意毋怠，醫藥以自持。”[4]方進迺起視事，條奏長所厚善京兆尹孫寶、右扶風蕭育，[5]刺史、二千石以上免二十餘人，其見任如此。

　　[1]【今注】知：通“智”。

　　[2]【今注】案，飭，蔡琪本作“飾”。

　　[3]【顏注】師古曰：與，許也。

　　[4]【今注】案，蔡琪本、大德本、殿本“醫”前有“近”字。　自持：自固。

　　[5]【今注】孫寶：傳見本書卷七七。　右扶風：官名。漢代三輔之一。秦置主爵都尉。漢景帝中元六年（前144）更名都尉，武帝太初元年（前104）更名右扶風，取扶助風化之意。轄地在今陝西西安市長安區西，爲拱衛首都長安三輔之一。案，王先謙《漢書補注》曰：“據《公卿表》，元封六年宣免，太初元年爲右扶風，中廢不過數月。”

　　方進雖受《穀梁》，然好《左氏傳》、天文星曆，其《左氏》則國師劉歆，星曆則長安令田終術師也。[1]厚李尋，[2]以爲議曹。[3]爲相九歲，綏和二年春熒惑守心，[4]尋奏記言：“應變之權，君侯所自明。往者數白，三光垂象，變動見端，[5]山川水泉，反理視患，[6]民人訛謠，斥事感名。[7]三者既效，可爲寒心。今提揚眉，矢貫中，[8]狼奮角，弓且張，[9]金歷庫，土逆度，[10]輔湛没，火守舍，[11]萬歲之期，近慎朝暮。[12]上無惻怛濟世之功，下無推讓避賢之效，欲當大位，爲具臣以全身，難矣！[13]大責日加，安得但保斥逐之勑？[14]闔府三百餘人，唯君侯擇其中，與盡節轉凶。”[15]

　　[1]【顏注】如淳曰：劉歆及田終術二人皆受學於方進。【今注】劉歆：事迹見本書卷三六《劉向傳》、卷九九《王莽傳》。

［2］【今注】李尋：傳見本書卷七五。

［3］【今注】議曹：公府諸曹之一。西漢丞相府置，職主謀議。

［4］【今注】綏和：漢成帝年號（前8—前7）。 熒惑：火星。 心：心宿。二十八星宿之一。

［5］【顏注】張晏曰：九年之中而日三食，月朓側匿，星孛營室、東井，熒惑守心（感，蔡琪本、大德本、殿本作“惑”，是）。

［6］【顏注】張晏曰：元延中，岷山崩，壅江，江水不流。山地之鎮，宜固而崩。水逆流，反於常理，所以示人患也。師古曰：“視”讀曰“示”。

［7］【顏注】如淳曰：斥事，井水溢之事也。有言溢者，後果井溢。感名，“燕燕尾涎涎”是也。

［8］【顏注】服虔曰：提，攝提星也。揚眉，揚其芒角也。矢，枉矢也。孟康曰：綏和元年正月，枉矢從東南入北斗攝提與北斗杓建寅貫攝提中是也。張晏曰：矢一星。貫中者，謂正直弧中也。【今注】案，《漢書考證》齊召南以爲孟注是。如張説，則與下文“狼”“弓”重複矣。

［9］【顏注】張晏曰：狼一星。奮角者，有芒角也。狼芒角則盜賊起。天弓九星不欲明，明猶張也，兵起之象。

［10］【顏注】張晏曰：庫二十星在軒南。金，太白也，歷武庫則兵起。土，鎮星也。逆度，逆行也。

［11］【顏注】張晏曰：北斗第四星旁一小星曰輔，沈没不見，則天下之兵銷。三十日爲守舍，謂日月所經宿舍也。一曰，火守舍，熒惑守心。師古曰：“湛”讀曰“沈”。【今注】案，周壽昌《漢書注校補》引本書《天文志》：“輔星明近，輔臣親彊；斥小，疏弱。”張守節《史記正義》：“大臣之象也。占：欲其小而明；若大而明，則臣奪君政；小而不明，則臣不任職；明大與斗合，國

兵暴起；暗而遠斗，臣不死則奪。”此明言“湛没”，爲方進將死之占。

[12]【顏注】師古曰：萬歲之期，謂死也。慎朝暮者，言其事在朝夕。【今注】萬歲之期：王鳴盛《十七史商榷》卷二六以爲指皇帝駕崩，故郎賁麗欲以此災移於宰相。朱一新《漢書管見》以爲當從顏注。古人稱萬歲不必專指君上。

[13]【顏注】師古曰：具，謂具位之臣（謂，大德本、殿本誤作“臣”），無功德也。

[14]【顏注】師古曰：言其事重，不但斥逐而已。

[15]【顏注】師古曰：三百餘人，謂丞相之官屬也。

方進憂之，不知所出。[1]會郎賁麗善爲星，[2]言大臣宜當之。[3]上迺召見方進。還歸，未及引決，[4]上遂賜册曰：“皇帝問丞相：君有孔子之慮，孟賁之勇，[5]朕嘉與君同心一意，庶幾有成。惟君登位，于今十年，灾害並臻，民被飢餓，加以疾疫溺死，關門牡開，[6]失國守備，盜賊黨輩。[7]吏民殘賊，毆殺良民，[8]斷獄歲歲多前。上書言事，交錯道路，懷姦朋黨，相爲隱蔽，皆亡忠慮，群下兇兇，更相嫉妒，[9]其咎安在？觀君之治，無欲輔朕富民便安元元之念。[10]閒者郡國穀雖頗孰，[11]百姓不足者尚衆，前去城郭，未能盡還，夙夜未嘗忘焉。朕惟往時之用，與今一也，[12]百僚用度各有數。君不量多少，一聽群下言，用度不足，奏請一切增賦，稅城郭堧及園田，過更，算馬牛羊，[13]增益鹽鐵，變更無常。朕既不明，隨奏許可，後議者以爲不便，制詔下君，君云賣酒醪。[14]後請止，未盡月復奏議令賣酒醪。朕誠怪君，何持容容之計，無忠固意，[15]將何以輔朕帥道群下？而欲久蒙顯尊之位，豈不難哉！[16]傳曰：‘高而不危，所以長守貴也。’[17]欲退君位，尚未忍。君其執念詳計，塞絕姦原，憂國如家，務便百姓以輔朕。朕既已改，君其自思，強食慎職。使尚書令賜君上尊酒十石，養牛一，君審處焉。”方進即日自殺。[18]上祕之，遣九卿冊贈以丞相高陵侯印綬，賜乘輿祕器，[19]少府供張，柱檻皆衣素。[20]天子親臨弔者數至，禮賜異於它相故事。[21]謚曰恭侯。長子宣嗣。宣字大伯，亦明經篤行，君子人也。及方進在，爲關都尉、南郡太守。[22]少子曰義。

[1]【今注】不知所出：不知道該怎麼辦。

[2]【顏注】師古曰：賁，姓也。麗，名（蔡琪本、大德本、殿本“名”後有“也”字）。賁，音肥。

[3]【今注】案，周壽昌《漢書注校補》以爲時在武帝綏和二年（前7）春，熒惑守心，故賁麗言之。二月，方進自殺。三月，成帝亦駕崩。案，熒惑所居之宿，國受殃。心爲明堂，其大星爲天王。占曰火犯心，王者惡之，故成帝欲殺方進以應星變。

[4]【今注】引決：自殺。

[5]【今注】孟賁：戰國時衛國（一說齊國人）勇士。

[6]【顏注】張晏曰：元延元年，章門、函谷門牡自亡。【今注】案，本書《五行志中之上》：“成帝元延元年正月，長安章城門門牡自亡，函谷關次門牡亦自亡。”顏師古注引晉灼曰：“西出南頭第一門也。牡是出籥者。”顏師古曰：“牡所以下閉者也，亦以鐵爲之，非出籥也。”

[7]【顏注】師古曰：黨，衆多。

［8］【顏注】師古曰：毆，擊也，音一口反。

［9］【顏注】師古曰：更，工衡反（蔡琪本、大德本、殿本"工"前有"音"字）。

［10］【今注】元元：百姓；庶民。《戰國策·秦策》"子元元"，高誘注："元，善也，民之類善故稱元。"

［11］【顏注】師古曰：閒，謂近者以來。

［12］【顏注】師古曰：謂財用也。

［13］【顏注】張晏曰：一切，權時。塸，城郭旁地。圍田入多，益其稅也。百人爲卒，取一人所贍常爲之月用二千，使人直之，謂之過更。又牛馬羊頭數出稅，算千輸二十也。師古曰：塸，人緣反（蔡琪本、大德本、殿本"人"前有"音"字）。解在《食貨志》。

［14］【今注】賣酒醪：沈欽韓《漢書疏證》曰："官自賣之也。"

［15］【顏注】師古曰：容容，隨衆上下也。

［16］【顏注】師古曰：蒙，冒也。

［17］【顏注】師古曰：《孝經》之言也。【今注】案，見《孝經·諸侯章》。

［18］【顏注】如淳曰：《漢儀注》有天地大變，天下大過，皇帝使侍中持節乘四白馬，賜上尊酒十斛，牛一頭，策告殃咎。使者去半道，丞相即上病。使者還，未白事，尚書以丞相不起病聞。

［19］【今注】祕器：東園祕器。皇室、高官葬具。本書卷六八《霍光傳》"東園温明"，服虔注曰："東園處此器，形如方漆桶，開一面，漆畫之，以鏡置其中，以懸屍上，大斂并蓋之。"顏師古曰："東園，署名也，屬少府。其署主作此器也。"

［20］【顏注】師古曰：柱，屋柱也。檻，軒前闌版也。皆以白素衣之。【今注】案，何焯《義門讀書記》卷一九曰："以方進

塞變，故祕之而加殊禮。"

　　[21]【顏注】師古曰：《漢舊儀》云，丞相有疾，皇帝法駕親至問疾，從西門入。即薨，移居第中，車駕往弔，賜棺（賜，大德本誤作"贈"）、棺斂具，贈錢（贈，大德本誤作"賜"）、葬地。葬日，公卿已下會葬焉。【今注】案，楊樹達《漢書窺管》以爲"至"字當是焉字之誤。

　　[22]【顏注】師古曰：言方進未死之時宣已爲此官。【今注】關都尉：函谷關都尉。掌守衛關隘，稽察行人，徵收關稅。　南郡：治江陵縣（今湖北荊州市荊州區）。

　　義字文仲，少以父任爲郎，稍遷諸曹，[1]年二十出爲南陽都尉。[2]宛令劉立與曲陽侯爲婚，[3]又素著名州郡，輕義年少。義行太守事，行縣至宛，[4]丞相史在傳舍。立持酒肴謁丞相史，對飲未訖，[5]會義亦往，外吏白都尉方至，立語言自若。[6]須臾義至，內謁徑入，[7]立迺走下。義既還，大怒，陽以它事召立至，以主守盜十金，賊殺不辜，部掾夏恢等收縛立，傳送鄧獄。[8]恢亦以宛大縣，恐見篡奪，白義可因隨後行縣送鄧。[9]義曰："欲令都尉自送，則如勿收邪！"[10]載環宛市迺送，[11]吏民不敢動，威震南陽。立家輕騎馳從武關入語曲陽侯，曲陽侯白成帝，帝以問丞相。方進遣吏敕義出宛令。宛令已出，吏還白狀。方進曰："小兒未知爲吏也，其意以爲入獄當輒死矣。"[12]後義坐法免，起家而爲弘農太守，[13]遷河內太守，[14]青州牧。所居著名，有父風烈。徙爲東郡太守。

[1]【今注】諸曹：泛指漢朝公府各曹。

[2]【今注】都尉：郡守的佐官，掌管一郡的軍事。本名郡尉，漢景帝時改名都尉。

[3]【今注】曲陽侯：王根。字稚卿，西漢東平陵（今山東濟南市東）人。元帝皇后王政君弟。成帝時以帝舅封曲陽侯。後爲大司馬驃騎將軍，繼其兄王商輔政。歷五歲，以老辭職。哀帝立，遣就國。

[4]【顏注】師古曰：行，音下更反。其下並同。

[5]【今注】案，蔡琪本“對飲”上有“相”字。

[6]【顏注】師古曰：自若，言如故。

[7]【顏注】師古曰：內謁，猶今之通名也。

[8]【顏注】師古曰：部分其掾而遣之。鄧亦南陽之縣。【今注】鄧：縣名。治所在今湖北襄陽市襄城區西北。

[9]【顏注】師古曰：因太守行縣，以立自隨，即送鄧之獄。

[10]【顏注】師古曰：言若都尉自送至獄，不如本不收治。【今注】如：王念孫《讀書雜志·漢書第十三》以爲“如”猶將。言汝欲令都尉自送，則將勿收邪。楊樹達《漢書窺管》以爲當訓爲當。

[11]【顏注】師古曰：環繞也，音下串反。

[12]【顏注】師古曰：謂其不知立有所恃挾以自免脫。

[13]【今注】弘農：郡名。治弘農縣（今河南靈寶市北）。

[14]【今注】河內：郡名。治洛陽縣（今河南洛陽市東北）。

　　數歲，平帝崩，王莽居攝，義心惡之，乃謂姊子上蔡陳豐曰：“新都侯攝天子位，號令天下，故擇宗室幼稚者以爲孺子，依託周公輔成王之義，且以觀望，[1]必代漢家，其漸可見。方今宗室衰弱，外無彊蕃，天下傾首服從，莫能亢扞國難。[2]吾幸得備宰相子，身守大郡，父子受漢厚恩，義當爲國討賊，以安社稷。欲舉兵西誅不當攝者，選宗室子孫輔而立之。設令時命不成，死國埋名，猶可以不媿於先帝。^[3]今欲發之，乃肯從我乎？"^[4]豐年十八，勇壯，許諾。義遂與東郡都尉劉宇、嚴鄉侯劉信、信弟武平侯劉璜結謀。及東郡王孫慶素有勇略，以明兵法，徵在京師，義迺詐移書以重罪傳逮慶。^[5]於是以九月都試日^[6]斬觀令，^[7]因勒其車騎材官士，^[8]募郡中勇敢，部署將帥。嚴鄉侯信者，東平王雲子也。^[9]雲誅死，信兄開明嗣爲王，薨，無子，而信子匡復立爲王，故義舉兵并東平，立信爲天子。義自號大司馬柱天大將軍，以東平王傅蘇隆爲丞相，中尉皋丹爲御史大夫，^[10]移檄郡國，言莽鴆殺孝平皇帝，矯攝尊號，今天子已立，共行天罰。^[11]郡國皆震，比至山陽，衆十餘萬。^[12]

[1]【顏注】師古曰：言漸試天下人心。

[2]【今注】亢扞：抵禦；捍衞。

[3]【顏注】師古曰：埋名，謂身埋而名立。【今注】埋名：楊樹達《漢書窺管》以爲是埋没其忠義之名。

[4]【顏注】師古曰：乃，汝也。

[5]【顏注】師古曰：追赴獄也。

[6]【顏注】如淳曰：太守、都尉、令長、丞尉會都試，課殿最也。【今注】都試：《漢書考證》齊召南指出，都試日即講武日也，故下文云"勒其車騎材官"。漢制，常以秋行都試。

[7]【顏注】文穎曰：觀，縣名。師古曰：音工喚反（工喚，大德本、殿本作"工渙"）。【今注】觀：縣名。治所在今河南清

豐縣東南。

［8］【今注】材官：從丁男中選拔出的具備一定條件的郡國兵（參見王彥輝《論秦漢時期的正卒與材官騎士》，《歷史研究》2015年第4期）。

［9］【今注】東平王雲：劉雲。事迹見本書卷八〇《宣元六王傳》。

［10］【今注】中尉：王國中尉。掌武職。秩二千石。

［11］【顏注】師古曰："共"讀曰"恭"。

［12］【顏注】師古曰：比，必寐反（蔡琪本、殿本"必"前有"音"字）。【今注】山陽：郡名。治昌邑縣（今山東巨野縣南）。

　　莽聞之，大懼，廼拜其黨親輕車將軍成武侯孫建爲奮武將軍，[1]光祿勳成都侯王邑爲虎牙將軍，明義侯王駿爲彊弩將軍，春王城門校尉王況爲震威將軍，[2]宗伯忠孝侯劉宏爲奮衝將軍，[3]中少府建威侯王昌爲中堅將軍，[4]中郎將震羌侯竇兄爲奮威將軍，[5]凡七人，自擇除關西人爲校尉軍吏，將關東甲卒，發奔命以擊義焉。復以大僕武讓爲積弩將軍屯函谷關，[6]將作大匠蒙鄉侯逯並爲橫壄將軍屯武關，[7]義和紅休侯劉歆爲揚武將軍屯宛，[8]大保後丞丞陽侯甄邯爲大將軍屯霸上，[9]常鄉侯王惲爲車騎將軍屯平樂館，[10]騎都尉王晏爲建威將軍屯城北，[11]城門校尉趙恢爲城門將軍，[12]皆勒兵自備。莽日抱孺子會群臣而稱曰："昔成王幼，周公攝政，而管蔡挾祿父以畔，[13]今翟義亦挾劉信而作亂。自古大聖猶懼此，況臣莽之斗筲！"[14]群臣皆曰："不遭此變，不章聖德。"莽於是依《周書》作《大誥》，[15]曰：

[1]【今注】黨親：王先謙《漢書補注》引《資治通鑑》胡三省注：“孫建、劉宏、竇況，莽之黨；王邑、王駿、王況、王昌，莽之親。”諸人事迹俱見本書卷九九《王莽傳》。　輕車將軍：武官名。漢雜號將軍，武帝元光二年（前133）初置。輕車，又稱馳車、攻車。　奮武將軍：與下“虎牙將軍”等皆爲漢代雜號將軍。本書卷九《元紀》作“奮威將軍”。

[2]【顏注】師古曰：春王，長安城東出北頭第一門也。本名宣平門，莽更改焉。【今注】案，王先謙《漢書補注》引《資治通鑑》胡三省注：“漢城門校尉掌十二城門。觀此，則莽改官名，十二城門各置城門校尉。”

[3]【今注】宗伯：莽更宗正爲宗伯。秦置，一説西周至戰國皆置，秦、漢時列位九卿，管理皇族外戚事務。例由宗室擔任。秩中二千石。

[4]【今注】中少府：王先謙《漢書補注》引《資治通鑑》胡三省注：“中少府，長樂少府也，以職在宮中，故曰中少府。”

[5]【顏注】師古曰：“兄”讀曰“況”。【今注】中郎將：秦置，至西漢分五官、左、右三中郎署，品秩比二千石，低於諸將軍。

[6]【今注】函谷關：關名。在今河南靈寶市境。戰國秦置。漢武帝元鼎三年（前114）徙關至今河南新安縣東，是爲新關，西去故關三百里。

[7]【顏注】師古曰：逯，姓也。並，名也。逯，音録，又音鹿。今東郡有逯姓，二音並得（得，大德本誤作“行”）。書本“逯”字或作“逮”。今河朔有逮姓，自呼音徒戴反，其義兩通。【今注】將作大匠：西漢景帝時由將作少府改名。掌治宮室。秩二千石。　武關：在今陝西商南縣西南。

[8]【今注】義和：西漢末王莽改大司農爲羲和，後又改稱納言，掌錢穀金帛諸貨幣。

[9]【顏注】師古曰：丞陽侯，音烝。【今注】大保後丞：王莽置。掌輔佐。爲三公之一。俸二千石。　霸上：在今陝西西安市東。案，霸，蔡琪本、殿本作“灞”。

[10]【今注】平樂館：又作“平樂觀”。在今河南洛陽市東北。

[11]【今注】騎都尉：漢置，掌領騎兵，位次將軍，無定員。宣帝時以一人監羽林騎，又一人領西域都護。秩比二千石。

[12]【今注】城門校尉：西漢武帝時置。掌京城長安諸城門警衛，領城門屯兵。秩二千石。

[13]【顏注】師古曰：祿父，紂子也。“父”讀曰“甫”。【今注】管蔡：即管叔鮮、蔡叔度。世家見《史記》卷三五。

[14]【顏注】師古曰：斗筲，自喻材器小也。解在《公孫劉田傳》。【今注】斗筲（shāo）：斗與筲。斗容十升；筲，竹器，容一斗二升，皆量小的容器。故喻低微、卑賤，或才識短淺的人。

[15]【顏注】師古曰：武王崩，周公相成王而三監、淮夷叛，周公作《大誥》。莽自比周公，故依放其事。

惟居攝二年十月甲子，攝皇帝若曰，[1]大誥道諸侯王、三公、列侯于汝卿、大夫、元士、御事。[2]不弔，天降喪于趙、傅、丁、董。[3]洪惟我幼沖孺子，當承繼嗣無疆大歷服事，[4]予未遭其明悊能道民於安，況其能往知天命！[5]熙！我念孺子，若涉淵水，[6]予惟往求朕所濟度，奔走[7]以傅近奉承高皇帝所受命，[8]予豈敢自比於前人乎！[9]天降威明，用寧帝室，遺我居攝寶龜。[10]大皇太

后以丹石之符,[11] 迺紹天明意,[12] 詔予即命居攝
踐祚, 如周公故事。

[1]【今注】若: 如此。

[2]【顏注】應劭曰: 言以大道告於諸侯已下 (已, 大德本、
殿本作 "以"; 蔡琪本、大德本、殿本 "下" 後有 "也" 字)。御
事, 主事也。【今注】案, 王先謙《漢書補注》據《尚書·大誥》
"猷, 大誥爾多邦", 陸德明《經典釋文》: "馬本作 '大誥繇爾多
邦'。" 孔疏: "鄭本 '猷' 在 '誥' 下。" 又《爾雅·釋詁》《方
言》"繇" "猷" 並訓道, 知莽用今文《尚書》, 與馬、鄭同。應注
"道" 在 "告" 上, 非其義。

[3]【顏注】應劭曰: 趙飛燕、傅太后、丁太后、董賢也。
師古曰: 不弔, 言不爲天所弔閔。降, 下也。

[4]【顏注】師古曰: 洪, 大也。惟, 思也。沖, 稚也。大
思幼稚孺子, 當承繼漢家無竟之歷, 服行政事。

[5]【顏注】師古曰: 予, 莽自稱也。言不遭遇明智之人以
自輔佐, 而道百姓於安, 蓋爲謙辭也。"道" 讀曰 "導"。【今注】
遭: 錢大昭《漢書辨疑》指出《尚書》作 "弗造哲"。"遭" "造"
古字通假。 道: 通 "導"。

[6]【顏注】師古曰: 熙, 歎辭 (歎, 蔡琪本、大德本、殿
本作 "嘆", 同)。【今注】熙: 錢大昕《廿二史考異·漢書三》
指出《尚書·大誥》"熙" 作 "已"。段玉裁《古文尚書撰異》卷
一五指出 "熙" "已" 皆即今之 "嘻" 字。

[7]【顏注】師古曰: 言我當求所以濟度之, 故奔走盡力,
不憚勤勞。【今注】案, 王念孫《讀書雜志·漢書第十三》以爲顏
師古以 "奔走" 屬上讀, 誤。當以 "予惟往求朕所濟度" 爲句。
此模仿《尚書·大誥》之 "予惟往求朕攸濟"。"奔走以傅近奉承
高皇帝所受命" 爲句。"奔" 與 "賁", "傅" 與 "敷", 古字通

用。此效模仿《尚書·大誥》之"敷賁敷前人受命"也。又王莽《大誥》皆用《今文尚書》，疑今文無上"敷"字，但作"奔傅前人受命"。而莽以奔爲奔走，傅爲傅近，亦用今文説。

[8]【顏注】師古曰："傅"讀曰"附"。近，其靳反（蔡琪本、大德本、殿本"其"前有"音"字）。

[9]【顏注】師古曰：前人，謂周公。【今注】案，王先謙《漢書補注》以爲王莽言不敢自比高皇帝，猶周公不敢比文王。顏説非。

[10]【顏注】師古曰：威明猶言明威也。遺，弋季反（蔡琪本、大德本、殿本"弋"前有"音"字）。

[11]【今注】案，大皇太后，蔡琪本、大德本、殿本作"太皇太后"。

[12]【顏注】師古曰：紹，承也。

　　反虜故東郡太守翟義擅興師動衆，曰"有大難于西土，西土人亦不靖。"[1]於是動嚴鄉侯信，誕敢犯祖亂宗之序。[2]天降威遺我寶龜，固知我國有訾灾，使民不安，[3]是天反復右我漢國也。[4]粵其聞日，[5]宗室之儁有四百人，[6]民獻儀九萬夫，[7]予敬以終於此謀繼嗣圖功。[8]我有大事，休，予卜并吉，[9]故我出大將告郡太守諸侯相令長曰："予得吉卜，予惟以汝于伐東郡嚴鄉逋播臣。"[10]尒國君或者無不反曰："難大，民亦不靜，亦惟在帝宫諸侯宗室，於小子族父，敬不可征。"[11]帝不違卜，[12]故予爲沖人長思厥難曰："烏虖！義、信所犯，誠動鰥寡，哀哉！"[13]予遭天役遺，大解難於予身，以爲孺子，不身自郵。[14]

[1]【顏注】師古曰：曰者，述翟義之言云爾也。西土，謂京師也，言在東郡之西也。【今注】靖：案。

[2]【顏注】師古曰：誕，大也。【今注】案，王念孫《讀書雜志·漢書第十三》載王引之以爲，當作"誕敢犯亂祖宗之序"。

[3]【顏注】師古曰：呰，病也。言天所以降威遺龜者，知國有災病，義、信當反，天下不安之故也。"呰"讀與"疵"同。【今注】案，洪頤煊《讀書叢録》卷二一據《尚書·大誥》證之，"遺我寶龜"四字當涉上文而衍。

[4]【顏注】師古曰：復，扶目反（蔡琪本、大德本、殿本"扶"前有"音"字）。"右"讀曰"祐"。

[5]【顏注】孟康曰：翟義反書上聞曰也。師古曰：粤，發語辭也。【今注】案，曰，蔡琪本、大德本作"曰"。

[6]【顏注】孟康曰：諸劉見在者。

[7]【顏注】孟康曰：民之表儀，謂賢者。【今注】獻儀：王念孫《讀書雜志·漢書第十三》記王引之説，以爲"獻"字爲後人據古文《尚書·大誥》加。今文之"民儀"，即古文之"民獻"。獻，賢人。

[8]【顏注】師古曰：我用此宗室之儁及獻儀者共謀圖國事，終成其功。

[9]【顏注】師古曰：大事，戎事也。言人謀既從，卜又并吉，是爲美也。

[10]【顏注】師古曰：逋，亡也。播，散也。

[11]【顏注】師古曰：言介等國君或有言曰（介，殿本作"爾"），禍難既大，衆庶不安，又劉信國之宗室，於孺子爲族父，當加禮敬，不可征討。【今注】案，介，殿本作"爾"。

[12]【顏注】師古：卜既得吉，天命不違。【今注】帝：皮錫瑞《今文尚書考證》卷一二以爲，莽誥於《尚書》"王宮""寧王"等字皆易爲"帝"。周稱王，漢稱帝也。顏説以爲天帝，誤。

[13]【顏注】師古曰：無妻無夫之人亦同受其害，故可哀哉。

[14]【顏注】師古曰：言天以漢家役事遺我，而令身解其難，故我征伐以爲孺子除亂，非自憂己身（蔡琪本、大德本、殿本句末有"也"字）。

予義彼國君泉陵侯上書[1]曰："成王幼弱，周公踐天子位以治天下，六年，朝諸侯於明堂，制禮樂，班度量，而天下大服。[2]大皇大后承順天心，成居攝之義。皇大子爲孝平皇帝子，[3]年在繦褓，宜且爲子，知爲人子道，令皇大后得加慈母恩。畜養成就，加元服，[4]然後復予明辟。"[5]熙！爲我孺子之故，[6]予惟趙、傅、丁、董之亂，遏絶繼嗣，變剥適庶，危亂漢朝，以成三舶，[7]隊極厥命。[8]烏虖！害其可不旅力同心戒之哉！[9]予不敢僭上帝命。[10]天休于安帝室，興我漢國，惟卜用克綏受兹命。[11]今天其相民，況亦惟卜用！[12]

[1]【顏注】應劭曰：泉陵侯，劉慶也。上書令莽行天子事。【今注】義彼：皮錫瑞《今文尚書考證》卷一二以爲，謂義其人。

泉陵：《漢書考證》齊召南曰"泉陵"，本書《王子侯表》作"衆陵"。據本書《地理志》，泉陵侯國屬零陵郡，則此文是，《表》誤也。

[2]【顏注】師古曰：班，謂布行也。

[3]【顏注】師古曰：皇大子即謂孺子。

[4]【今注】加元服：即行冠禮，以示成年。元，指首。元服，即冠。

［5］【顏注】師古曰：辟，君也。以明君之事還孺子。【今注】案，予，蔡琪本、大德本、殿本作"子"。

［6］【顏注】師古曰：重歎而言。

［7］【顏注】晉灼曰：古"厄"字。服虔曰：厄，會也，謂三七二百一十歲。師古曰："適"讀曰"嫡"。【今注】三皉：謂"三七之厄"。漢人推算漢朝立國二百一十年將有災禍。本書卷五一《路温舒傳》顏師古注引張晏注："三七二百一十歲也。自漢初至哀帝元年二百一年也，至平帝崩二百十一年。"

［8］【顏注】師古曰：隊，隕也。極，盡也。

［9］【顏注】師古曰："害"讀曰"曷"。曷，何也。旅，陳也。

［10］【顏注】師古曰：僭，不信也。言順天命而征討。

［11］【顏注】師古曰：言天美於興復漢國，故我惟用卜吉，能安受此命。

［12］【顏注】師古曰：言天道當思助人，況更用卜，吉可知矣。

　　大皇大后肇有元城沙鹿之右，[1]陰精女主聖明之祥，[2]配元生成，以興我天下之符，遂獲西王母之應，[3]神靈之徵，[4]以祐我帝室，以安我大宗，[5]以紹我後嗣，以繼我漢功。厥害適統不宗元緒者，辟不違親，辜不避戚。[6]夫豈不愛？亦惟帝室。[7]是以廣立王侯，並建曾玄，[8]俾屏我京師，綏撫宇内；[9]博徵儒生，講道于廷，論序乖繆，制禮作樂，同律度量，混壹風俗；[10]正天地之位，昭郊宗之禮，定五時廟祧，[11]咸秩亡文；[12]建靈臺，立明堂，設辟雍，張大學，尊中宗、高宗之號。[13]昔我高宗崇德建武，克綏西域，以受白虎威勝之瑞，[14]天地判合，乾坤序德。[15]大皇大后臨政，有龜龍麟鳳之應，五德嘉符，相因而備。河圖雒書遠自昆侖，出於重壄。[16]古讖著言，肆今享實。[17]此迺皇天上帝所以安我帝室，俾我成就洪烈也。[18]烏虖！天明威輔漢始而大大矣。[19]爾有惟舊人泉陵侯之言，爾不克遠省，爾豈知大皇大后若此勤哉！[20]

[1]【顏注】張晏曰：沙鹿在元城縣。春秋時沙鹿崩，王莽以爲元后之祥，語在《元后傳》。師古曰："右"讀曰"祐"。【今注】案，大皇大后，蔡琪本、殿本作"太皇太后"。本段下同。元城：治沙鹿旁（今河北大名縣東）。

[2]【顏注】李奇曰：李親懷元后，夢月入懷，陰精女主之祥。【今注】陰精：指月亮。

[3]【顏注】孟康曰：民傳祀西王母之應也。【今注】案，此事當時被用來指責傅太后專權之事。後在王莽代漢之際復被認爲是元后王政君之象。參見本書《五行志下之上》、卷九八《元后傳》。

[4]【顏注】師古曰：徵，證也。

[5]【今注】案，大，蔡琪本、殿本作"太"。

[6]【顏注】師古曰：其有害國之正統，不尊大緒者，當速加刑辟，不避親戚。"適"讀曰"嫡"。

[7]【顏注】師古曰：非不愛此人，但爲帝室不得止。【今注】案，王先謙《漢書補注》引王文彬曰：《左》昭元年《傳》"'周公殺管叔而蔡蔡叔。夫豈不愛？王室故也'，此襲用其文"。

[8]【今注】曾玄：曾孫、玄孫，泛指後代。

[9]【顏注】師古曰：屏，謂蔽摠其難也（摠，蔡琪本、大德本、殿本作"捍"）。

[10]【顏注】師古曰：混亦同也，音胡本反。

[11]【今注】五畤：五畤原，在今陝西鳳翔縣南。秦漢時祭祀天帝的處所。《史記》卷一二《孝武本紀》：“上初至雍，郊見五畤。”張守節《正義》：“先是文公作鄜畤，祭白帝；秦宣公作密畤，祭青帝；秦靈公作吳陽上畤、下畤，祭赤帝、黃帝；漢高祖作北畤，祭黑帝：是五畤也。”

[12]【顏注】孟康曰：諸廢祀無文籍皆祭之。

[13]【顏注】服虔曰：宣帝、元帝也。

[14]【顏注】應劭曰：元帝誅滅郅支單于，懷輯西域，時有獻白虎者，所以威遠勝猛也。

[15]【顏注】師古曰：言元帝既有威德，大后又兆符應，則是天地乾坤夫妻之義相配合也。判之言片也。

[16]【顏注】師古曰：昆侖河所出，重壄洛所出，皆有圖書，故本言之。壄，古“野”字。

[17]【顏注】師古曰：肆，故也。言有其讖，故今當其實。

[18]【顏注】師古曰：洪，大也。烈，業也。

[19]【顏注】師古曰：言因此難更以強大。

[20]【顏注】師古曰：言爾當思久舊之人泉陵侯所言，爾不能遠省識古事，豈知大后之勤乎？【今注】不：王先謙《漢書補注》指出《尚書·大誥》作“丕”。“丕”“不”同字。今文作“不”，於義爲優。

　　天毖勞我成功所，[1]予不敢不極卒安皇帝之所圖事。[2]肆予告我諸侯王公列侯卿大夫元士御事：[3]天輔誠辭，[4]天其累我以民，予害敢不於祖宗安人圖功所終？[5]天亦惟勞我民，若有疾，予害敢不於祖宗所受休輔？[6]予聞孝子善繼人之意，忠臣善成人之事。予思若考作室，厥子堂而構之；[7]

厥父菑，厥子播而穫之。[8]予害敢不於身撫祖宗之所受大命？[9]若祖宗迺有效湯武伐厥子，民長其勸弗救。[10]烏虖肆哉！[11]諸侯王公列侯卿大夫元士御事，其勉助國道明！[12]亦惟宗室之俊，民之表儀，迪知上帝命。[13]粵天輔誠，爾不得易定！[14]況今天降定于漢國，惟大囏人翟義、劉信大逆，欲相伐于厥室，豈亦知命之不易乎？[15]予永念曰天惟喪翟義、劉信，若嗇夫，予害敢不終予畮？[16]天亦惟休于祖宗，予害其極卜，害敢不于從？[17]率寧人有旨疆土，況今卜并吉！[18]故予大以爾東征，命不僭差，[19]卜陳惟若此。[20]

[1]【顏注】孟康曰：天慎勞我國家成功之所在。【今注】毖：謹慎。《尚書·大誥》“天閟毖我成功所”，段玉裁《古文尚書撰異》卷一五指出，“閟”“毖”不當複用，“閟”是衍文。王莽用今文多“勞”字。

[2]【顏注】師古曰：卒，終也。言我不敢不終祖宗之業，安帝室所謀之事。

[3]【顏注】師古曰：肆，陳也，陳其理而告之。【今注】肆：王先謙《漢書補注》以爲顏注誤，意當爲故。

[4]【顏注】師古曰：言有至誠之辭則爲天所輔。【今注】案，皮錫瑞《今文尚書考證》卷一二指出本書卷八一《孔光傳》引《尚書》曰“天棐諶辭”，言有誠道天輔之，與此義合。

[5]【顏注】師古曰：累，託也。言天以百姓託我，我曷敢不謀終祖宗安人之功也。累，力瑞反（蔡琪本、大德本、殿本“力”前有“音”字）。“害”讀曰“曷”。下皆類此。

[6]【顏注】師古曰：言天欲撫勞我衆，衆若有疾苦，我曷

敢不順祖宗之意，休息而輔助之。勞，來到反（蔡琪本、大德本、殿本"來"前有"音"字）。

[7]【顏注】師古曰：父有作室之意，則子當築堂而構菼樑以成之。

[8]【顏注】師古曰：父菑耕其田，子當布種而收穫之。反土爲菑。一曰，田一歲曰菑。

[9]【顏注】師古曰：作室農人猶不棄其本業，我於今日不得有避而不征討叛逆也。

[10]【顏注】師古曰：譬有人來伐其子，而長養彼心，反勸助之，弗救其子者，正以子惡故也（正，蔡琪本、殿本作"止"）。言湯武疾惡，其心亦然，今所征討不得避親，當以公義。【今注】案，段玉裁《古文尚書撰異》卷一五指出《尚書·大誥》作"乃有友伐厥子"，此易"友"爲"效湯武"者，"叒""爻"二字音形相亂。今文蓋作"爻"，意爲效仿。

[11]【顏注】師古曰：肆，陳也，勸令陳力。

[12]【顏注】師古曰：道，由也。言當由於明智之事，以助國也。【今注】勉：孫星衍《尚書今古文注疏》卷一四指出《方言》《廣雅》"爽，猛也"，"猛""孟"聲近。《爾雅·釋詁》"孟，勉也"。許慎《説文解字》"爽，明也"，明都即孟諸，二字通。是明亦勉也。故王莽《誥》易"爽"爲"勉"。

[13]【顏注】師古曰：迪亦道也，言當遵道而知天命。

[14]【顏注】師古曰：粵，辭也。天道輔誠，爾不得改易天之定命。【今注】王念孫《讀書雜志·漢書第十三》以爲"定"當爲"佥"。《説文解字》，"佥"，古文"法"字，形與"定"相似而誤。

[15]【顏注】師古曰：言義、信不知天命不可改易，乃大爲艱難以干國紀，是自相謀誅伐其室也。囏，古艱字。

[16]【顏注】師古曰：嗇夫治田，志除草穢。天之欲喪義、

信，事亦如之。我當順天以終竟田晦之事。

[17]【顏注】師古曰：言天美祖宗之事，我何其極卜法，敢不往從，言必從也。【今注】敢不于從：不敢不從於占卜的結果。

[18]【顏注】師古曰：言循祖宗之業，務在安人而美疆土，況今卜并吉乎！言不可不從也。

[19]【顏注】師古曰：言必信之矣。

[20]【顏注】師古曰：卜兆陳列惟如此。【今注】案，卜，蔡琪本、殿本作“兆”。

迺遣大夫桓譚等班行諭告當反位孺子之意。[1]還，封譚爲明告里附城。[2]諸將東至陳留菑，[3]與義會戰，破之，斬劉璜首。莽大喜，復下詔曰：“大皇大后遭家不造，國統三絶，[4]絶輒復續，恩莫厚焉，信莫立焉。孝平皇帝短命蚤崩，[5]幼嗣孺沖，詔予居攝。予承明詔，奉社稷之任，持大宗之重，[6]養六尺之託，[7]受天下之寄，戰戰兢兢，不敢安息。伏念大皇大后惟經蓺分析，王道離散，[8]漢家制作之業獨未成就，故博徵儒士，大興典制，備物致用，立功成器，以爲天下利。王道粲然，基業既著，千載之廢，百世之遺，於今迺成，道德庶幾於唐虞，功烈比齊於殷周。[9]今翟義、劉信等謀反大逆，流言惑衆，欲以篡位，賊害我孺子，罪深於管蔡，惡甚於禽獸。信父故東平王雲，不孝不謹，親毒殺其父思王，名曰鉅鼠，[10]後雲竟坐大逆誅死。義父故丞相方進，險詖陰賊，[11]兄宣靜言令色，外巧內嫉，[12]所殺鄉邑汝南者數十人。今積惡二家，迷惑相得，此時命當殄，天所滅也。義始發兵，上書言宇、信等與東平相輔謀反，[13]執捕械繫，欲以威民，先自相被以反逆大惡，[14]轉相捕械，此其破殄之明證也。已捕斬斷信二子穀鄉侯章、德廣侯鮪，義母練、兄宣、親屬二十四人皆磔暴于長安都市四通之衢。當其斬時，觀者重疊，[15]天氣和清，可謂當矣。命遣大將軍共行皇天之罰，[16]討海内之讎，功效著焉，予甚嘉之。《司馬法》不云乎？‘賞不踰時。’欲民速覩爲善之利也。今先封車騎都尉孫賢等五十五人皆爲列侯，户邑之數別下。遣使者持黄金印、赤韍綟、朱輪車，即軍中拜授。”[17]因大赦天下。

[1]【今注】桓譚：傳見《後漢書》卷二八上。

[2]【顔注】師古曰：明告者，以其出使能明告諭於外也。附城，云如古附庸也。

[3]【顔注】孟康曰：葘，故戴國，在梁，後屬陳留，今曰考城。【今注】陳留：郡名。治陳留縣（今河南開封市東南）。葘：縣名。治所在今河南民權縣東。錢大昭《漢書辨疑》以爲“破”字誤。蔡琪本、大德本、殿本作“至”。

[4]【顔注】師古曰：謂成帝、哀帝、平帝皆無子矣（矣，殿本作“也”，蔡琪本“子”後無“矣”字）。

[5]【顔注】師古曰：蚤，古“早”字。

[6]【今注】案，大，殿本作“太”。

[7]【今注】案，《漢書考正》宋祁曰：監本、楊本、郭本“託”作“孤”，別本云“養六尺之孤託，受天下之寄”。

[8]【顔注】師古曰：惟，思也。【今注】案，散，蔡琪本、殿本作“散”。

[9]【顔注】師古曰：烈，業也。

［10］【顏注】師古曰：鉅，大也。莽詆雲呼其父曰鉅鼠也。

［11］【顏注】師古曰：詖，佞也，音彼義反。

［12］【顏注】師古曰：靜，安也。令，善也。言其陽爲安靜之言，外有善色，而實疾害也。【今注】靜言令色：即巧言令色。王念孫《讀書雜志·漢書第十三》以爲："靜"字或作"竫"，又作"靖"。

［13］【顏注】師古曰：輔者，東平王相之名也。【今注】輔：《漢書考正》劉奉世曰：或者當爲"傅"聲之誤也。

［14］【顏注】師古曰：被（被，殿本作"威"），加也，音皮義反（殿本"音"前有"被"字）。

［15］【顏注】師古曰：言人多而聚積。

［16］【顏注】師古曰："共"讀曰"恭"。

［17］【顏注】服虔曰：綟，即今之綬也。師古曰：韍，所以繫印也。綟者，系也，謂逆受之也。即，就也。韍，音弗。綟，音逆。【今注】赤韍（fú）：赤綬。即赤印組。

於是吏士精銳遂攻圍義於圉城，[1]破之，義與劉信棄軍庸亡。[2]至固始界中捕得義，[3]尸磔陳都市。卒不得信。初，三輔聞翟義起，自茂陵以西至汧二十三縣盜賊並發，[4]趙明、霍鴻等自稱將軍，攻燒官寺，殺右輔都尉及斄令，[5]劫略吏民，衆十餘萬，火見未央宮前殿。[6]莽晝夜抱孺子禱宗廟。復拜衞尉王級爲虎賁將軍，大鴻臚望鄉侯閻遷爲折衝將軍，[7]與甄邯、王晏西擊趙明等。正月，虎牙將軍王邑等自關東還，便引兵西。彊弩將軍王駿以無功免，揚武將軍劉歆歸故官。復以邑弟侍中王奇爲揚武將軍，城門將軍趙恢爲彊弩將軍，中郎將李棽爲厭難將軍，[8]復將兵西。二月，明等殄滅，諸縣悉平，還師振旅。莽乃置酒白虎殿，[9] 勞饗將帥，大封拜。先是益州蠻夷及金城塞外羌反畔，[10] 時州郡擊破之。莽迺并錄，以小大爲差，封侯伯子男凡三百九十五人，曰"皆以奮怒，東指西擊，羌寇蠻盜，反虜逆賊，不得旋踵，應時殄滅，天子咸服"之功封云。[11] 莽於是自謂大得天人之助，至其年十二月，遂即真矣。[12]

[1]【今注】圉：縣名。治所在今河南杞縣西南。

[2]【顏注】孟康曰：謂挺身逃亡，如奴庸也。

[3]【今注】固始：縣名。治所在今河南太康縣南。

[4]【今注】茂陵：縣名。西漢宣帝時改茂陵邑置，屬右扶風。治所在今陝西興平市東北。　汧：縣名。治所在今陝西隴縣東南。

[5]【顏注】師古曰："斄"讀曰"邰"。【今注】斄（tái）：縣名。治所在今陝西武功縣西南。

[6]【今注】未央宮：漢正宮。在秦章臺基礎上修建，位於漢長安城地勢最高西南角龍首原上，因在長安城安門大街之西，又稱西宮。參見李毓芳《漢長安城未央宮的考古發掘與研究》（《文博》1995 年第 3 期）、陳蘇鎮《未央宮四殿考》（《歷史研究》2016 年第 5 期）。

[7]【今注】大鴻臚：秦時稱典客，漢景帝時改名大行令，武帝時始改大鴻臚。掌少數民族事務，及諸侯王喪事，又掌引導百官朝會，兼管京師郡國邸舍及郡國上計吏之接待。成帝時省典屬國併入，又兼管少數民族朝貢使節、侍子。九卿之一，秩中二千石。

[8]【顏注】師古曰：棽，所林反（蔡琪本、大德本、殿本"所"前有"音"字）。

[9]【今注】白虎殿：在未央宮前殿西南漸臺附近。一作"白
虎閣"。西漢後期的重要禮儀活動常在此舉行，如成帝河平四年
（前 25）單于前來朝見，引見於白虎殿。綏和二年（前 7）成帝在
白虎殿設禮，送別楚王劉衍、梁王劉立。

[10]【今注】益州：西漢武帝所置十三刺史部之一。轄境相
當今四川、重慶、貴州、雲南大部分地區，及湖北西北部、甘肅小
部分地區。　金城：郡名。治允吾縣（今青海民和回族土族自治縣
南）。

[11]【今注】案，周壽昌《漢書注校補》曰："言其叙功封爵
策命如此云爾。"又，子，蔡琪本、大德本、殿本作"下"，是。

[12]【今注】即真：由攝政轉爲真皇帝。

　　初，義所收宛令劉立聞義舉兵，上書願備軍吏爲
國討賊，内報私怨。莽擢立爲陳留大守，封明德侯。
始，義兄宣居長安，先義未發，家數有怪，[1]夜聞哭
聲，聽之不知所在。宣教授諸生滿堂，有狗從外入，
齧其中庭群鴈數十，比驚救之，已皆斷頭。[2]狗走出
門，求不知處。宣大惡之，謂後母曰："東郡大守文仲
素偄儜，[3]今數有惡怪，恐有妄爲而大禍至也。大夫人
可歸，爲棄去宣家者[4]以避害。"母不肯去，後數
月敗。

[1]【顏注】師古曰：言義未發兵之前。

[2]【顏注】師古曰：比，必寐反（蔡琪本、大德本、殿本
"必"前有"音"字）。【今注】鴈：王念孫《讀書雜志·漢書第
十三》引王引之指出即鵝。

[3]【顏注】師古曰：偄，土歷反（蔡琪本、殿本"土"前

有"音"字)。【今注】俶儻：豪爽灑脱。

[4]【顏注】師古曰：言歸其本族，自絶於翟氏。

莽盡壞義第宅，汙池之。[1]發父方進及先祖冢在汝南者，[2]燒其棺柩，夷滅三族，誅及種嗣，至皆同坑，[3]以棘五毒并葬之。[4]而下詔曰："蓋聞古者伐不敬，取其鱷鯢築武軍，封以爲大戮，於是乎有京觀以懲淫慝。[5]迺者反虜劉信、翟義諝逆作亂于東，而芒竹群盗趙明、霍鴻造逆西土，[6]遣武將征討，咸伏其辜。惟信、義等始發自濮陽，結姦無鹽，[7]殄滅於圉。趙明依阻槐里環隄，[8]霍鴻負倚螫屋芒竹，[9]咸用破碎，亡有餘類。其取反虜逆賊之鱷鯢，聚之通路之旁，濮陽、無鹽、圉、槐里、螫屋凡五所，[10]各方六丈，高六尺，築爲武軍，封以爲大戮，薦樹之棘。[11]建表木，高丈六尺。[12]書曰'反虜逆賊鱷鯢'，在所長吏常以秋循行，[13]勿令壞敗，以懲淫慝焉。"初，汝南舊有鴻隙大陂，郡以爲饒，[14]成帝時，關東數水，陂溢爲害。方進爲相，與御史大夫孔光共遣掾行視，[15]以爲決去陂水，其地肥美，省隄防費而無水憂，遂奏罷之。及翟氏滅，鄉里歸惡，言方進請陂下良田不得而奏罷陂云。王莽時常枯旱，郡中追怨方進，童謡曰："壞陂誰？翟子威。飯我豆食羹芋魁。[16]反乎覆，陂當復。[17]誰云者？兩黃鵠。"[18]

[1]【顏注】師古曰：汙，停水也，音烏。

[2]【今注】案，沈欽韓《漢書疏證》引《全唐文》卷七三三

長孫儉《漢丞相翟公重建碑表》：“猗氏城西五里曰漢故丞相翟子威之墓。公本汝南上蔡人，歸葬本郡。值東郡之敗，其餘子孫逃難西遷，改於此，故諸孫代爲河東猗氏人。”

[3]【今注】案，坑，蔡琪本、大德本、殿本作“坑”，同。

[4]【顏注】如淳曰：野葛、狼毒之屬也。

[5]【顏注】師古曰：此《左傳》載楚莊王辭也。鯨鯢，大魚爲害者也，以此比敵人之勇桀者。京，高丘也。觀，謂如闕形也。懲，創乂也（乂，蔡琪本、殿本作“艾”）。愿，惡也。“鱷”，古“鯨”字，音其京反。鯢，五奚反（蔡琪本、大德本、殿本“五”前有“音”字）。觀，工喚反（蔡琪本、大德本“工”前有“音”字）。【今注】京觀：戰勝者爲顯示戰功，集敵人尸首，封土而成的高冢。

[6]【顏注】師古曰：芒竹在盩厔南界，芒水之曲而多竹林也，即今司竹園是其地矣。芒，音亡。【今注】芒竹：又作“司竹園”。在今陝西周至縣東南。沈欽韓《漢書疏證》引酈道元《水經注·渭水》：“芒水出南山芒谷，北逕盩厔縣之竹圃中。”引《長安志》：“司竹監在盩厔縣東南三十里。”引《晉地道記》：“司竹都尉治鄠縣。其園周百里，以供國。”

[7]【今注】無鹽：縣名。治所在今山東東平縣東南。

[8]【顏注】師古曰：槐里縣界其中有環曲之隈，而明依之自固也固也（蔡琪本、大德本、殿本無後“固也”二字）。【今注】槐里：縣名。治所在今陝西興平市東南。沈欽韓《漢書疏證》引《水經注·渭水》：“晉太康中，始平郡治槐里，其城遞帶防陸，舊渠尚在，即《漢書》所謂‘槐里環隈’者也。”

[9]【顏注】師古曰：負，恃也。倚，於綺反（蔡琪本、殿本“於”前有“音”字）。【今注】盩厔：縣名。治所在今陝西周至縣東。

[10]【今注】案，王先謙《漢書補注》引《資治通鑑》胡三

省注："濮陽、無鹽、圉，義黨之尸。槐里、鳌屋，明、鴻黨之尸。"

[11]【顏注】師古曰："薦"讀曰"荐"。荐，重也，聚也。

[12]【顏注】師古曰：表者，所以標明也（摽，蔡琪本、殿本作"標"）。

[13]【顏注】師古曰：行，下更反（蔡琪本、大德本、殿本"下"前有"音"字）。

[14]【顏注】師古曰：鴻隙，陂名，藉其溉灌及魚鱉藋蒲之利，以多財用。

[15]【顏注】師古曰：行，音下更反。

[16]【顏注】師古曰：言田無溉灌，不生秔稻，又無黍稷，但有豆及芋也。豆食者，豆爲飯也。羹芋魁者，以芋根爲羹也。飯，音扶晚反。食，音飤。

[17]【顏注】師古曰：事之反覆無常，言禍兮福所倚。

[18]【顏注】師古曰：託言有神來告之。

　　司徒掾班彪曰："承相方進以孤童攜老母，[1]羈旅入京師，身爲儒宗，致位宰相，盛矣。當莽之起，蓋乘天威，雖有賁育，奚益於敵？[2]義不量力，懷忠憤發，以隕其宗，悲夫！"[3]

[1]【今注】司徒掾：漢光武帝改丞相爲司徒，司徒掾爲司徒府掾屬。　班彪：傳見《後漢書》卷四〇。　案，承，蔡琪本、殿本作"丞"，是。

[2]【顏注】師古曰：賁，謂孟賁；育，謂夏育；皆古之勇士。言得之無益，不能敵莽也。賁，音奔。

[3]【今注】案，沈欽韓《漢書疏證》補證引王符《潛夫論·本政》："自成帝以降，至於莽，公卿列侯下訖令尉，大小之

官十萬人，惟安衆侯劉崇、東郡太守翟義思事君之禮，義勇奮
發，欲誅莽，功雖不成，志節可紀。"《太平御覽》卷四四七載陳
群《汝潁士論》曰："潁川士雖嫉惡，未有如汝南翟文仲破家爲
國者也。"